语文名家自选集

行进在教与不教之间

钱梦龙 著

图书在版编目（CIP）数据

行进在教与不教之间 / 钱梦龙著. —北京：商务印书馆，2021
（语文名家自选集）
ISBN 978-7-100-20410-1

Ⅰ. ①行⋯　Ⅱ. ①钱⋯　Ⅲ. ①中学语文课—教学研究—文集　Ⅳ. ① G633.302-53

中国版本图书馆 CIP 数据核字（2021）第 192827 号

权利保留，侵权必究。

语文名家自选集
行进在教与不教之间
钱梦龙　著

商 务 印 书 馆 出 版
（北京王府井大街36号　邮政编码100710）
商 务 印 书 馆 发 行
北京艺辉伊航图文有限公司印刷
ISBN 978 - 7 - 100 - 20410 - 1

2021 年 11 月第 1 版　　　开本 880×1230　1/32
2021 年 11 月北京第 1 次印刷　印张 13¼　插页 4

定价：68.00 元

本书作者钱梦龙

对话

课后签名留念

讀書偶得

傍水穿林一徑斜，閒行初不為尋花。
溯流忽到無人處，簇簇新紅燦若霞。

作者詩稿墨迹（硬笔书法）

出版前言

本馆自1897年创立以来，始终肩负中国新教育出版重任，以"昌明教育，开启民智"为宗旨，先后编辑出版中小学各科教科书、教学参考书、工具书、教师用书等，分类编纂，精益求精，深受教育界同人欢迎。

新中国成立后，国家重视发展教育事业。中小学教改实验百花齐放，高等院校教学法、课程论研究百家争鸣，全国各地涌现出许多教学、科研带头人。他们居敬好学，躬身实践，著书立说，逐渐在教学界产生影响，得到认可，成名成家。为了反映和记录当代语文教学研究成果，也为了给青年教师提供可资学习借鉴的参考资料，我们策划了"语文名家自选集"和"语文名师自选集"两套丛书。"名师"因其"著名"，"名家"因其"自成一家"；名师是中青年居多，名家是中老年居多。无论名师名家，年轻年长，这两套丛书关注的主要是在以下方面有所建树的作者：一、对语文教学的民族性、科学性有自觉认识；二、教学方法或研究方法植根于中国优秀语文教学传统，符合中国语文的特点，既有传承又有创新，能够科学有效地提高学生的语文素养；

三、其教研成果具有较为广泛的影响力和积极的指导作用。

宋代学者程颢有言:"古者自天子达于庶人,必须师友以成就其德业,故舜禹文武之圣,亦皆有所从学。"希望这两套丛书的编辑出版,能够激励广大语文教师读者求其师友,持志问学。欢迎中小学语文教学界的专家、学者、老师支持指导我们,共同把这两套丛书出好。

商务印书馆编辑部

2019 年 1 月

目 录

代序：我的语文教学之路 …………………………… 1

第一辑　跌宕起伏的语文人生

小引："语文导读法"的前世因缘 ………………… 7
高高耸立的标杆 …………………………………… 9
没有文凭的"学历" ………………………………… 14
从"学语文"到"教语文" ………………………… 21
一堂课改写人生 …………………………………… 27
行进在教与不教之间
　——"语文导读法"的理念与践行 …………… 38
少年学诗记 ………………………………………… 53

第二辑　书简·对话

小引：真诚的期盼
　——致新手语文教师的十封信 ……………… 67

目 录

第一封信：经师·人师·导师 …………………………… 70
第二封信：不要把语文教学想得太复杂 ………………… 77
第三封信："会读"才能"善教" ………………………… 83
第四封信：练好处理教材的基本功 ……………………… 90
第五封信：我为何倡导"语文导读法" ………………… 98
第六封信：最好先审视一下你的学生观 ……………… 107
第七封信：善导必先识"势" …………………………… 116
第八封信：语文教学不能淡化训练 …………………… 122
第九封信：从"入格"到"破格" ……………………… 129
第十封信：看清方向，走自己的路 …………………… 135
论教书简：致刘国正先生 ……………………………… 143
关于"学生为主体，教师为主导"答客问 …………… 147
答《中学语文教学》杂志社问 ………………………… 156
与《钱梦龙经典课例品读》编写组谈话录 …………… 166

第三辑 浅滩拾贝

代小引：浅滩拾贝 ……………………………………… 177
教学艺术是鼓励的艺术 ………………………………… 178
说"训练" ………………………………………………… 182

"导游"与"导读"
　　——从《惠崇〈春江晚景〉》的教学说起 ·············· 195
文言文教学刍议 ·· 199
问宜"曲" ·· 206
"交谈"的效果 ··· 209
尊重每一位学生的阅读感受 ······························· 213
教学细节，细而不小 ······································· 217
关键处"指点一下" ·· 223
吟诵随谈 ·· 229

第四辑　评长·论短

小引：转益多师 ·· 239
因为他的心里装着学生
　　——《听李镇西老师讲课》序 ························ 240
为"浅浅地教语文"喝彩
　　——肖培东《我就想浅浅地教语文》序 ············· 244
评王君的"青春语文" ···································· 250
《语文教学芹献集》序 ···································· 254
陆慰萱老师诗文集序 ······································· 260
读毛天鸿老师《我的语文世界》 ·························· 265

诗性课堂韵味长
　　——读《教之韵——洪胜生语文教学文集》……………… 270
古典诗词就应该这样教
　　——评曹勇军老师《将进酒》的教学 ……………………… 274
周凤林诗集《冰凌花》序 ……………………………………… 279
评杨祥明执教《邹忌讽齐王纳谏》…………………………… 283
说说语文课的"面孔"………………………………………… 286

第五辑　导读课例

引言：我这样上语文课 ………………………………………… 293
我教《愚公移山》……………………………………………… 307
我教《少年中国说》…………………………………………… 334
《驿路梨花》教学述评 ………………………………………… 365
我教《论雷峰塔的倒掉》……………………………………… 391
我教《死海不死》……………………………………………… 416

后记 ……………………………………………………………… 435

代序：我的语文教学之路

首先要感谢您有兴趣读我的这本小书。为了让您更好地走进这本小书，作为本书作者的我，照例应该先"自报家门"，让您大体了解我是一个什么人，做过些什么事，走过些什么路，有过哪些成功的快乐与失败的懊恼，写这本书的动因又是什么，等等。

我是上海市人，1931年出生于上海郊区嘉定县（现已设区）的一个小镇上。中学是在上海市区读的，但初中毕业后母亲不幸病故，家庭经济状况也发生了困难，遂告辍学，因此我的最后学历是初中毕业。1951年，由于一位乡村中学校长的赏识和邀请，竟阴差阳错当了这所中学的语文教师（朋友戏称"混入教师队伍"），而且一干就是一辈子，直至退休。按照我的初中毕业的学历，照理是没有资格到中学教书的，但我不仅走上了中学讲台，不仅胜任了教学工作，而且才教了四年竟被评为县优秀教师，还获得了晋升两级工资的特别奖励（这在当时是很少有的），并开始担任学校语文教研组组长。同年，学校规模扩大，增设高中部，25岁的我又升任高中语文教师，以致出现了"初中生教高中生"这种有趣的"颠倒"现象。

1978年,国家为了提高教师的社会地位,开始启动评选特级教师的工程,我又侥幸被评为上海市首批特级教师。当时上海市"三报"《文汇报》《解放日报》《新民晚报》都在第一版用整版的篇幅套红刊登全市评出的总共三十六位特级教师的照片和简介,其盛况不但空前,而且堪称绝后。一个仅有初中学历的普通教师竟能获此殊荣,使很多朋友、同行大呼"看不懂"!其后又被教育部聘为全国中小学教材审定委员会委员,同时兼任中国语文报刊协会课堂教学分会会长。2017年,中国教育学会等六家机构组成的"当代教育名家评选委员会"在全国范围内进行评选,我又有幸被评为"当代教育名家"——这是我以86岁高龄获得的生平最后一个荣誉称号。

为什么我这样一名学历严重不合格、智力平平,也并不拥有任何"人脉资源"的普通教师,居然走出了这样一条虽然说不上辉煌,至少也颇有传奇色彩的人生之路?

有人问:你究竟靠的是什么?

其实答案很简单:自学,靠自己学!

我的自学从读初中一年级就起步了。所谓"自学",其实不过是喜欢读书而已,严格说不能称作自学,因为我的读书全凭个人兴趣,只是拉拉杂杂地读了些自己喜欢读的书,既无名师引路,也无个人计划,更不刻苦自励。值得庆幸的一点是,从那时开始的七十多年来,我始终保持着旺盛的求知欲和读书的兴趣,至今不衰。

记得我刚到那所乡村中学担任语文教师时,根本不知语文教学为何物,只能根据自己因为爱读书而提高了读写能力的有限经验来设计我的语文教学,想不到起步时这一无奈的选择,不仅使我胜任了教学工作,还教出了成绩,教出了个人的特色。正是从那时开始,我确定了自己语文教学的方向:在读写训练中培养学生的自主意识、自学兴趣和读写能力,居然因此而走出了一条个性化的语文教学之路。在20世纪70年代末,我读到叶圣陶先生关于语文教学的许多经典言论,更如醍醐灌顶,让人茅塞顿开,尤其令我兴奋的是,自己选择的这一条语文教学之路,正好与叶老的语文教学思想暗暗吻合。比如叶老的这一段话:

> 尝谓教师教各种学科,其最终目的在达到不复需教,而学生能自为研索,自求解决。故教师之为教,不在全盘授与,而在相机诱导。必令学生运其才智,勤其练习,领悟之源广开,纯熟之功弥深,乃为善教者也。

后来人们檃栝这段话的大意,把它浓缩为五个字:"教,为了不教。"这是多么凝练、睿智且富于哲理的教学思想!

回顾自己四十多年的语文教学,不正是在不知不觉中践行着这五个字吗?

我终于明白,原来我这一辈子,始终行进在"教"与"不教"之间。

这本小书将告诉您:在这条路上,我遇到过哪些坎坷曲折、迷茫困惑;看到过哪些姹紫嫣红、旖旎风光。如果我的所经所历能够引起您的一点思考,激发您前行和超越的兴趣,那就是给我的最高的奖赏。

第一辑

跌宕起伏的语文人生

小引:"语文导读法"的前世因缘

我从1951年当教师,1952年开始执教中学语文,直至1993年退休,与语文教学打了一辈子交道,唯一的"成就"是在1981年提出了一个命名为"三主三式语文导读法"的教学构想。所谓"三主",即"学生为主体,教师为主导,训练为主线",它是语文导读法的理论基础;所谓"三式",即自读式、教读式、复读式,它是语文导读法的操作模式。所谓"导读法",就是学生在教师指导下以师生互动为基本形态的一种阅读教学方式。我之所以敢于说这是我的"成就",因为在我之前没有人提出过这样的命题和概念。

"三主三式语文导读法"(简称"语文导读法")是本人根据自己几十年的阅读经验和语文教学实践提出的语文教学理念。"三主"中"学生为主体,教师为主导"的命题在提出后曾引起教育理论界的争鸣,有反对者,有赞成者,有半反对半赞成者,众说纷纭,莫衷一是。2010年,《国家中长期教育改革和发展规划纲要(2010—2020年)》颁布,在"第一部分"中也采用了"以学生为主体,以教师为主导"的表述,争论始告终结。导读操作模式中的"自读""教读"两个概念，有幸被人民教育出版社20世纪80年代出版的语文课本吸收采用，该社中学语文课本编辑室还曾为此特派章熊老师到上海邀我去北京与该社同人座谈交流。

1989年，我国心理学界为新中国成立四十周年献礼而编著出版的大型专业辞书《心理学大词典》，收录"语文导读法"作为词条，并给予了肯定的评价。这是该词典唯一破格收录的由一位中学教师倡导的一门普通学科的教学法，较为罕见。

"三主三式语文导读法"并非纯理论的产物，而是本人回顾、总结、提炼几十年读书、教学的实践经验的总结，它的滥觞期甚至可以追溯到我的少年时代。语文导读法为什么如此强调学生的"主体"地位？为什么把教师的作用定位于"因势利导"？为什么要一再为"训练"正名，强调"训练是教学过程中师生互动的基本形态"？语文导读法为什么最有利于学生的自主学习和终生发展？所有这些问题，都可以从本人的成长历程和语文导读法的来龙去脉中追溯其渊源，进而找到答案。

高高耸立的标杆

1931年,我出生于上海郊区的一个乡村小镇——纪王镇。这个小镇当时隶属江苏省,现在已划归上海市闵行区。父亲经商,他年轻时就到上海滩闯荡,有了一点积蓄,就回到嘉定做生意,后来全家在嘉定定居。母亲出身于农民家庭,没上过学,是典型的家庭妇女。家里唯一可以与"文化"沾上一点边的,就是我父亲所收藏的大量武侠小说、言情小说,可因为我从小不爱读书,后来虽然懂得读一些书了,对这一类书也没有兴趣,当然也说不上受到什么熏陶,因此在"家学"方面,我绝对没有任何可以炫耀的资本。我之所以会成为一名教师,一名像现在这样还算称职的中学语文教师,看来既不是受家庭的影响,也不是由于师范学校的培养,总之,另有原因。

这要从我的少年时代说起。

我在小学五年级之前,绝对是个名副其实的"问题儿童",顽皮贪玩,不爱学习,旷课、逃学是家常便饭,以致小学前五年中总共留过三次级。老师和同学都说我是"聪明面孔笨肚肠",我也自认是个笨孩子,完全失去了上进的信心。那时,父亲忙于经商，没时间管我；母亲不识字，没能力管我；老师对我失去了耐心，懒得再管我。于是，我就像一匹没有缰绳的小马驹，整天在野地里无拘无束地狂奔乱跳，结果是在"差生"的轨道上愈滑愈远，成了个人见人厌的小家伙。

  幸运的是，我在五年级留级以后，被分到了武钟英老师——一位必须终身铭记的恩师的班上。他是一位三十多岁的男教师，那一年正好教五年级国语（语文），兼级任老师（班主任）。也许因为我当时在学校里有点"知名度"吧，开学第一天他便把我叫到办公室，对我说："钱梦龙，老师和同学都说你是'聪明面孔笨肚肠'，你是不是想知道自己到底笨不笨？"我当然表示很想知道，因为自己到底是不是"聪明面孔笨肚肠"，一直是沉重地压在我心上的一个大问号。于是武老师从抽屉里拿出一本按四角号码检字法排列的《王云五小字典》，对我说："这种四角号码查字法用起来很方便，只要一看到某个字就能知道它在哪一页。但是这种查字法比较难学，现在我教你，如果你能学会，就可以证明你不笨。想不想试一试？"武老师的话一下子引起了我对这种查字法的好奇心，我立即表示愿意一试。

  于是，武老师先要求我当场背出四角号码查字法的四句口诀：

一横二垂三点捺，
点下带横变零头，
叉四插五方块六，
七角八八小是九。

说来也怪,我这个从来没有认真读过书的人,居然很快就把四句口诀背出来了。然后,武老师教我怎样看一个字的四个角和附角,并在纸上写了几个字让我试查。我又很快把这几个字从字典里准确无误地一一查了出来。从武老师当时兴奋、赞赏的表情,从他按在我肩上的温暖的大手传递给我的"信号"中,我"读"出了一个令我自己都不敢相信的结论:"钱梦龙不笨!"

接着,武老师给我布置了一项"光荣任务":自备一本《王云五小字典》,以后他每教一篇新课文,都由我把课文里的生字新词的读音和释义从字典里查出来,抄在黑板上供同学们学习。这本来是一项十分平常的工作,但对一名素来被同学看不起的"老留级生"来说,却是一件多么"长脸"的事啊!

于是,每一次查字典我都用最大的努力把这项光荣任务完成得无可挑剔。一个学期下来,我不但学会了熟练地使用字典,而且养成了课前自习的习惯,还学会了怎样根据词语的上下文选择义项,等等。这都增添了我学习的兴趣。

我开始有了上进的信心,旷课、逃学的老毛病也"不药而愈"了,尤其爱上武老师的国语课(武老师上课也确实很有吸引力),其他各科的学习也渐渐有了起色。尤其应该大书一笔的是,我在武老师的引导下开始爱看课外书,记得他介绍我看的第一本书是《爱的教育》,从此吊起了我看课外书的胃口。《鲁滨孙漂流记》《木偶奇遇记》等,我都读得爱不释手。后来我父亲的朋友送给我一本《作文辞典》,里面很多优美的描写让我羡慕不已,常常在自己的作文里模仿、摘抄几句,因此常常受到武老师的表扬,只要作文里有几句写得比较好的句子,武老师总要在作文评讲时读出来，有时候也让我站到讲台前自己读。我升入小学六年级的时候，武老师把我的一篇作文推荐给嘉定县的一份地方小报，居然被登了出来。看到"钱梦龙"三个字第一次变成铅字明明白白地印在报纸上时，我的感觉真比登台领奖还要风光得多呢！

不过这件本可自我夸耀一番的事，却使我抱憾至今，因为这篇作文中至少一半的句子都是我从《作文辞典》里抄来的！

尤其让我难以忘记的，是在我小学毕业时武老师把成绩报告单发给我的时候，读到武老师在"评语"一栏里给我写的评语时所受到的震撼。记得评语写得长，清秀工整的小楷把整个评语栏填得满满的。评语的全部内容现在我已经记不得了，但评语的劈头第一句话给予我的震撼却至今记得清清楚楚，这句话是——

"该生天资聪颖"！

这个"颖"字当时虽然还不认识，但它跟"天资"和"聪"字连在一起，肯定是一句好话。于是我一回家就急忙查《王云五小字典》，我的猜测果真一点不错，聪颖者，聪明也！

武老师说我天资聪明！

多年来"聪明面孔笨肚肠"的恶评投在我心灵上的阴影，终于被这句评语一扫而光了！我猜测武老师当时是针对我的自卑感有意写这句评语的，他也许还没有想到这句评语对我一辈子产生的影响。

但在那时，我除了对武老师怀着深深的敬爱、眷恋之情外，也没有想得更多，只是到了自己需要选择职业的时候，武老师亲切的形象忽然在我眼前鲜明起来。回想他从教我查字典开始，接着布置"光荣任务"提高我的自信心，又使我养成了课前自学的习惯；给我介绍课外读物，表扬我的作文，激发我读书和写作的兴趣……两年中对我一步步地唤醒、鼓励、诱导，直至在成绩报告单上针对我的自卑感有意写下那句评语，我才真正感受到武老师对一名"问题儿童"的爱像母爱一样伟大、无私，这种不同于"常人之爱"的"教师之爱"，可以彻底改变一个人的人生轨迹！因此，当我辍学以后要跨出择业第一步的时候，自然把目光投向了"教师"——这个在我心目中无比神圣的职业，以至完全忽略了自己初中毕业的学历是否适合当一名教师。在我成了一名教师以后，作为武老师的同行和后辈，我又为武老师的教育艺术所深深折服，回想他对我的一步一步的诱导，每一步都闪耀着他的教育智慧。于是，武老师的形象更加高大起来，成为一支高高耸立在我心中的标杆，让我随时测量出自己的差距和不足。

（2015年）

没有文凭的"学历"

"文凭"是指官方或学校颁发的证明文书,代表着一个人受教育的程度,比如大学本科文凭,表示文凭持有者接受过大学本科教育,具有大学本科毕业的学术水准。"学历"从字面理解,指一个人的学习经历,在一般情况下跟文凭的指向是一致的,因此"文凭"又可以叫作"学历证书"。但文凭和学历有时候又有不一致的情况,比如有的人虽然没有大学本科的文凭,但他经过自己学习同样可以达到甚至超过大学本科的学术水准,这时,他尽管没有相应的文凭,但具有与大学本科同等的学历。在这样的情况下,"学历"这个概念仅仅指"学习经历""学习历程"的意思,与"文凭"的指向并不一致。就是说,他虽然没有进过大学听课,但他同样经历了相当于或超过大学课程的学习。这种人一般被称为"自学者"。在我年轻时,大学不像现在这样普及,社会上、教师中的大学毕业生还是"珍稀物种",而自学者却不在少数。

我就是一名自学者,不但没进过大学,连高中也只读了三个月就辍学了。因此我平生只有一张"初中毕业"的文凭,因为保存它毫无用处，连这张文凭也早就丢失了。也就是说，我实际上只是个初中毕业生，但是我却当了中学教师，还教了高中，而且干得不算很差。

我凭的是什么？

答案其实很简单，因为我拥有一份不以文凭为标志的学习经历，正是这种独特的"学历"使我胜任了中学语文教学。我的这种学习经历，简言之就是两个字：自学。

我自学的起因是这样的：自从我沉睡的求知欲被我的恩师武钟英先生以他高超的教育艺术唤醒以后，我开始爱上了读课外书，而且这种兴趣与日俱增，进入中学以后，俨然已是个终日手不释卷的"少年读书郎"了。只要一有空，我就爱逛书店，看书、淘书、买书，把父亲给的零用钱都换成了一本本厚厚薄薄的书。在我当时就读的学校里，我是唯一有较多个人藏书的学生。我尤其酷爱古典诗词，很想做一个出口成章、风流倜傥的少年诗人。在初中一年级时还曾经和一位高中部的同学一起请一位老先生（是这位同学本族的老塾师）给我们讲解仇兆鳌的《杜诗详注》，听了好几讲，至今还记得听他讲杜甫《望岳》那首诗时意气洋洋的神态。

听人说"熟读唐诗三百首，不会吟诗也会吟"，于是我买了一本《唐诗三百首》开始读了起来。当时我对自己的要求是每天背出一首，长一点的诗则两三天背一首，如《长恨歌》《琵琶行》这样的长诗，我都是用几天时间才全诗背出的。我买到的这本《唐诗三百首》是与《白香词谱》的合集，因此我又知道除了诗以外，还有词，是一种句子长短不一的"诗余"，比起诗来，词的用字似乎更婉约、绮丽。但我却爱读诗，也许因为诗的句式整齐，更便于吟诵和记忆吧。就这样，我大概用了一年左右的时间，就把一本《唐诗三百首》差不多全背出来了。我从小记忆力不太好，但记诗句好像特别容易，一首四句的"七绝"，只要看过就大体记住了，仿佛自己与诗天生有缘似的。

说来也巧，有一次听评弹（我父亲开过"书场"，因此我从小爱听评弹），那位"说书先生"（评弹艺人）用吟唱的调子吟了一首杜牧的《清明》，明白如话的诗句所展现的"牧童遥指杏花村"的优美意境，配上艺人吟唱时悠远回荡的韵律，让我听得如痴如醉，心中忽然升起了一种对"美"的渴望。它朦朦胧胧，却又那样强烈，于是我下决心要学会"吟诗"。

吟诗先要弄懂诗的格律，而要弄懂诗的格律，又必须分辨诗中每个字的声调，即"平仄"规律。正好我买到了两本工具书：一本《辞源》，一本《诗韵全璧》，靠着这两本书的配合使用，我终于弄懂了汉字有平、上、去、入四个声调，每个声调的字都分属于不同的韵部，如上平声有"一东二冬、三江四支"等韵目。平声字读起来声调悠长，上、去、入三个声调读起来不像平声字那样可以拖长，因此叫"仄声"，"仄"就是"不平"。一首律诗或绝句吟起来为什么声调抑扬顿挫，特别悦耳动听？除了因为押韵，还因为每句诗都是按照每个字长短不同的声调有规则地组合起来的，这就叫"格律"。还有什么"一三五不论，二四六分明"之类的说法。弄懂了这些，我就试着按照自己的理解自以为是地"吟"了起来，慢慢熟练后居然也吟得有腔有调。

弄懂了诗的格律，我从初中一年级下学期开始就学着作诗。

为了提高自己的"诗才",又尽量搜罗各种谈诗的书籍来看,最早读到的是一部《随园诗话》,后来又买到了近人傅庚生的《中国文学欣赏举隅》、俞陛云的《诗境浅说》、王国维的《人间词话》、朱自清的《诗言志辨》等,这些书后来都成了我常读常新的"枕边书",不仅对提高我写诗的能力起了很大的作用,而且打开了我的文化视野,拓宽了我阅读的范围。比如《红楼梦》,有位大人物说过至少读五遍才有发言权,我在初中二年级之前就已经读了三遍(这在初中学生中是很少有的);至于林黛玉、薛宝钗们吟诗作赋的那几回,我究竟翻来覆去地读了多少遍已没法计算。我又爱读鲁迅的文章,几乎买齐了他各种集子的所有单行本,如《华盖集》《而已集》《伪自由书》《且介亭杂文》,还有《坟》《野草》《呐喊》《彷徨》等。后来在学校图书馆里又借到了林琴南用"太史公笔法"翻译的《巴黎茶花女遗事》《块肉余生述》《黑奴吁天录》等,又看得如痴如醉。总之,我像一个极度饥饿的人看到面包一样,只要看到一本自己喜欢的书,就立即毫不犹豫地扑上去!尤其在自己写的几句诗受到国文老师称赞以后,更激发了我买书、读书和"作诗"的兴趣。

为了满足自己的"发表欲",我又独自办了一份手写的"壁报",用来发表自己的"作品"。正好在庄子《逍遥游》里读到一句"日月出矣,而爝火不息,其于光也,不亦难乎",就为壁报取名《爝火》,当时很为这个刊名自鸣得意。更让人高兴的是,由于办壁报结识了高中部两位同样爱好写诗的学长,其中一位很瘦,笔名"瘦诗人",还有一位爱喝酒,就自称"糊涂诗人";我因为读鲁迅《鸭的喜剧》,很喜欢那位俄国的盲诗人爱罗先珂,就用"梦龙"二字的上海话谐音,自号"盲聋诗人"。于是《爝火》就成了三位"诗人"诗词唱和的专刊。为了在唱和中不落下乘,我更贪婪地读书,想方设法丰富自己的"腹笥",提升自己的诗才。

这样痴迷地读书、作诗、办壁报,几乎占去了我除上课以外的全部学习时间,有时,上课还在偷偷地推敲我的诗句。这样全身心的投入使我无暇再顾及我的正课学习,一个直接后果是出现了严重偏科现象:除了国文成绩还差强人意以外,数学、化学、英语等学科的成绩都惨不忍睹,最终导致我在初中二年级时因多门学科不及格又享受了一次留级的"待遇"。至此,我在短短的求学生涯中总共"创造"了四次留级的"光荣纪录"!

我初中的前两年本来是在嘉定读的,这次留级以后,父亲决定改变一下我的学习环境,让我转学到上海市区的一所中学,仍读初中二年级,于是我开始了"寄宿生"的生活。也许因为我多次留级,比一般的初二学生个子高大一些,而且谈吐文绉绉的,颇有点"读书人"的"风度",一个学期以后竟在班级选举中被推举为班长。尽管那时我的学习心理因一再留级而受挫,奈何读书、作诗的"积习"已深,入学不久我老毛病发作,又办起了我的壁报《爝火》。好在这次找到了一位志趣相投的合作者,他名叫李志成,像我一样爱好文学,书法也不错,有了他的加盟,减轻了我不少办壁报工作的负担。顺便插一句,这位李志成同学高中毕业后考取了上海复旦大学新闻系,20世纪80年代担任过新华社驻上海记者站站长,那时我已被评为特级教师,他与我有过联络。可惜他未得永年,没到退休就因病去世了。

读书留级固然有些不大光彩,但对我来说倒未尝不是一件好事。转学到上海市区后,现代大都市的生活环境,一下子打开了我闭塞的文化视野。别的不说,我就读的学校附近就有两家很不错的书店,卖的书大多很有文化品位,是我家乡的小书店根本不可同日而语的。于是我就成了这两家书店的常客。记得当时我一知半解、囫囵吞枣地读了鲁迅的《摩罗诗力说》,虽然大部分没有读懂,但由此知道了一些外国诗人和作家的名字,如但丁、裴伦(拜伦)、修黎(雪莱)、弥尔顿、鄂戈理(果戈理)等,在这两家书店里正好可以买到他们的一些诗集、小说集的译本,如拜伦、雪莱的诗选,弥尔顿的《失乐园》、果戈理的《巡按使》(现在译为《钦差大人》)等。每到星期天,我一般都不回嘉定,而是在书店里消磨大半天,尽情享受书海渔猎的乐趣。乃至买的书愈积愈多,都堆在我的床铺一侧,学生宿舍的床铺本来就不宽,书占去了大半,后来只能留出窄窄的一条供我晚上勉强睡觉,尝写诗句自嘲曰:"一床褥被半床书。"

由于吸取了留级的教训,我在正课学习上也渐渐有了起色。这时,我小学后期开始形成的自学习惯,尤其使我受益匪浅,乃至逐渐形成了一种富于自学色彩的"听课法",即在老师开讲新课前,我先在课外自学第二天老师要讲的课文或章节,尽可能读懂读透,并形成自己的理解或见解,到第二天听课时把自己的理解或见解和老师的讲解比较、对照、印证,弄明白老师阐释教材的思路和方法。一般学生上课忙于聆听、记录,我则把"听"和"记"的过程变成了"思"的过程,不仅知识学得活、记得牢,而且锻炼了独立思考的能力。比如有一次国文课上老师讲《荆轲刺秦王》,引用了陶渊明诗"惜哉剑术疏,奇功遂不成。其人虽已没,千载有余情",盛赞荆轲之勇,并为其"奇功"不成而惋惜。我却有另外的看法,于是在后来的作文《论荆轲》中表达了与老师相反的观点:"夫荆轲之刺秦王,私于太子丹一人耳,其勇不足称也。"这篇作文后来在作文评讲课上得到了老师的称赞。这种建立在自学基础上的听课法,使我完全掌握了学习的自主权和主动权,还培养了长盛不衰的学习兴趣,学习成绩也有了明显的提高。后来我又把这一听课法扩展到其他学科,到初中毕业时,我的各科成绩均已名列前茅,国文成绩尤其优异,并获得了免考直升本校高中的资格。

这一段从初中一年级起步、长达四年(由于留级,我初中共读了四年)的课内外自学历程,尤其是读写经历,不仅提高了我的国文素养,拓宽了我的文化视野,而且使我具备了远远超过初中毕业生的实际水平。这就是我以"初中毕业"的学历敢于走上高中讲台的一点底气。

(2020年)

从"学语文"到"教语文"

1952年,我所在的学校扩展办学规模,班级数增加,缺少语文老师,校长见我平时很爱读书,有时还写写文章,便建议我改教语文(我进中学本来教的是美术),于是我又阴差阳错地成了一名中学语文教师。那时的我仅有初中毕业学历,对语文教学更是一窍不通,要胜任教学工作实际上是勉为其难的。我却不甘心当个混饭吃的教书匠,凭着自己在中学读书时"能读会写",还有点国文"底子"的"特长",居然毫不犹豫地接受了新的任命。当时的心态,正好用得上一句熟语:初生牛犊不怕虎。

我很想从教过我的几位中学国文老师那里找到教好语文的榜样,但考虑再三,觉得自己实在没法仿效。比如我在嘉定读初中一年级时的国文老师庄乘黄先生,他是一位饱学之士,教的都是文言文,因此教学上可以充分发挥"讲书"的优势,旁征博引,说古论今,一篇短短的课文能连讲好几节课,以他的博学使学生受益。相比之下,自己肚子里那一点点得之于胡乱读书的"库存",显得多么寒碜!再说,我那时教的又都是语体文,毕竟可讲的地方不多——我教语文,一开始就不走"讲书"的老路,其实倒不是因为认定了"注入式教学"有什么不好,只是自感"腹笥"太俭,聊以藏拙而已。

最后,我根据自己学习国文的经验,终于选定了一种教学策略:鼓励学生自己学。我的想法很简单:从武老师教会我查字典开始,到我偏爱文科的学习,我就是依靠自学而取得国文成绩在全班"领先"的优秀成绩的;那时我不仅在课外大量读书,还把我自读的习惯移到了课内,这一独具个性的听课法使我不但学好了课文,而且锻炼了思考力。因此我相信,如果我能够引导、鼓励我的学生像我当年自学国文那样学习语文,至少我不至于误人子弟。

于是,我决定把"鼓励、教会学生自己读书"作为我语文教学的一个努力方向。现在回想,当时认定这样的方向,实在是一次无可奈何的"创新",一次因为无知所以无畏的选择,绝不是因为有超前意识,更没有任何理论根据,只是凭我独特的"学历",觉得语文"应该这样教",仅此而已。那时自然不会想到,教学起步时认定的这个方向,会成为我语文教学上毕生的追求。

那时为了鼓励和指导学生自己读课文,我备课首先考虑的不是怎样"讲"文章,而是自己怎样"读"文章。为此,每教一篇课文之前,我总要反反复复地读,或朗读,或默诵,或圈点,或品评,直到真正"品"出了味儿,才决定教什么和怎样教。所谓"教",也不是把自己已经认识了的东西全盘"端"给学生,而是着重介绍自己读文章的思路、方法和心得,然后鼓励学生像我一样自己到课文中去摸爬滚打,去理解,去品味,尽可能对课文形成自己的见解。我发现,任何一篇文章,只有自己读出了感觉,才能找到引导学生的办法,才能把学生读文章的热情也"鼓"起来。教师自己读得越好,越是"嚼"出了滋味,教学中必然也越能感染学生,教得左右逢源,得心应手。有时候自己在阅读中遇到了难点,估计学生也会在这些地方发生困难,就设计几个问题,尽量启发学生多想想;有时候讲一点自己读文章的"诀窍",如怎样揣摩作者的思路,怎样把握一篇的关键段、一段的关键句、一句的关键词等。自己爱朗读,有些文章读起来声情并茂,就指导学生在朗读中体会声情之美;自己读文章习惯于圈圈点点,读过的书页上朱墨纷呈,就要求学生凡读过的文章也必须留下阅读的痕迹;自己课外好"舞文弄墨",写点文章诗词,还杂七杂八地看些书,学生在我的"言传身教"下,也喜欢写写东西,翻翻课外读物。总之,用传统的教学观念看,我的课上得有些随便,既没有环环相扣的严谨结构,也不追求鸦雀无声的课堂纪律。这样的课,用"课型"的概念衡量,实在说不出是什么"型"的,但学生学得倒也不觉得乏味,教学效果居然差强人意。

1953年,全国开展了关于《红领巾》教学的讨论,那年正是我从事语文教学的第二年。我不想全面评价这次讨论的得失,就我个人而言,确实从这次讨论中找到了很多引起共鸣的东西。尤其是当时一位叫普希金的苏联专家批评我国的语文教学"老师积极,学生不积极"的意见,可谓深得我心;普希金指导的《红领巾》教学中"谈话法"的运用,改变了传统的"讲书"格局,也令人耳目一新。所有这一切,都跟我的某些想法和做法暗暗吻合,或者说这位苏联专家的意见把我本来已经朦胧感觉到了的东西明确地说了出来。这就更壮了我的胆:也许我自创的"四不像"式的教学，还真有一点道理呢。

那时，我的语文教学已经得到了一些好评，还担任了语文教研组组长，于是我主动请缨，在语文组内开了一次观摩课，还邀请了本县其他一些中学的老师来听课。教的课文是《雨来没有死》，基本上模仿《红领巾》的教法，问问答答的"谈话法"加上一点指导学生自学的"个人风格"，居然取得了成功。整堂课学生学得主动积极，师生之间的交流默契而融洽，轻轻松松取得了很好的教学效果。之后我又多次尝试，有时还向校外老师开课，都得到了较好的评价。

我的语文教学总算渐渐入了门，尤其在教材的处理和指导学生自读方面，似乎更多了一些个人的心得。记得1955年县里举办教师暑期进修班，共开了甲乙两个班，我这名仅有三年语文教龄的初中毕业生，竟被指定为甲班的主讲教师（乙班的主讲教师是县里一所师范学校的语文教研组组长，一位老教师），向五十多位比我年长的同行大谈处理教材的思路和方法，虽然卑之无甚高论，但谈的大多是自己读书和教书的切身体会，倒也颇获好评。这又给了我一点启示：教学只要真正得之于心，而不是仅仅求之于书，就能教出自己的个性和风格，走出自己的路来。

1956年，学校增设高中部，我开始任教高中语文。这一年正值"汉语"与"文学"分科教学（即取消语文课，分设"汉语""文学"两科），知识根柢不厚的我居然也啃下了这两块"硬骨头"。文学教材中从《诗经》发轫的中国古典文学，本是我的兴趣之所在，这方面的书也读得较多，自然教得比较轻松愉快；而汉语学科由于名词概念较多，又没有故事性，当时不少教师都觉得枯燥难教，我却也能使学生学得很有兴趣。因为当时我正试图把哲学认识论的原理应用于汉语教学，遵循"感性—理性—感性"的认识过程，一般先从罗列语言现象入手，进而引导学生从中概括出一般规律，最后又以学生自己的语言经验加以印证。这就使学生在步步推进的认识过程中领略到思考、推理的乐趣，学生倒也并不觉得枯燥乏味。

就在这一年，我写出了生平第一篇教学论文：《语文教学必须打破常规》。适值新中国成立以后第一次评选优秀教师，我有幸被评为县优秀教师，获得了晋升两级工资的特别奖励；还被指定在嘉定县首届优秀教师大会上宣讲我的论文。这篇所谓"论文"，其实只是一篇如何在语文教学中打破传统的"老师讲书"的刻板教法的简单总结，再加上一点指导学生自己读书的粗浅体会，准确地说，它其实只是一篇教学总结而已。但从我当时的教学务求"打破常规"的意图看，我追求独特的教学个性的倾向是明显的。这一段时期的教学，可以说是我的"导读法"的滥觞期。

教学的初见成效，鼓励我去进一步探索语文教学的基本规律。1956年前后，尽管我摸到了一点教学的门径，但由于还不能从中概括出带有规律性的认识，更没有教学理论的支持，教学的成败似乎都有些偶然性，因此总感到某种欠缺。

于是我到哲学中去寻求理论支持，以我当时（20世纪50年代中期）有限的理论视野以及农村学校藏书的匮乏，唯一能找到的是有关认识论方面的书籍。我开始把"教会学生读书自学"的过程看作一个认识过程。我发现，学生在语文教学中的认识过程与哲学的认识过程相比，有着明显的不同，其特殊性主要表现为认识内容的"浓缩性"和认识过程的"变通性"，即人类经过漫长的认识过程而获得的真理，学生往往只需一节课甚至更短的时间便可获得；而学生的认识过程也不一定完全遵循从感性到理性的顺序，常常是反序的。然而，学生的认识无论怎样浓缩，怎样变通，总离不开"实践"这个基点。我开始懂得，在数理化学科中，学生的实践主要是演算和实验，那是很明白的；可是语文学科（这里主要指阅读教学）的情况有些不同，教学的内容是一篇篇文章，因此学生的认识对象主要不是文章所反映的客观事物，而是这些被选作教材的文章自身。这样的认识对象决定了学生在语文课上的实践就是"读"这些文章。我终于明白，"讲书式"语文教学的根本缺陷，倒不在于教师讲得多些或少些，而在于忽视了学生"读"的实践，因此学生无法形成自己的认识过程，其认识能力也就无从发展。而我的以指导学生自学为主的教法，正是一种立足于学生"读"的实践的教学方法。这是我在20世纪50年代中期所能达到的"理论水平"。

遗憾的是，我的这些片断的认识还来不及梳理，时代原因使我不得不忍痛告别我正在探索中的"打破常规"的语文教学。

（2020年）

一堂课改写人生

时间要跨越到1979年。

在1979年之前的28年中,我一直是个寂寂无名的普通教师,除了1957年因被错定为"右派"而在校园内外"显姓扬名"了一阵子外,长期默默无闻;尤其经历了十年"文化大革命"的炼狱,早已不求闻达,能够平安无事干到退休便已心满意足。事实也只能如此,一个年近半百的乡村教师,又是戴着"摘帽右派"的"桂冠"被编入"另册"的人,对后半生还能有什么奢望?

但是,那一堂语文课却使我的人生之路发生了戏剧性的大转折。

1979年上半年,上海市教育局在我任职的嘉定县第二中学召开上海市郊区重点中学校长现场会,会议的主要课题是探讨"文化大革命"后的课堂教学如何拨乱反正,而提高课堂教学质量是研讨的重点。嘉定二中作为东道主,自然承担了提供课例供校长们探讨研究的义务。为此,学校规定各科所有教师都要向校长们开课,我当然也做好了开课的准备。

说是"准备",其实我并没有专为这次教学而刻意备课。记得开课的日子是星期一，而我当时担负着全校好几块黑板报的编辑、出版、美化工作，为了迎接现场会的召开，星期日整整一天我把精力全扑在了黑板报的出版和美化上，仅在晚上有一点时间考虑第二天上课的思路。按照教学进度，星期一我教的是《愚公移山》。这是一篇老课文，又是文言文，传统的教法是"串讲"，即由教师逐字逐句地讲解，学生只是被动地"听"和"记"。对这种扼杀学生主动性的刻板教法，我素怀"叛逆"之心。根据个人的自学经历，我始终认为所谓"教学"就是"教会学生学"，因此教师必须致力于培养学生的自主意识和自学能力，使学生学到一辈子有用的东西——读书的能力。而文言文的串讲法，把文章一字一句"嚼烂了喂"，与我理解的"教学"的宗旨是完全背道而驰的。因此，我的文言文教学早就废止了串讲法，这次教《愚公移山》，当然也没有必要因为有人听课而改变我惯常的教法。要说准备，我倒是做好了请校长们吃一顿"家常便饭"的思想准备。

上课这天，校长们似乎知道我比较"能上课"，因此像互相约好了似的，都集中到我的教室里听课，其中有好几位还是市、区重点中学的校长，上海市和嘉定县教育局的几位领导也都来了，把一个原本很宽敞的教室挤得满满当当。

一上课，我先按照常规，通过朗读检查了一下学生的自读情况，然后就进入教学过程。这堂课的整个过程由五大块构成：①学生提出并讨论自读中的疑问；②列出本文的人物表，初步了解本文中各个人物的身份；③比较不同人物对待"移山"的不同态度；④从课文中找出根据，说明到底愚公愚不愚、智叟智不智；⑤当堂完成一道文言文断句的练习题。

我教文言文，和教现代文一样，重视对文章的整体理解。我始终认为文言文是"文"，是作者的思想情感、道德评价、文化素养、审美趣味等的"集成块"，是一个有生命的活的整体，而不是古汉语材料的"堆积物"。因此，我的文言文教学，一般都是在学生"自读感知"的基础上，通过"教"和"学"的互动，帮助学生在整体把握文章内容的同时领会文言字词在具体语境中的含义和用法，而不是离开了具体的语境去孤立地解释字词或讲解古汉语知识。比如下面这个教学片段：

师：大家说说看，这个老愚公有多大年纪了？

（学生纷纷答，有人说"九十岁"，有人说"九十不到"）

师：到底是九十，还是九十不到？

生（齐声）：不到。

师：不到？从哪里知道？

生："年且九十"，有个"且"字，将近九十岁。

师：且，对！那么，那个智叟是年轻人吗？

生（齐声）：老头。

师：怎么知道？

生（齐声）："叟"字呀！

师：啊，很好。愚公和智叟都是老头子。那么，那个遗男有几岁了？

生：七八岁。

师：你又是怎么知道的？

生：从"龀"字知道。

师：噢，龀。这个字很难写，你上黑板写写看。（生板书）写得很好。"龀"是什么意思？

生：换牙。

师：对，换牙。你看这是什么偏旁？（生答"齿"旁）孩子七八岁时开始换牙。同学们不但看得很仔细，而且都记住了。那么，这个年纪小小的孩子跟老愚公一起去移山，他爸爸肯让他去吗？

（生一时不能回答，稍一思索，七嘴八舌地："他没有爸爸！"）

师：你们怎么知道？

生：他是寡妇的儿子。孀妻就是寡妇。

师：对！遗男是什么意思？

生（齐声）：孤儿。

我在教学中喜欢用这种迂回的手法提出问题，学生的思维也要"拐一个弯"才能找到答案，我把这种方法叫作"曲问"。比如，问愚公多大年纪，检测学生对"且"字的理解；问智叟是不是年轻人，落实"叟"字；等等。又如我问："邻人京城氏那个七八岁的孩子也去移山，他爸爸肯让他去吗？"学生一时回答不出，继而一想，恍然大悟地叫起来："那孩子没有爸爸！"这就可以检测学生是否已经理解了"邻人京城氏之孀妻有遗男"一句中的"孀妻"和"遗男"的词义，比直问"孀妻是什么意思""遗男是什么意思"，更能激发学生思考的兴趣。

再看下面一段对话：

师：请你们计算一下，参加移山的一共有多少人？

生：五个人。

师：你们怎么知道的？

生：一个愚公，一个遗男，还有他的三个子孙。

师：三个什么样的子孙？

生：三个会挑担的，"荷担者三夫"。

师：你们怎么知道愚公自己也参加了呢？

生："遂率子孙荷担者三夫"，是愚公率领子孙去的。

师：啊，讲得真好！那请你再说说看，"遂率"前面省略了一个什么句子成分？

生：主语。

师：主语应该是什么？

生：愚公。愚公"遂率子孙荷担者三夫"。

师：好！主语补出来，人数很清楚，一共五个人。

这个教学片段，似乎只是为了计算人数，其实有"一石三鸟"的效果：既能引导学生更好地理解文章的内容——人少而移山，更见任务之艰巨；同时又落实了古汉语"主语省略"的知识；还激发了学生思考的兴趣。

这种"曲问"以及饶有趣味的师生对话，在整个教学过程中随处可见。教师教得轻松，学生学得兴趣很浓，又把文章的解读和文言知识的学习灵活地融合在一起，跟一般文言文教学的串讲法大异其趣。

最后，布置学生当堂完成一道断句（加标点）的练习题。这道练习题是我自己设计编写的，设计的意图是：把课文中学到的部分词句连缀成文，使学生在一个新的语言环境中辨认它们，以收知识迁移之效。我始终认为，给文言文断句是检测文言文阅读能力的重要标志，因此，我教文言文经常编写一些文段给学生断句。下面这段文字在发给学生时没有标点。为了增加难度，标点处也不留空白，但学生顺利完成了断句的练习。

甲、乙二生共读《愚公移山》，生甲掩卷而长息曰："甚矣，愚公之愚！年且九十，而欲移山，山未移而身先死，焉能自享其利乎？"生乙曰："愚公之移山也，盖为子孙造福，非自谋其私也，故以利己之心观之，必谓愚公为不惠，苟以利人之心观之，则必谓愚公为大智大勇之人也。"生甲亡以应。生乙复曰："今欲变吾贫穷之中国为富强之中国，其事之难甚于移山，若我十亿中国人人人皆为愚公，则山何苦而不平？国何苦而不富？"生甲动容曰："善哉，君之所言！愚公不愚，吾知之矣。"

至此，《愚公移山》的教学画上了句号。整个教学过程中，学生思维活跃，发言不时闪出智慧的火花，最后的断句练习也完成得相当顺利。市、县教育局的领导和校长们听得十分满意，因为他们从来没有想到文言文竟可以这样教，而学生在整个教学过程中的兴奋状态似乎也感染了听课的校长们，他们在走出教室时也议论纷纷，一脸兴奋。不过就我自己而言，并未特别兴奋，因为只是保持了我平时上课的常态而已。

事后，校长们对这堂课的评价之高，完全出乎我的意料。一些市重点中学的校长认为，这样的优质课即使在上海市区也不可能听到（在一般人心目中，市区学校的教学质量总要比郊区高出一截）。确实，文言文教学一贯由教师逐句串讲，我这样教文言文，确实给人耳目一新之感。课后不久，主持此次会议的市教育局普教处孙寿荣处长还特意找我交谈,把校长们的评价反馈给我,并听我畅谈了如何提高课堂教学质量的意见。

其后不久,学校又承办了一次上海市郊区重点中学教导主任现场会,又要求全校教师开课,我又教了文言文《观巴黎油画记》,当然仍用了一贯的教法,又像《愚公移山》的教学一样大获好评。有一位听课的教学主任下课后特地走过来对我说:"炉火纯青!炉火纯青!"

本以为这两件事就这样过去了,我也没有放在心上。可是1979年的下半年正好上海市首次在全市20个区县评选特级教师,各校都传达了评选的条件、评选比例等内容。我记得评选比例是三万分之一,即三万名教师中评出一名特级教师。由于"特级教师"这个称号是教师的最高荣誉,在当时又十分稀罕,因此条件极其严苛。虽然校长在传达时说教师可以自由申报,但实际上谁也不敢去攀这个可望而不可即的高峰。我有自知之明,"学历"短板加上"摘帽右派"的政治身份,这样高的荣誉肯定与我无缘,因此听过就忘,脑子里一点痕迹都没有留下。

大大出乎意料的是,有一天校长把我请到校长室,郑重其事地通知我说:"钱老师,县教育局已经替你申报了特级教师,要我告知你一声。"

"校长,你开什么玩笑!"

当时真的以为校长在跟我开玩笑,因为无论我的想象力多么丰富,都不可能把"摘帽右派钱梦龙"的名字和"特级教师"这个在当时人们心目中至高无上的荣誉称号连在一起。

然而,又一次出人意料的是,1980年2月,上海市三报《解放日报》《文汇报》《新民晚报》都以第一版整版套红的版面隆重推出全市评出的36位特级教师的简介和照片,我居然也在其中!

"世事茫茫难自料",人生的际遇、穷通,实在无法预知,有时候似乎已走到了路的尽头,却很可能就在一夜之间出现令人做梦都想不到的戏剧性变化,眼前展现出一片柳暗花明的全新景象!回顾一生,从"差生"到中学教师,再从"优秀教师"到"右派分子",又从"摘帽右派"到"牛鬼蛇神",最后到"特级教师",真有点像过山车似的起起落落,其起落幅度之大,超乎想象,在每一次起落之间,谁能预料下一次又会怎样?但有一点是可以肯定的:无论我坠落到怎样的谷底,我都没有放弃,即使在处境最艰难的那些日子里,只要容许我走上讲台,我仍然一如既往地践行我的教学理念。因此,一旦机遇来敲门,我就能紧紧抓住。如果我在屡遭挫折以后心灰意冷,看破红尘,从此一蹶不振,放弃我所有的教育追求,那么即使给我一百次教《愚公移山》的机会,我也不可能破茧而出。

最后还想说一说我在被评为特级教师过程中一个十分有趣但却发人深思的小插曲。

上海市教育局有位姓石的同志,他在此次评选过程中负责各项具体的事务工作,后来跟我处得比较熟了,就把我被评上特级教师的过程透露给我,也许他觉得这个过程不但有趣,而且发人深思,富于教益。

我参评特级教师有三个不利条件:第一,学历太低;第二,政治条件不合格;第三,在上海教育界完全没有知名度。据他说,这些不利条件在评委们讨论时恰恰都变成了有利条件,连他都感到有些不可思议。比如评委们由我的"学历太低"肯定了我的"刻苦自学";由我被错划为"右派",肯定了我"敢讲真话";而我没有知名度,反而成了一大有利条件:由于评委们完全不了解我平时的教学情况,只能根据嘉定县教育局为我写的申报材料以及那两次教学状况评判,反倒容易顺利通过。据那位同志说,有一位在上海知名度很高的老师,因为大家平时听他的课很多,对他的教学都很了解,评审中就挑剔较多,一直讨论到第五轮才获通过,而我却在第一轮讨论就顺利通过了,连市教育局那位同志都啧啧称奇,觉得不可思议。

那位同志还告诉了我评审过程中一个有趣的小插曲,也是很发人深思的。评委们由于不了解我的情况,因此评审之前曾向本市教育界的一些老前辈询问关于我的情况,遗憾的是谁也没有听说过我。有一次到上海交大附中沈蘅仲先生家里去询问,想不到问个正着,沈老师恰恰知道嘉定二中有个钱梦龙。原来在1976年他到嘉定二中去听一位青年教师的课,正好在学校的《毛泽东思想宣传专栏》上读到了我写的三首悼念毛主席逝世的七律(当时毛主席刚逝世不久),他认为写得好,就把这三首诗全抄下来了。于是他把当时的笔记本翻出来,果然翻到了他手抄的这三首诗(见文后附录),上面明确无误地写着"作者嘉定二中钱梦龙"。沈老年轻时就读于无锡国专,国学功底了得,又是一位写诗的高手,当时就把这三首诗总共168个字一字不落地抄下来,这已经表明了对它们的评价。他的鉴定无疑加重了我参评的分量。

更巧合的是,沈老的夫人王淑均老师竟然也知道我!她是上海教育学院的教授,在20世纪60年代曾开过一个"形式逻辑与语文教学"研修班,我报名参加过这个研修班的学习,在研修班的结业式上,王老师也许认为我的"毕业论文"写得较好,便指定我作为学员代表之一上台发了言。虽然已事隔近二十年,但王老师仍然清晰地记得我,这当然也为我的当选加了分。

有人认为我之被评为特级教师完全是机遇使然。确实,如果没有各种机遇和巧合,我不可能被评为特级教师。但不妨设想:如果我教《愚公移山》没有自己的特色,我的诗和"毕业论文"也不过质量平平,引不起沈、王二老的注意,那么即使机遇来了,也只可能和它擦肩而过。这使我想起了巴斯德的一句名言:机遇只偏爱那些有准备的头脑。

附

关于悼念毛主席的三首七律,是毛主席逝世后我应学校《毛泽东思想宣传专栏》的索稿而匆忙写出的"急就章",自己不很满意,所以并未收入我的《两负轩吟稿》,想不到会得到沈蘅仲前辈的肯定。现在仅凭回忆想起了零星的几句,兹录以备忘。

——禾苗永忆三春雨,葵藿同倾八亿心。(当时中国八亿人口)

——凌云遗志难堪继?猎猎旌旗看大军。

——延水红灯千载亮,井冈翠竹万年青。

——远航犹赖金针指,碧海高悬北斗星。

以上是前两首中至今还记得的一些残句,第三首是从"国际斗争"的角度写的,自己比较满意,所以至今还能忆出全诗:

> 两霸争雄世不宁,大旗马列赖高擎。
> 煌煌史册开新纪,小小寰球播火星。
> 三截昆仑凉热共,独驱虎豹帝修惊。
> 五洲今日同哀悼,国际悲歌化怒霆!

这首诗中"小小寰球""三截昆仑""独驱虎豹""国际悲歌"皆化用毛主席的诗句,显得较为切题,"马列""帝修"之类也是当时的流行语汇。现在重读,虽然革命腔十足,但就诗论诗,这首诗对仗工整,格律严谨,立意、用字皆有来历,会得到沈老的欣赏也不是没有原因的。

(2015年)

行进在教与不教之间

——"语文导读法"的理念与践行

"语文导读法"是我在20世纪80年代初提出的教学理念,并为它下过一个"幽默式的定义":"语文导读法是一种有预谋地摆脱学生的策略。"所谓"有预谋地摆脱",不是消极地撒手不管,不是"闭门推出窗前月,吩咐梅花自主张",而是经过积极、有序的引导,培养学生自主阅读的意识、能力和习惯。这一过程,对学生而言是一个从依赖教师逐步走向少依赖最终完全不依赖的"自立自主"的过程;对教师而言就是一个有计划、有步骤地由"扶翼"到逐步"放手",直至完全"摆脱"学生的过程。

"教是为了达到不需要教"是叶圣陶教育思想的精髓,素为语文教师所津津乐道,但究竟怎样的"教"才能达到"不需要教",很多语文教师在引用这句名言的时候,未必真正想过,当然也就很难找到通向"不需要教"的具体路径。语文导读法"有预谋地摆脱学生",其最终指向的目标正是"不需要教"。可以这样说:语文导读法是从"教"通向"不需要教"的桥梁。

我终于明白,自己这一辈子教语文,正是自始至终行进在

"教"与"不教"之间。

语文导读法的基本理念

在20世纪80年代前后，语文教学习用的教学方法是所谓"讲读法"。讲读，其实是一个内涵模糊的概念。所谓"讲"，究竟是谁讲？为什么讲？讲什么？怎样讲？所谓"读"，又是谁读？为什么读？读什么？怎样读？都没有确切的界说。这样一个对语文教学有着导向作用的重要概念，内涵如此不明不白，实践中自然难免出现偏差。很多语文课上的讲读，事实上成了教师的读读讲讲，剥夺了学生自主学习的权利。

但是后来风向变了，由于意识到"满堂灌"不利于学生的自主发展，于是连教师必要的讲授也与"满堂灌"画上等号而受到了质疑，大多数教师对"讲"讳莫如深，听说有的地区评优质课，如果教师的"讲"超过15分钟，便一票否决。讲，似乎成了注入式、满堂灌的代名词。于是大量低效、无聊的问问答答便大行其道，明明教师几句话就能说清楚的一些简单的问题，也非要通过问问答答来解决不可。总之，语文教学始终在"要不要讲""讲多讲少"这些浅表的问题上滑来滑去，纠缠不清。

"导读"概念的提出有助于正确解决这个长期聚讼纷纭的问题。导读的"导"，指教学过程中教师的指导、引导、辅导、因势利导；读，指学生在教师指导下的阅读实践。"导"和"读"的结合，勾画出教学过程中一幅师生互动的图景。在导读过程中，教师的讲，只要能够帮助学生的读，讲多讲少已不是一个问题：只要有利于学生学会自主阅读的"讲"，多亦无妨；反之，即便少讲,也是多余。

"语文导读法"的理论基础可以概括为三句前后相承(不是三者并列)的话:学生为主体,教师为主导,训练为主线,简称"三主"。

一、"三主"概念的内涵

"学生为主体"就是在教学过程中确认学生是学习的主体、认知的主体、发展的主体。我把"学生为主体"列为"三主"之首,因为它是教师进行教学的根本出发点和立足点,也就是说,教师在进入教学过程之前,首先要确认学生的主体地位,确认学生是具有独立人格、主观能动性和自我发展潜能的活生生的人。

教师在进入教学过程之前,只有首先确认了这个前提,才有可能在教学中定位自己的角色。

"教师为主导"则是对教师在教学过程中的地位、作用的描述和限制。

"主导"的着重点在于"导"。"导"者,因势利导也,就是要求教师必须顺着学生个性发展、思维流动之"势",指导之、引导之、辅助之、启发之,而不是越俎代庖、填鸭牵牛;教师"导"之有方,学生才能学得有章有法,真正成为知识的主人、名副其实的学习主体。古人云:"导而弗牵。"导,是引导;牵,是牵就,就是要引导而不是把学生硬地"牵"到教师预定的结论上来,剥夺学生认知的主动性和自主权。

教师的主导作用主要表现在:

①组织作用——组织教学过程,使学生的认知活动始终围绕

主要目标进行并收到最理想的效果；

②引导作用——启发、引导、帮助学生不断向知识的广度和深度进行探索，"导而弗牵"是引导成功的关键；

③激励作用——随时给学生以鼓励、督促，为学生构筑步步上升的台阶，激发学生的求知欲和自主学习的兴趣；

④授业作用——根据学生的认知基础和进一步学习的需要，讲授必须讲授的知识。

是组织者，就不能"放羊"；是引导者，就不能"填鸭"；是激励者，就不能"牵牛"；是授业者，就不能当讲不讲。

"训练为主线"则是教学过程中师生互动的基本形态。

有人错误地认为，"训练"就是习题演练或过去语文教学中常见的那种刻板、烦琐的技术操练，以此误解进行语文教学，就把语文教死了。不少人因此而反对"训练"，其实是对"训练"的极大误解！

"训练"是由"训"和"练"两个语素构成的复合词，"训"指教师的指导、辅导，"练"指学生的实践、操作。比如，学生要学会读书，首先要靠学生自己"读"的实践和操作，但同时也离不开教师必要的指导，师生在阅读教学过程中形成的教师"导"、学生"读"这一互动过程，就是"阅读训练"。叶圣陶先生生前与语文教师谈语文教学，始终强调训练的重要性。例如，他在1961年给语文教师的一封信中说："学生须能读书，须能作文，故特设语文课以训练之。最终目的为：自能读书，不待老师讲；自能作文，不待老师改。老师之训练必作到此两点，乃为教学之成功。"

根据叶老这段话的意思,学校之所以设置语文课程,就是为了训练学生,使之达到"自能读书""自能作文"的最终目的。也就是说,学生要学会阅读、学会写作,就要靠实实在在的阅读训练、实实在在的作文训练,舍此别无他途。

训练,是教学过程中师生互动的必然形态。语文教学如果取消训练,等于抽空了语文教学的实质内容,只剩下一个华而不实的空壳,还怎么实实在在地提高学生的读写能力?

综上所述,"学生为主体,教师为主导,训练为主线",是对教学过程中师生地位、作用和互动行为的一种概括的描述,是一个动态的"过程",而不是三个并列概念(或命题)的静态排列。简言之,"学生为主体"是教学的根本出发点,着眼于学生的"会学";"教师为主导"是保证学生真正实现其主体地位的必要条件,着眼于教师的"善导";而学生的"会学"和教师的"善导"又必然归宿于一个综合的、立体的、生动活泼的训练过程。

指出"三主"的这一内在逻辑很有必要,因为曾有论者认为"主体""主导""主线"不是同一范畴的概念,因此三者不能构成并列关系;不少教师在谈到"三主",尤其是"学生为主体,教师为主导"时,也往往认为这是两个并列关系的命题而任意颠倒其次序(例如,把"教师为主导"放在第一位),而不知道三个命题必须按"主体—主导—主线"顺序排列的根据。以此误解来议论"三主",势必与我所主张的"三主"南辕北辙。

二、"三主"的操作层面

"三主"作为导读法的基本理念,其价值的体现,还有赖于在操作层面得到落实和保证,"自读式、教读式、复读式"(总称"三式")就是从操作层面进行的一串基本动作,与"三主"共同构成语文导读法的整体框架,全称为"三主三式语文导读法"。

(一)自读式

自读式,即立足于学生自主阅读的训练模式,就是在语文课上让学生坐下来静心读文章。自读不是学生随心所欲、信马由缰地"自由阅读",而是一个在教师指导、帮助下以"学会阅读"为目标的阅读训练过程。

阅读,是一种复杂的心智活动。学生要学会阅读,离不开必要的、有序的阅读训练,即由起步时比较低级的阅读技能训练开始,逐步提高到掌握比较高级的阅读技能。这就必须从严而有"格"的训练起步。

一个高效的阅读流程,往往由若干符合认知规律的步骤构成,每一步骤都有一定的操作要求和规格,于是就有了阅读的"格";严而有格的阅读训练,就是使学生一打开文本,就知道应该按照怎样的"规格"和顺序去读。比如阅读从何入手,如何深入文本,如何把握要点,如何质疑问难,如何读出自己的独特体会,等等。总之,做到"思有其序,读有其格"。但"格"又不应成为束缚学生阅读个性的缰绳,它只是在阅读训练起步阶段的一个"抓手";一旦学生"领悟之源广开,纯熟之功弥深"(叶圣陶先生语),就必须由"入格"而"破格",即摆脱"格"的束缚而进入阅读的自由状态。这有些像教孩子习字时的临帖,先要求"入帖",一点一画,都要严格遵照"法书"的规范,来不得半点马虎;一旦纯熟,又须"出帖",即摆脱"帖"

的束缚，要"胸中有帖而笔下无帖"，这时书法就进入了随心所欲不逾矩的"化境"。

现在不少教师强调阅读中的"感悟"，强调"个性化阅读"，这是十分正确也是十分必要的；但如果学生读了一篇文章，连作者思路都没有理清，文章主旨都说不明白，或自以为是地曲解文意，"感悟""个性化"云云又从何谈起？自读训练从"入格"到"破格"，正是一条从"正确解读"逐步走向"感悟"和"个性化阅读"的必由之路。没有"入格"之"死"，焉有"破格"之"活"？这叫作"置之死地而后生"。

怎样为学生的自读定"格"？

我们不妨先审视一下自己读一篇文章的思维流程。通常，一个相对完整的阅读过程（尤其在读一些比较重要的文章时）总要经历一个由表及里，又由里反表，表里多次反复，理解逐渐深化的过程。所谓表里反复，即阅读者先通过对读物的词语、句子、篇章等表层信号的感知，进而理解读物的内容、主旨；然后，还要在正确理解读物内容、主旨的基础上，回过头来对读物的词语、句子、篇章再下一番回味咀嚼、细心揣摩的功夫，体会作者为什么要这样运思和表达。这也就是人们常说的"在文章里走几个来回"。所谓定"格"，就是把阅读时这一"内隐"的思维流程"外化"为一定的操作规范。在美英等国曾颇为流行的SQ3R阅读法［SQ3R指阅读过程中纵览（Survey）、设问（Question）、精读（Read）、复述（Recite）、复习（Review）五个步骤］，就是把阅读过程规格化的一种成功的尝试。

以下是我根据中学阅读教学的要求而提出的"自读五格"：

1. 认读感知

认读感知是阅读的起点。学生通过认读（朗读或默读），对课文获得一种初步的印象，同时积累生字、新词，并借助词典理解它们在课文语境中的含义。"感知"是阅读者对读物的一种近乎直觉的认知体验，往往经由某种捷径而不是按照惯常的逻辑法则快速地进行。认读感知的能力是在不断的阅读实践中逐步形成的，阅读训练有素的人这种能力就比较强，对语言文字的直觉（语感）也会随着阅读经验的积累而渐趋敏锐。从教学的角度说，期望学生获得对语言文字的这种敏锐感觉，只能依靠学生自己的阅读实践而无法由教师代劳，因此阅读教学从起步开始就必须立足于"学生为主体"。

2. 辨体解题

辨体，就是对文章从内容到形式特点的正确辨别。不同体裁的文章，必有不同的表达方式和语言风格。例如，同为叙事，记叙文中的叙事和议论文中的叙事其叙事方式和语言风格就有明显的区别。解题，就是解析文章的标题。标题是文章的重要组成部分，有时候是文章内容主旨高度凝练的概括，解题的过程实质上就是在认读感知的基础上进一步审视文章内容主旨的过程。例如《变色龙》这个标题，学生解题时若能把爬行动物的变色龙和小说中的警官奥楚蔑洛夫的形象联系起来，找到两者都善于随着周围环境的变化而变化的相似点，那就基本理解了小说的主旨；如能进一步抓住题眼"变"字，既看到奥楚蔑洛夫的善"变"，又能透过"变"的表象进而剖视他始终"不变"的奴才本相，那就对小说有了更深层次的理解。

3.定向问答

定向问答是一种思维活动有明确指向的自问自答，要求学生就课文从三个方面依次发问并自答：①文章写了什么？②怎样写的？③为什么这样写？（什么、怎样、为什么）"什么"是对文章内容的审视；"怎样"是对文章表达方式、结构、语言的探究；"为什么"是对作者构思意图和思路的揣摩。三个依次排列的问题，是三级步步上升的台阶，学生拾阶而上，对三个问题依次做出圆满的回答，对文章从内容到形式大体上已获得了比较全面的认识。

4.深思质疑

学生经过以上几步问答，虽然对文章已经有了比较全面的认识，但仍然只是一般水平上的解读，还不一定能读出自己独特的感受和体会。深思质疑就是把认识引向深层的必要步骤。

"深思"和"质疑"互为因果关系：唯"深思"才能提出疑问，唯善于"质疑"才能把思维引向深层。朱熹认为"读书无疑者，须教有疑；有疑者，却要无疑，到这里方是长进"。深思质疑就是让学生经历这样一个"无疑—有疑—无疑"的读书"长进"的过程。学生读书的质量有时候就表现在能否提出有思考价值的问题上。

5.复述整理

复述，就是回忆、概述文章的内容、主旨、形式等，进而从已知信息中筛取最主要的内容。整理，就是把阅读过程中零星的体会再从头梳理一遍，或分类归纳，使之条理化、清晰化。复述整理标志着一个相对完整的阅读过程的告一段落。

以上五格,"认读感知—辨体解题—定向问答—深思质疑—复述整理",构成了阅读"由表及里、由里反表、表里反复"的一串基本动作,每个动作都有明确的操作要求,这就保证了阅读教学起步阶段训练的有效性,并为阅读训练后期的"破格"打下坚实的基础。

(二)教读式

"教读",顾名思义,就是"教学生读"。"教读"常与"自读"结合进行。既然学生的自读要经历一个从"入格"到"破格"的过程,那么,与之相应的教师的教读,必然有一个从"扶翼"到"放手"的过程。

1.教读的原则:能级相应与适度超前

为了准确把握"扶翼"和"放手"的"度",我把学生的自主意识和自读能力划分为四个阶段,即四个"能级"。

第一能级(依赖阶段):学生不具备独立阅读的能力和心理准备。

第二能级(半依赖阶段):学生开始有摆脱依赖的倾向,并能独立完成一部分比较容易入手的自学课题,但对有些难度较大的课题仍需要依赖老师的帮助。

第三能级(准自主阶段):学生已具有较强的自主意识,在遇到阅读难度较大的文本时,经教师适当的指点,基本上能独立完成阅读过程。

第四能级(自主阶段):学生完全摆脱对教师的依赖,进入了"自能读书,不待老师讲"的境界,也就是达到了导读的终极目标——不需要教。

所谓"能级相应"，就是教师的"教"必须与学生"读"的能级相适应，不宜错位。例如，对尚处于依赖阶段的学生，教师的指导要具体，要多示范、多扶翼、多鼓励、多提启发性的问题，帮助他们尽快入门。当学生的发展水平有了提高，教师也要相应调整教学策略，如增加自读的难度和放手的程度。余可类推。能级相应，才能获得预期的训练效果。

所谓"适度超前"，就是在"能级相应"的前提下，教读的要求可以略高于学生实际所处的能级，即适度超前于学生当前的发展水平。用维果茨基的理论来说，就是既要关注学生独立解决问题时的"实际发展水平"，又要看到学生在教师帮助下解决问题的"潜在发展水平"（邻近发展区），也就是我们常说的鼓励学生"跳一跳，摘果子"。我的经验证明，有适当难度的学习任务更容易激发学生学习的热情和克服困难的意志力，因而更有利于学生的发展。

2.教读的基本方法：随机指点

先看叶圣陶先生的一段话：

> 语文老师不是只给学生讲书的。语文老师是引导学生看书读书的，一篇文章，学生也能粗略地看懂，可是深奥些的地方，隐藏在字面背后的意义，他们就未必能够领会，老师必须在这些场合给学生指点一下，只要三言两语，不要啰里啰嗦，能使他们开窍就行。老师经常这样做，学生看书读书的能力自然会提高。

这段朴实无华的话，可以作为叶老的名言"教是为了达到不需要教"的注脚。在这段话中，既有对学生主体地位的尊重，又具体指出了教师应该如何发挥主导作用——在"学生自己读懂"的基础上，就文章"深奥些的地方""隐藏在文字背后的意义"给学生"指点一下"；这种"指点"，必须要言不烦、富于启发性，目的在于使学生"开窍"——开窍者，学生自悟自得也。可见即使在教师指点之时，仍要把"学生为主体"放在心里，而不是以自己的认知代替学生思考。叶老的这段话，道出了教读方法的要领：在学生自读的基础上随机指点。

3. 教读的策略：为学生铺设上升的台阶

失败引发的焦虑和成功引发的成就感，都有驱动学生学习的作用。不少教师喜欢利用学生的焦虑（如分数排队、打不及格分数、严厉批评、惩罚等）来迫使学生努力学习，的确也能收一时之效，但这种驱动带有明显的强迫倾向，用得多了，必然导致学习热情与学习主动性的衰退。成就感则不同，它给予学生的学习动力是一种具有自觉倾向的认知内驱力，而且始终伴随着高涨的学习热情。焦虑和成就感的优劣显而易见，但不少教师宁可利用焦虑，因为造成学生的焦虑心理比较容易，而要使学生获得成就感，则要靠教师高度的责任感和细致的引导（这让我想起了当年武钟英先生对我的引导）。

既然教读是为了帮助学生学会阅读，那么，根据学生不同阶段的能级水平，为学生设置具体而又容易检测的阶段目标，对引发学生的成就感，其作用是不言而喻的。比如，对朗读能力较差的学生，在一个阶段内可以把"学会朗读"作为他的重点目标，同时适当降低其他方面的阅读要求。当这位学生被教师确认已经学会了朗读并受到了奖励，其成就感必定油然而生，从而为达成下一个目标充满信心。当前后连续的阶段目标成为逐步上升的一级级台阶的时候，自然会形成"设标—达成—引发成就感—再设标—再达成—再引发成就感……"，有这样一条螺旋上升的"进步链"，学生就会有永不衰竭的学习动力了。

（三）复读式

把若干篇已经读过的文章按某种联系组成一个"复读单元"，教师指导学生复习、比较、思考，既"温故"（温习旧课）又"知新"（获得单篇阅读时不可能获得的新认识）。"复读单元"通常与"教学单元"重合，也可以根据训练的需要另组单元。简言之，复读就是单元的复习性阅读。复读的要求大体可以归结为三个方面：

1.知识归类。这类复读在于帮助学生形成一定的知识结构，重点在"温故"。方法是把各篇课文中的主要知识点按若干类别加以归纳、整理、系统化。归类的结果，通常以纲要、图表的形式来概括，提纲挈领，便于记忆。

2.比较异同。比较，是认识事物特点的重要思维方法。一个复读单元由数篇课文组成，可以进行比较的训练，也可以从课外读物中寻找可与课文进行比较阅读的文章。学生在比较中不仅"温故"，而且"知新"，往往能发现单篇阅读时不能发现的东西。

3.发现规律。学生从一组文章所提供的事实或材料中，经过推演、思考，寻求支配这些事实的规律，这是在归纳、比较的基础上又进了一步的抽象思维训练。例如，教师给学生一组文体相同的文章，要求学生从中提炼出有关这一文体的某些规律性的知识；或从一组课文所提供的事实中提炼出统率这些事实的观点。

学生对一篇课文或一个单元的阅读到了这一步，导读就告一段落了。

摆脱学生：一个并不遥远的目标

事实证明，我的学生从初中一年级开始接受"严而有格"的阅读训练（我教高中时就从高中一年级开始），经过从"入格"到"破格"的三年训练历程，到他们初（高）中毕业时，基本上已具备了"不待老师讲"而"自能读书"的能力（高中生的能力还要强一些）。这时让他们打开任何一篇适合他们认知水平的陌生文章，无论是课文还是课外读物，他们都能按照必要的顺序，在文章里"走几个来回"，读出个人的独特体会，老师就可以真正"不教"，最后达到"摆脱学生"的目的。

语文导读法在以下几个方面显示出它的优势：①教学的人性化，导读过程中学生的人格和个性受到尊重，重视师生间平等的思想情感交流；②教学的民主化，强调学生的主动参与，教学过程成为师生平等对话的过程；③教学的科学化，整个导读过程是一个有规律、可控制的过程，重视导读流程的可操作性；④教学的艺术化，特别重视教师"导的艺术"，强调教师的"善导"是学生"善学"从而实现其主体地位的必要条件。

1989年我国心理学界为新中国成立四十周年献礼而编著的大型辞书《心理学大词典》（朱智贤主编，北京师范大学出版社出版）收录了"语文导读法"词条，并对它做了如下的评价和介绍：

语文导读法（method of orally reading Chinese under guidance）：中国中学语文特级教师钱梦龙探索、总结的一种颇有成效的语文教学方法，一种引导学生真正学得主动、在学习过程中积极思考、从而锻炼自学能力的新颖教学法。它既不同于以注入知识为主的教学法，又与以谈话提问为主的教学法异其旨趣。培养学生的自读能力和习惯，是一个长期训练、逐步提高的过程，钱梦龙……设计出一套切合学生实际的阅读步骤，把学生理解、感知教材的过程用一定的规格大体固定下来，对学生进行严而有"格"的训练，使学生在阅读过程中能"思有其序，读有其法"，充分掌握学习的主动权……（以下介绍"自读五格"，略）

最后，就让我用《心理学大词典》这一段释文作为对语文导读法的一个权威的鉴定，也作为对我——一名行进在"教"与"不教"之间的语文教师的鼓励吧。

少年学诗记

真有些不可思议，我这个从小缺少灵气、读书多次留级的人（我在小学读书时留过三次级），居然会爱上高雅的古典诗词，并且由读诗、写诗而开始我的语文人生。为什么只有"初中文化"的我会成为一名还算过得去的中学语文教师？为什么我在坎坷曲折的人生之路上始终没有放弃我的梦想和追求？归根究底，都跟诗有关。可以肯定地说，如果我的生活中没有诗，我绝对不会是现在这样的我。

古典诗词是一种高雅文化，但我爱上古典诗词的"契机"却一点也不"高雅"。

我父母都爱"听书"。此所谓"书"，是一种流行在苏沪一带用苏州方言表演的民间说唱艺术；父亲一度还开过"书场"（一种兼营"说书"的茶馆），因此从我记事起，每晚必定跟随父母去书场听书（这大概也是我经常不做功课、造成多次留级的重要原因）。起先不过是因为胆小，不敢一个人待在家里，不得不随同前往，何况在书场里还有零食可吃。可到后来，竟也听上了瘾，宁可把学校的功课撂下，也不能不去了。就这样，我成了书场里年纪最小的"老听客"。尤喜听"小书",即评弹,那是一种由"说书先生"弹着弦子、琵琶有表有唱的表演形式。我最爱听唱,觉得评弹的唱腔有一种令我感到特别亲切的韵味。尤其是一些编得好的唱词,很有些书卷气,如果再加上说书先生唱得好,听起来十分过瘾。记得有一阵书场请到了一位叫钱雁秋的先生说《西厢记》,不少唱词直接来自原著,更是书卷气十足,尽管有的听客说"听不大懂",我却听得如醉如痴,迷在其中。渐渐地,我还养成了"猜韵脚"的习惯。评弹唱词中凡韵脚的前一个字,唱的时候必定要把声调拖得很长,然后再唱出那个韵脚字,这自然引起了我猜测这个尚未唱出的字的兴趣。猜得久了,渐渐懂得押韵是怎么回事,因此几乎百猜百中,弹无虚发。这可能就是我在初中一年级时就无师自通弄懂诗词平仄并爱上古典诗词的重要原因。

评弹故事里那些风流才子们吟诗作赋的才华虽然不断刺激着我"仿而效之"的冲动,但真正促使我立即采取行动的,还是由于一次偶然机缘的触发。有一位说书先生用读古诗的调子吟唱杜牧的《清明》,美丽如画的诗句,"牧童遥指杏花村"的意境,用悠远摇曳的声调"吟"出来,与听评弹的唱词相比,更有一种无以言说雅趣。我不禁深深沉醉了:想不到诗竟是这样美,想不到吟诗竟是这样有滋有味!第二天便决定立即付诸行动。听人说"熟读唐诗三百首,不会吟诗也会吟",于是我就去买了本《唐诗三百首》开始"吟"了起来。后来又买到了一部《辞源》,一部《诗韵全璧》,两部工具书配合着用,居然弄懂了平仄。我的办法很简单:先从《辞源》查出某字在什么韵部(《辞源》有此功能），然后再到《诗韵全璧》去查这个韵部是什么声调。比如"诗"字，《辞源》标明属"四支"韵，于是又查《诗韵全璧》得知，"四支"韵在上平声，这样就知道这个"诗"是平声字。查得多了，渐渐懂得字有平、上、去、入四声（跟普通话的四声不完全相同）。在读诗的时候，每句中"音节点"上的字（如七言句中的第二、四、六字）如果是平声，就要把声调拖得长一些；而上、去、入为仄声，"仄"就是不平，就要读得短促些，这样就形成了长声、短声两两间隔的节奏，如以下两句：

平平——仄仄、平平——仄

仄仄、平平——仄仄、平——

句中的"、"表示一般的停顿，"——"表示声调拖长，长短相间，读起来就很有节奏感。也许是从小听书受到了音韵的启蒙，我很快就学会了按平仄规律来"吟"诗，这就更提高了读诗的兴趣；吟诗比一般的读诗不但更容易进入诗境，更能领略诗的韵味，也更有利于记忆。不到一年（当时读初中一年级），我就把一本《唐诗三百首》差不多全部背出来了，连《长恨歌》《琵琶行》这样的长诗，我也都能一背到底，不打"格愣"。

我读诗的目的很明确，就是为了"作诗"，因此，肚子里有了三百首唐诗打底，就跃跃欲试开始按平仄规律写起诗来了。整个初中二年级一年是我的"创作高峰年"，而我的发表欲又特别强烈，写了诗总想公开出来博几声喝彩，于是独自创办了一份手写的壁报。当时正好从《庄子》上读到"日月出矣，而爝火不息，其于光也，不亦难乎"这个句子，就为壁报取名为《爝火》，当时还很为这个刊名得意扬扬呢。于是我自己买稿笺、自己誊写、自己画报头、自己装饰美化，发表自己的"作品"，几乎占去了除上课以外的所有时间，忙得不亦乐乎，有时候连上课都在琢磨我的"平平仄仄"。办了两期以后，引起了高中部两位同样爱写诗的同学的兴趣，于是《爝火》又成了三个人"诗词唱和"的"专刊"。那两位学长，其中一位较瘦，一位爱喝酒，因此分别取了"瘦诗人"和"糊涂诗人"的笔名；我读过鲁迅的《鸭的喜剧》，很喜欢那位俄国的盲诗人爱罗先珂，于是按照"梦龙"二字的谐音，自称"盲聋诗人"，不但盲，而且聋，比爱罗先珂更爱罗先珂。三位"诗人"在《爝火》上此唱彼和，乐此不疲。我是"主编"，自然更加忙碌，弄得把正当的学业全都抛诸脑后了。诗倒是渐渐写得有点像样了，但到初二年级时终于因严重偏科而付出了留级的代价。这一次留级，再加上小学阶段的三次留级，我这一生虽然在校求学的时间不长，却创造了总共留级四次的"辉煌"纪录！

现在我的"残稿"中还保留着刚读初二时写的半首"七律"（前半首不慎丢失），平仄居然一点不差，自己也觉得很诧异。下面就是这首题为《早春野步》的后半首：

> 溪流曲折鱼初上，园籓纵横笋渐稀。
> 徙倚移时天欲暮，东风料峭怯单衣。

这四句不仅平仄无误，而且前二句是七律的颈联，居然很像个对仗的样子。记得那时我还把这首诗给国文老师看过，他起初不相信是我写的，后来我把我的一本"诗稿"给他看了，他大概相信了，就说了很多称赞和鼓励的话，现在我还记得其中一句称赞的话，大意是，这首诗最后一句中的"怯"字用得很老练，会写诗的人都不大用得好这个字，现在出自一个初学者之手，很不容易。

我本来在嘉定的一所中学读书，这次留级后便转学到上海市区的一所中学，仍读初二。转学后终于稍稍接受了一点留级的教训，除仍保留写诗和办壁报的兴趣外，也比较注意其他功课的学习了。正巧有一位同样爱好写作的同窗，于是两人"合伙"，一起编辑《爝火》，也稍稍减轻了我的负担。

在这所中学里我遇到了一位更加欣赏我的国文老师张聿声先生，他一直很关心我的壁报，时常给我一些鼓励。记得初二时学校组织学生去杭州旅游，我回来后写了一篇《西湖泛舟记》，经张先生推荐，收录进《战后中学生模范作文选》，可见张先生对我的厚爱。不过张先生说，他其实更愿意推荐我在杭州写的一首《登杭州南高峰北高峰》的小诗，他认为这首诗写出了一个年轻人的志趣和抱负，是他在《爝火》上读到我写得最好的一首诗。可惜那本作文选只要求推荐文章，不收诗词，张先生为此感到很惋惜。诗如下：

> 不见摩天岭，双峰自足奇。
> 未穷最高处，已觉众山低。
> 俗境随尘远，飞鸿与眼齐。
> 还须凌绝顶，莫待夕阳西。

后来又有一首诗得到了张先生同样的赞赏。那时我已升入初三,有一次作文,我写了一篇《记嘉定二黄先生祠》,张先生竟在作文评讲课上给了我从未有过的热情赞扬,尤其对文章中附的一首七律,每一句都加了密圈,颈联两句还加了双密圈,并在诗后总批曰:"有唐人风。"这更使我大受鼓舞。

"二黄先生"指嘉定著名学者黄淳耀、黄渊耀兄弟,清兵攻嘉定时率民众抵抗,城陷后在嘉定西林庵双双自经于槐树上,口喷鲜血,溅于断壁,血色久久不褪。今上海大学嘉定校区内有"陶庵留碧"遗迹("陶庵"是黄淳耀字)。二黄先生祠在嘉定东门,我于四十年代去时已荒废。我的这首被张先生评为"有唐人风"的七律是这样的:

> 疁城何处访先贤?人指荒祠丛树边。
> 纪事有碑苔啮字,招魂无地草连阡。
> 血凝断壁千秋恨,槐锁空庭万古烟。
> 日暮寒蝉声似咽,临风一听一潸然!

从这首诗看,我在初三时(如果不留级,应该是高一)已经初步掌握了古典诗写作的基本知识和技法,词汇量也丰富了,对"七律"这种有较大难度的体裁的驾驭似乎也多了一分把握。

现在回顾这一段学诗的经历,发现其意义已远远超出诗词写作本身,乃至影响了我的整个人生。诗词写作毕竟只是一种个人的业余兴趣,写好写坏都无关宏旨,而人生目标的定位就不仅是个人兴趣问题了。可以这样说,我是以读诗、写诗为起点而逐渐扩展到爱文学、爱读书、爱写作，并且养成了自学的意识和能力，最后才能仅凭"初中毕业"的学历而胜任中学（初中和高中）的教学任务，更重要的是形成了着眼于学生自主学习的"语文导读法"整体构想。如果没有诗的启蒙和引领，我不可能成为教师，即使侥幸"混入"教师队伍，也不可能成为现在这样的语文教师。

  这是从大的方面说，即使从小的方面说，学诗对我的语文教学也很有帮助。比如，律诗讲究对仗，"天对地，雨对风，大陆对长空"，属对时既要注意平仄、词性，还要注意词语的组合方式、所属门类等，牵涉到词汇、语法、修辞、逻辑等许多知识，如"大陆"对"长空"，声调是"仄仄"对"平平"，结构都是"形+名"；"大陆"属"地理门"，"长空"属"天文门"，正好相对；"大"和"长"又都是表示体积和长度的形容词。这样构成对仗，就显得十分工整，谓之"工对"。如果以"大陆"与"高楼"相对，虽然都是"形+名"结构，平仄也相对，但两者不属相同或相对的门类，只能算"宽对"了。再如"桃红"对"柳绿"较工，"花红"则宜对"叶绿"，这里有个概念是否同级的问题。这些细微的差别，揣摩得多了，对语言的感觉就会敏锐起来，理解能力和表达能力也就随之提高。尽管我在担任语文教师之前并没有学过语法、语用、修辞、逻辑等知识，但一旦接触，就很容易入门。再说，办壁报时培养的一点读写能力，尤其是自读能力，不仅使我在指导学生读写时并不感到困难，而且帮助我从自学经历中找到了培养学生自学能力的途径。这也许就是学历不合格的我能够很快胜任中学语文教学的"奥秘"所在。

  诗词写作对个人精神生活的影响也是超乎人们想象的。我自

1957年开始头戴"棘冠",名隶"另册",被赶下讲台达十三年之久,但在坎坎坷坷、磕磕绊绊的人生之路上,诗始终是我的一位沉默而忠实的旅伴。在饱受屈辱的日子里,我用诗诉说寂寞和痛苦,用诗抚平我心灵的创伤。当我被"发配"农村"监督劳动",或被挂上侮辱人格的"黑牌"上街"扫地"的时候,我默诵着自己的诗句:"心头自有春无限,扑面何妨料峭风""摧折曾闻花有毒,沉沦且喜璧无瑕",就平添了一股"处涸辙而犹欢"的力量。在平时,我爱"吟"诗,课余之暇,或吟唐诗,或吟自己的诗作,不管眼前有多少烦恼,心中有多少郁闷,也会在高吟低唱中进入一种"物我两忘"的清净境界。

有诗的生活,往往也能增添许多情趣和乐趣,让日常、平淡的日子也"诗化"和浪漫起来。记得有一年我和上海师大的何以聪教授同游云南大理的蝴蝶泉,一起去的还有两位分别在云南和四川两所师范大学任职的副教授。蝴蝶泉是当地白族青年男女寻偶定情之处,据说每年初夏,大量蝴蝶聚集于此,从泉边的合欢树伸出的枝丫上首尾相衔垂挂而下,达于水面,堪称奇观。可惜我们去得较晚,只偶或可见一二蝴蝶在草丛中飞舞而已。两位同行的副教授,一位男士,一位女士,均已人到中年而皆不幸失偶。两人年龄相当,事业上也志同道合,彼此都已属意对方,但尚未挑明;我和何教授也都心知肚明,却又不便明说。于是,我趁游兴方浓,诌成了"七绝"一首,并特意说明是赠送给他们二位的:

泉声处处惹相思,
莫恨寻春去较迟。

贪看一双蝴蝶舞,

　　合欢树下立多时。

何教授是解人,立即主动配合,笑问:"贪看什么蝴蝶呀?"我目视二人,意味深长地说:"一双人间难得的大蝴蝶呢!"大家都已会意,不觉相视大笑。在回城的路上,两人已形影相随,俨然伉俪,还说,日后结婚,要请我这位"诗媒"去喝喜酒呢。

孔子曰:"小子何莫学夫诗!"孔子说的"诗"特指《诗经》,但何尝不可借指一般的诗呢?"腹有诗书气自华",肚子里有一点诗,人的精神风貌、生活情趣就不一样。

学诗真好!少年学诗,终身受惠。

附:少年诗选(1946—1948)

三友吟　并序

余与高中部学长戴经世、唐宗滋因诗而相识、相交,戴体瘦,自号"瘦诗人",唐嗜酒,每饮辄醉,自号"糊涂诗人";余读迅翁《鸭的喜剧》,颇爱俄国盲诗人爱罗先珂,遂取"梦龙"之谐音,自号"盲聋诗人"。爰赋小诗三章分咏之。

咏瘦诗人

　　苦吟日日损腰围,但得佳篇眉欲飞。

　　自古诗人皆憔悴,满城裘马自轻肥。

咏糊涂诗人

猖狂岂效泣穷途,几斗浇胸便大呼。
有此浮生有此酒,诗人那得不糊涂!

盲聋诗人自咏

堪笑诗人盲且聋,不分南北与西东。
胸中一盏心灯亮,目自清明耳自聪。

负笈春申赠别嶴城诸友好

昕夕相逢意倍亲,骊歌骤唱黯伤神。
临歧一握匆匆别,从此寒温各自珍!

登杭州南高峰北高峰

不见摩天岭,双峰自足奇。
未穷最高处,已觉众山低。
俗境随尘远,飞鸿与眼齐。
还须凌绝顶,莫待夕阳西!

杭郊野步

踏遍苏堤又白堤,携筇独访武陵豁。
穿林不管枝敲额,觅径何妨露湿衣。
柳色新成迷野店,湖光初敛上渔矶。
依依夕照红于火,犹送村童牧犊归。

杭州冷泉亭题壁

登倦青山唱倦歌,危亭暂憩兴如何?
料知地底泉曾热,一入红尘冷意多。

访嘉定二黄先生祠

嘤城何处访先贤?人指荒祠丛树边。
纪事有碑苔啮字,招魂无地草连阡。
血凝断壁千秋恨,槐锁空庭万古烟。
日暮寒蝉声似咽,临风一听一潸然!

(注)二黄先生指嘉定学者、抗清英雄黄淳耀、黄渊耀兄弟,清兵破城入嘉定时,二先生自经于西林庵之槐树上,鲜血喷于断壁,久久不褪。今存"陶庵留碧"遗迹。"陶庵"为黄淳耀字。

辍学后渡吴淞江口砧

岸峭云低帆影深,吴淞口外水烟沉。
凉亭野渡通南北,废垒斜阳自古今。
世路难逢青眼客,风尘易损少年心。
凭舷一唱愁肠乱,日暮荒江响断砧。

思母 慈母周年祭作

永别经年尚自疑,乍惊坟上草萋萋。
密缝针线今犹在,不忍开箱检旧衣!

(2018年)

第二辑

书简·对话

小引：真诚的期盼
——致新手语文教师的十封信

我是一名早已从语文教育第一线"退役"的老兵，在这科学技术高速发展，教育思想也面临新旧更迭的时刻，想和年轻的同行们说的话很多，真有不知从何说起之感。

想起王国维在《人间词话》里提出的"三境界"说：

> 古今之成大事业、大学问者，必经过三种之境界。"昨夜西风凋碧树。独上高楼，望尽天涯路。"此第一境也。"衣带渐宽终不悔，为伊消得人憔悴。"此第二境也。"众里寻他千百度。蓦然回首，那人却在，灯火阑珊处。"此第三境也。

我想，语文教育作为塑造人的灵魂的崇高事业，不可谓不大，其中自然也有大学问在，因此同样也可以由低到高、由浅及深分为若干境界。青年教师是继往开来的一代语文教师，理应向语文教育的最高境界攀登，这就是我想起王氏"三境界"说的缘由。

我认为，语文教育可以划分为四种境界，姑效颦王氏，借用几句现成的诗句来表述。

"不言春作苦，常恐负所怀。"此第一境也。这一境界属于实践操作层面。处于这一层面的教师能够踏踏实实地备好课、上好课，能够组织有效的训练。为了提高教学效率，他们兢兢业业，夙兴夜寐，不怕付出艰苦的劳动。因此，他们所教的学生一般都成绩优良。但是，他们的不足是明显的。由于仅仅停留在实践操作层面，他们对事物间的因果关系缺乏必要的认识，教学的成败得失往往带有偶然性，有时就难免产生成败难卜的惶恐。

"却顾所来径，苍苍横翠微。"此第二境也。这一境属于经验积累层面。处于这一层面的教师开始重视总结和积累自己成功的经验，因而能够自觉地从自身的实践中把握事物间一定的因果联系。他们开始发表文章，内容大多是回顾和介绍教学过程中被实践证明有效的做法或招式。但是，由于个人实践所固有的局限性，他们对事物因果联系的把握往往是浅层的、局部的，尚未上升为对语文教育内在规律的深刻认识。他们的理论视野不够开阔，思维还停留在解说事实的层面。

"欲穷千里目，更上一层楼。"此第三境也。这一境属于理论探索的层面，是语文教育的较高境界。达到这一层面的教师，能够在积累实践经验的基础上做进一步的理论思考；他们不满足于仅仅如实地描述个人的体验或心得，而力图透过事实的表象，寻求支配这些事实的内在、普遍的规律。他们的教学实践和他们撰写的教学论文都明显表现出自觉的理论追求。他们对语文教育的理解已达到了相当的深度。

"行到水穷处，坐看云起时。"此第四境也。这一境属于形成语文教育思想、风格或体系的层面。这是语文教育的最高境界。达到这一层面的教师，完全进入了语文教育的自由王国。他们并不刻意表明自己追求某种理论，因为他们的理论精髓完全来自于卓有成效的教育教学实践。他们视野开阔，个性鲜明，教学上则挥洒自如，游刃有余，随心所欲不逾矩——这"矩"，就是他们对语文教育内在规律的深刻认识。他们也许并不宣布自己建构了什么"体系"，形成了哪种"风格"，但是人们从他们的全部教学实践和言论中，分明感觉到一个完整的教学体系、一种独特的教学风格的存在。这是有志于投身教育事业的每一位教师希冀达到的最高境界！

我教了一辈子语文，主观上确实想干得出色些，但限于个人的学识和能力，直至1993年退休（当时已63岁），仍然徘徊在第三境界的门外，遑论第四境界了。因此，当我展望新世纪的语文教坛的时刻，自然就格外热切地寄希望于后来者。我希望看到我的年轻的同行中有更多的"语文人"登堂入室，进入语文教学的第三境界，直至第四境界。21世纪的中国应该有新一代语文教育名师、大家，新一代的叶圣陶、吕叔湘、张志公……

现在把以下十封写给初为人师的年轻朋友的信公开出来，并非自信有多少高明的议论，只是借此表明，我对年轻朋友的期盼是真诚的。

第一封信：经师·人师·导师

××：

在教师的职业尚未成为人人羡慕的职业的今天，你毅然加入到教师的行列中来，甘愿选择辛苦、清贫却清清白白的"粉笔生涯"，是很需要一点奉献精神的。从你的身上，我看到了我国教育事业大有希望的明天，相信你能够理解我这名老教师的欣喜心情。尤其令我欣喜的是，你选择的学科是语文，我们可谓是同行中的同行了，我想，在谈到我们共同从事的语文教育的时候，一定会有更多的共同语言。这封信就算是我们交谈的一个开端吧。

教师所从事的是一种以"人"为对象、致力于塑造人的美好心灵的工作，跟所有以"物"为对象的千行百业有着根本的区别。教师，这是一种怎样的人呢？他们是"过去历史上所有高尚而伟大的人物跟新一代人之间的中介人"，是"过去和未来之间的一个活的环节"（乌申斯基语），人类的文明正是由于有了教师这样的"中介人"和"活的环节"，才得以一代又一代地延续而不致中断。在世俗的价值观念日益向金钱倾斜的今天，教师的职业即使够不上公众心目中的"辉煌"，至少也是一项值得我辈为之付出辛勤劳动的崇高事业。因此，我想在跟你谈怎样做一个好语文教师之前，有必要先谈谈怎样做一个好教师。一个教师都做不好的人，是绝不可能成为一个好语文教师的。

语文教师在传播文化、塑造学生心灵的工作中有着独有的优势，因为语文（语言文字）不仅是最重要的交际工具，也是最重要的文化载体。语文教学以一篇篇文质兼美的文章作为读写训练的凭借，学生在获得知识、形成能力的同时，必然也会受到人类优秀文化的滋养和熏陶。可以说，在中学的各门学科中，几乎没有一门学科像语文学科这样，给学生的心灵（思想、情感、意志、性格）以如此深刻的影响。我教了四十多年语文，每当我走上讲台、面对学生的时候，总要提醒自己：千万不要忘记对人的心灵的关切！假如不是常常这样提醒自己，语文教师很可能变成喋喋不休咬文嚼字的教书匠，这跟在咸亨酒店里教小伙计"茴"字有四样写法的孔乙己有什么不同？

当了四十多年语文教师，我越来越悟出一个道理：语文教师当然要教语文，但又不仅是教语文的。一个好语文教师，首先应当是一个好教师；教师都当不好的人，肯定不可能成为好的语文教师。

正好有两位反差极大的教师，拿来对比一下，相信对你我都有教益。

一位是台湾已故女作家三毛的老师。最近我读到一位立场公允的作者撰写的三毛传记，意外地发现一个事实：三毛多次萌生自杀的念头，固然有她个人生活不幸、事业受挫等客观原因，但其深层的心理诱因却是她少女时期因一次严重的精神伤害所诱发的自闭症，而给三毛制造这次精神伤害的，不是什么坏人，竟是我们的同行——三毛的一位老师！

这本是一件不应该发生的事：三毛进入中学以后，在一次数学考试中得了满分，但数学老师因为三毛平时成绩不好而认定她作了弊，便用墨汁在她的脸上画了两个大"鸭蛋"，不但让她在全班同学面前出丑，而且还硬逼她到走廊上走了一圈，引起了同学们阵阵哄笑。这种无聊的恶作剧造成的人格侮辱，对一个女孩子脆弱的心灵是多么无情的摧残！从此，三毛对学校从心底里感到恐惧，于是天天逃学，父母用尽一切办法都无济于事，只能让她休学。但休学并没有使三毛的恐惧心理稍稍缓解，她整天躲在自己房里，连饭都要母亲端进房吃。她极端自卑和敏感，表现出明显的自闭症状，终于在一个台风之夜割腕自杀，幸被及时发现而获救，可左臂被缝了28针，留下了一串抚不平的疤痕。那年她才13岁。在家里整整封闭了三年以后，虽然情绪渐渐恢复正常了，但在她的潜意识里却深深种下了再度自杀的病根。从这次伤害所造成的严重后果看，那位数学教师摧残学生心灵的恶劣手段，简直无异于杀人。

第二位是我的老师武钟英先生。我在小学五、六年级时，他教我们国语（语文）兼级任教师（班主任）。我从小是个名副其实的"差生"，在武先生教我之前，已创造三次留级的"光荣记录"，凡教过我的老师都断定我是个"聪明面孔笨肚肠"的孩子，对我已不抱什么希望，我自己也完全丧失了上进的信心。

可是武先生教我们班级不久，就把我叫到办公室去，对我说：老师们都说你笨，现在我教你查字典，如果你能学会，就可以证明自己不笨，想不想试试？我当然愿意一试。于是他拿出一本四角号码《王云五小字典》，教我怎样看一个字的四个角，怎样根据这四个角确定号码，等等，然后让我试查了几个字。从未摸过字典的我，居然很快就把它们从字典里找了出来。武先生高兴地拍着我的肩膀，虽然没说什么，但他赞许的目光和兴奋的神情事实上已经向我宣布：瞧你，一点都不笨！接着他就交给我一项"任务"：自备一本字典，以后他每教新课之前，先由我把课文中生字的音义从字典里查出来，抄在黑板上供同学们学习。那时，我是个被人看不起的"留级大王"，武先生的信任，真使我在受宠若惊之余感到无上的光荣！为了不负先生的信任，我竭尽全力把这项光荣任务完成得无可挑剔。一个学期下来，我不但学会了熟练地使用字典，而且养成了课前自习的习惯。渐渐地，语文成绩上去了，对作文也发生了浓厚的兴趣，到六年级时，武先生还把我的一篇作文推荐给《嘉定报》，居然登了出来，看到自己的名字变成了铅字印在报纸上，真比登台领奖还要风光。还有一件更使我终生难忘的事：在我小学毕业的时候，武先生在我的成绩报告单上写了一段长长的评语，至今我还清晰地记得评语的劈头第一句话——"该生天资聪颖"！正是这句评语，使我彻底摆脱了因多次留级而形成的自卑心理的阴影！我想，先生在执笔之时，也许没有想到这句评语对一个长期被自卑感困扰的"笨孩子"有多么重要！如果说我现在能成为一名还算合格的语文教师，这一辈子没有虚度光阴的话，那么，全是武先生之所赐！

　　两位老师，两种教育，两样结果，反差竟是如此之大。但两者有一点相同：他们给予学生的影响都是终生的。我读了三毛传记以后，突发奇想，如果把我的老师和三毛的老师对调一下，结果将会怎样呢？当然，人生际遇只是无数偶然性的连续，事前既无从逆料，事后也很难假设另一种可能。然而有一点是确定无疑的：如果我遇到的是三毛的老师，那么等待我这名"差生"的，只会是惩罚和羞辱，不断膨胀的自卑感必将迫使我更加厌学而远离知识，后来就不可能走上中学讲台，现在也就不会在这里给你写信说长论短；而三毛的数学老师如果能像武先生那样充满爱心，循循善诱，在三毛数学考了满分以后，不是妄加怀疑，而给以热情的肯定和鼓励，那么三毛就会充满自信地对待人生，绝不会患自闭症，潜意识中也就不会伏下自杀的诱因，不会过早地体验结束生命的痛苦……一连串奇想式的推断，使我深感三毛的不幸和自己的幸运，同时对教师的责任也有了更清醒的理解。回想自己四十多年的教师生涯，究竟给了学生怎样的影响，是否曾因一时的疏忽而伤害过学生？想想还真有点后怕呢。

　　我不知道你对教师的责任是怎样理解的。一般的科任教师通常总是把自己的责任局限在所教学科的范围内，语文教师的责任就是指导学生学好语文，数学教师的责任就是指导学生学好数学，等等，这种对教师责任的狭隘理解，使很多教师忽视了对学生的心灵、品德、人格的关怀。当前素质教育为什么步履维艰？固然有教育体制上的客观原因，但跟教师——实施素质教育的"直接责任人"没有全面地、真正地理解自己的责任也有很大的关系。很多教师在理论上并不拒绝素质教育,但往往把实施素质教育的希望寄托在教育行政部门出台新的举措上。其实,即使在当前的教育体制下,作为"直接责任人"的教师对素质教育的实施也不是完全无能为力的。很多优秀教师成功的教学实践就是证明,他们早在素质教育的概念提出之前,就已经在学科教学中倾注着对学生个性发展的关怀,着眼于塑造学生完美的人格。这种教育,实质上就是素质教育。他们是素质教育的先行者。孟子曰:"人皆可以为尧舜";又曰:"舜,何人也?予,何人也?有为者亦若是。"我们何尝不可以说:优秀教师能够做到的,我们为什么做不到?

教育家徐特立把教师分为两种,一种是"经师",一种是"人师"。经师是专教学生学知识的,人师是教学生做人的。这位教育家认为,真正优秀的教师应该是经师和人师的结合。法国启蒙主义思想家卢梭在他的名著《爱弥儿》中说,他更愿意把既教学问、更教做人的教师称作"导师"。导师,这不仅是一个崇高的称号,而且还包含着对一种神圣责任的确认。做经师?做人师?还是做导师?每个教师都可以在这三个不同的等级上找到自己的位置。三毛的那位数学教师,即使作为"经师",也是不合格的,因为一个如此伤害学生人格的教师,真要指导学生学好他所任教的学科,也是不大可能的;而武钟英先生,理所当然是一位"导师",他对这个崇高的称号确实是受之无愧的。现在我在写到武先生的时候,我的情感的成分中除了对恩师的感激,更多的成分是作为他的同行和后辈对一位真正堪称"导师"的教育家的怀念和景仰。

看了三毛的和我的故事,语文教师应该仅仅是"教语文"的"经师",还是应该做在教语文同时关注学生精神成长的"导师"?你一定已经有了自己的判断和选择,我再说三道四就显得饶舌了。

你的朋友　钱梦龙
1999年×月×日

第二封信：不要把语文教学想得太复杂

××：

记得你刚从师大毕业被分配到一所中学担任语文教师的时候，曾经对我说过"找不到语文教学的感觉"之类的话。一晃一年多过去了，不知你现在找到感觉了没有？如果仍然没有找到，也不必着急。要知道，在中学各门学科中，语文本来就是一门最易入手却最难教好的学科。别说你这样仅有一年多教龄的新手教师，即使是已经教了一二十年语文的老教师，有时还会发出"越教越不会教"的感叹。语文之难教有三。一是难在教学内容庞杂，有知识方面的，有能力方面的，有德育方面的，有智育方面的，有美育方面的；单以能力而言，又有听、说、读、写、思，不像其他学科那样内容单一。语文学科包含、涉及的知识面之广，更是其他学科所不能相比的，天文地理、古今中外、琴棋书画、飞禽走兽、声光化电……几乎无所不有。头绪如此之繁，以致至今国内还没有一套语文教材能令人信服地解决语文教学的"序列"问题，教师在教学时难免顾此失彼，挂一漏万。二是难在语文教学效果的显现比较缓慢，而且不大显著，不像其他学科，如数理学科，教师只要讲清概念、定理，再辅以必要的练习，一般就能看到学生成绩的提高。三是难在指导语文教学的专家太多，理论太玄，不少高论从概念到概念，从理论到理论，它们的唯一功能就是把语文教师导入"理论丛林"中，让他们找不到方向。语文教学有以上三难，以致有的教师教了一辈子语文，临到退休竟然还扔下一句："我不会教语文！"我相信，这不完全是自谦之词。

不过，听了这些话，你也不必气馁，更不要知难而退。语文教学这件事，说它复杂，是很复杂，即使写成一部厚厚的专著，也未必能把语文教学的方方面面都说得清楚；说它简单，其实也挺简单，说到底，无非是教会学生读书和作文，如此而已。这是个"主攻目标"，认定了它，心里就有了底，就不致在大大小小、林林总总的众多目标前面迷了方向，失去了判断力。叶圣陶先生说："学生须能读书，须能作文，故特设语文课以训练之。"叶老的话说得朴朴素素，明明白白，却一语中的：中小学设置语文课程的目的，不外乎就是教会学生读书和作文。他没有提到其他目标，不是其他目标不重要，而是因为在语文课程的诸多目标中，读和写是基础。学生能读，就意味着善于从语言文字材料中获得知识，吸收信息，汲取精神养料；学生能写，就意味着善于运用语言文字工具表情达意，输出信息，与人交流：这是显示一个人语文素养乃至文化素养的最重要的两大标志。事实也是这样，一个爱读书、会读书、多读书并善于运用语言文字与人交流的人，他的综合素养不可能低。可见，语文教学的根本问题是怎样把学生教得能"读"会"写"。事情就这么简单。但人们想事情习惯于舍近求远，去简趋繁，往往认为不把事情说得尽可能远一点、繁一点、深一点、玄一点，便不足以显示思维的深度、言论的高度，但对近在眼前的简单事实往往视而不见。

我想说说自己怎样像你现在一样从一个新手教师起步，较快找到语文教学感觉的过程，也许对你会有些帮助。

1952年，我由于一个阴差阳错的机会，开始担任初中语文教师。当时我的任职资格是：年龄：21岁；最后学历：初中毕业；教学经验：0。以我这样的"资格"，是无论如何不可能担任中学语文教师的，即使"混"进了教师队伍，也会很快被学生赶下讲台。但出乎意料的是，我不仅站稳了脚跟，而且仅用四年的时间，就写出了生平第一篇教学论文《语文教学必须打破常规》，就凭这篇论文（其实只是一篇经验总结）被评为嘉定县优秀教师，并被指定在全县教师大会上宣读，会后甚至给予了晋升两级工资的特殊待遇，这在当时是一种少有的破格奖励。1956年，我开始担任学校语文教研组组长，执教高中语文，于是出现了"初中生教高中生"这样有趣的"颠倒"现象。

你肯定会问：一名初中毕业生教中学语文，仅用四年时间就取得这样的成绩，靠的是什么？我知道，有同样疑问的不仅是你，因为我的成长故事似乎是有些传奇色彩，确实很容易引起人们的好奇心。

其实，我的那篇肤浅的教学论文的标题中"打破常规"四个字，已经揭示了答案。

20世纪50年代初，语文教学还停留在教师"讲解课文"的传统模式。每一堂课基本上都是教师从头讲到尾，学生在课上唯一可以做的事就是边听边记。这并不符合我自己学习语文的经验。"无知者无畏",本来就不懂什么教学法的我就自作主张地对"讲解课文"这种传统模式进行了"闭门造车"式的改造,于是就有了所谓"打破常规"的"成果"。

我从小爱读课外书,也爱写作,尤其酷爱古典诗词的吟诵和创作,到初中二年级时已能运用平仄格律写作律诗和绝句。当时年少无知,"发表欲"特旺盛,写出了东西就渴望得到别人欣赏,于是独自创办了一份取名《爝火》的壁报,作为定期刊登自己"作品"的"园地"。为了提高"写"的水平和拓展题材范围,我不断扩大"读"的视野,并逐渐养成了琢磨文章的习惯,对文章的立意、构思、表现手法、语言运用等我都要细细揣摩。从初中二年级起,我又把这个自己琢磨文章的习惯迁移到了国文课内。当时是民国时期,国文教师都以"讲功"见长,不像现在这样有较多的师生互动。于是我每次在老师"开讲"新课之前,总要先在课外把文章尽可能学懂学透,到听课时就把自己的理解和老师的讲解互相对照、比较、印证,并揣摩老师解读文章的思路和方法。当时一般的学生在国文课上忙于"听"和"记",我则沉浸于"比"和"思",这就把一个被动"接受"的过程变成了主动"生成"的过程,不仅知识学得活、记得牢,而且锻炼、发展了思考力。因此,每次国文考试,我即使考前一点不复习,成绩也稳居全班第一,至于我的实际读写能力和读书的广度、深度,更是远远超过了一般的初中生。这正是我敢于走上中学讲台乃至接受高中语文教师任职的一点"底气"。

当时,我自信的理由很简单:如果我能鼓励我的学生像我当年自学国文那样自学语文,学生不也就能像我当年学好国文那样学好语文了吗?

于是我信心满满地走上了讲台。我摒弃了教师讲解课文的传统教法,重在激发学生自学的意识和兴趣,每教一篇新课文,必提前一天鼓励学生先自己到课文里去"走几个来回",尽可能读出自己的心得体会,到第二天上课时就带着自己的阅读成果或疑问参与到课堂学习中来。我的课堂教学多以提问为主,尤其重视让学生自己发现问题、提出问题,往往以问题作为组织教学过程的线索,鼓励学生思考、发言、交流,同时辅以必要的讲解——主要是为学生释疑解惑,或纠正谬误。这就和当时颇为流行的"讲读法"有了明显区别,呈现出一种完全不同于教学常规的新型课堂教学形态。我也不懂这算什么"教学法",只是凭我自身学习语文的经验,觉得语文必须这样教才对学生今后的成长真正有益。同时我也感觉到,语文教学如果着眼于提高学生的自学能力,一旦学生真正学会了自学,并发生了浓厚的兴趣,教师的教学必能收事半功倍之效。想不到我这种闭门造车式的打破常规的教学居然受到了学生的欢迎,教学效果之好远远超乎想象:学生读书的兴趣和能力提高很明显,还养成了课外自学的习惯。《礼记·学记》中说:"善学者,师逸而功倍……不善学者,师劳而功半……",想不到我的打破常规的教学居然无意中达到了"师逸而功倍"的效果,这实在是十分出乎意料的。

你看了我的这一段教学经历不知有何感想?是不是会因为它的传奇色彩而忽略了它蕴含的内在规律?

自学,在任何教学体系、任何学科中,都具有无可替代的价值。任何人，无论其起点高或起点低，真正要学有所成，都离不开自学，哪怕已经取得了较高学历者也不例外；而且越是高学历者其自学的时间付出必然越多，自学的领域必然越广。从这个意义上说，自学是每个人的"终身事业"。一个人，如果在小学、初中阶段就具备了自学的意识，培养了自学的能力，激发了自学的兴趣，养成了自学的习惯，肯定是一件终身受惠的大好事；而在中小学的各门学科中，语文是一门最有利于培养学生自学能力的基础学科。

因此，建议你：与其一门心思在烦琐的理论方阵或教学方法圈子里寻找语文教学的出路，倒不如先静下心来好好读书（阅读的面可以广一些，不限于文学类书籍），先使自己成为一个真正的"读书人"，不仅爱读书，而且会读书、多读书，然后再以自己读书的兴趣和热情去设计教学，去感染学生、引导学生，使学生也像你一样爱读书、会读书、多读书。当你的学生也都成了博览群书的"读书人"，他们的语文素养还愁不高吗？清初著名画家石涛说过一句很有哲理的话："无法之法，乃为至法。"道家也有"大道至简，悟者天成"的说法，其实语文教学也是这个道理，真正"大气"的语文教学是很简单、很朴素的。

你的朋友　钱梦龙

1999年×月×日

第三封信:"会读"才能"善教"

××:

上封信和你谈了语文教师读书的问题,很快就收到了你的回信,这说明我的意见立即引起了你的重视和思考,我很高兴。你说你在自己的教学实践中也确实越来越感觉到语文教师自己是不是爱读书、会读书的重要,但在具体到每一堂课备课的时候,往往力不从心,面对课文往往不知从何入手;有时候处理教材的方案很多,可吃不准哪个方案好些。你希望我结合一些具体的教例再来谈一谈,我当然很乐意,不过我想稍稍换个角度,着重谈谈教师自己阅读课文和教学的关系问题,因为你所说的备课时的种种困惑,都和教师自身的阅读状况有关。

记得前面的信里,我跟你强调了一个观点:教读的根本问题在于教会学生读文章,而要真正教会学生读文章,首先必须有一位会读文章的语文教师。语文教师自身的阅读能力是教读取得成效的先决条件。中学语文教师一般都接受过高等师范文科专业的训练,参加教育工作后又几乎天天都要教学生读文章,然而你能说每个语文教师都是读文章的行家里手了吗?实际情况并非如此。你所说的备课时那种力不从心的困惑，我也有过，现在回想，多半是因为自己没有真正读好课文所致。如果确实读好了课文，得之于心而不是仅仅求之于书（教学参考书），到处理教材和选择教学方案时，自然就能游刃有余，"骎然中音"，不会再感到困惑了。

"会读"才能"善教"。

你要我举一些例子来说，巧得很，正好有一个很能说明我的观点的教例。

前不久，有位青年教师要上公开课，教材是朱自清的散文《春》，备课时苦于深不下去，而且怎么也跳不出"教参"所划定的框框，于是来向我求援。她说："我也知道备课不能照搬教参，可我看了教参中有关这篇课文的分析提示以后，觉得自己想说的都已被它说尽，而且说得比我好。我真不知道教什么、怎样教才能教出一点新意。"看来，她所遇到的正是你所说的那种困惑：很想选择一个有点新意的教学方案，可又感到力不从心。

其实，不要照搬教参，并不要求教师刻意避开教参去另讲一套，对教参中的正确的意见，参考一下，何尝不可？就以这篇《春》来说，教参的提示就不无可取之处。它把课文分为"盼春""画春""赞春"三个部分，其中"画春"部分又概括为"春草图""春风图""春雨图""迎春图"几幅画面，这确实反映了课文的结构特点；对课文中重点词句的解说也抓得很准，说得很清楚。这些都是教学中可以参考的，没有必要故意避开或刻意求异。所谓不要照搬，指的是结论的简单传递要避免照搬；要想教出一点新意，结论当然很重要，但更重要的是学生获得结论的过程，是教师"奉送"的，还是学生在教师的启发下从阅读中自悟自得的？教师教得得法，学生思维活跃，学习过程中不时有所感悟，教学自然会有新意。而教师要教得"得法"，关键在于自己先要读得"得法"。

于是我建议这位青年教师改变一下备课的习惯，先不必管教参怎么说，也暂时不忙考虑教什么和怎样教，总之，先把这一切统统放下，而完全以一名读者、一名欣赏者的身份，全身心地沉浸到文章里去。心里想的只有一点：像《春》这样的美文，怎样读才有味儿，才能真切地感受到文章丰富的内蕴？至于教什么和怎样教的问题，我们约定过一天再讨论。

过了两天，她又来找我，很兴奋地对我说，她不仅把课文读出了味儿，而且悟出了这样的美文怎样读才会读出味儿的门径，对教什么和怎样教的问题，心里也就有了底。她说她暂时还不想把这个"底"告诉我，要等我听了她的课再说。

公开教学那天，来听课的教师比预料的多得多，也许因为人多，这位缺乏临场经验的女教师显得有些紧张。在她宣布上第一节课的时候，我发现她的嘴唇在微微颤抖。这使我想起你第一次上公开课的情景，相比之下，你老练多了。但出人意料的是，随着教学的进展，不久她就进入了角色，而且越来越投入，后来似乎达到了一种忘我的境界，尤其第二堂课（《春》总共上两课时），发挥得淋漓尽致，师生间的合作既默契又愉快，课堂上的抒情气氛和《春》的情感基调十分合拍（她充分利用了女教师感情丰富细腻的优势）。两堂课下来，学生不仅理解和欣赏了《春》的语言美、意境美，而且能用富于感情的朗读把文章所蕴含的青春活力表达出来。教学结束时,学生几乎已能全文背诵了。

她的成功在于别具一格的朗读和背诵训练。整整两堂课,朗读和背诵训练几乎是贯穿始终的,所有的教学内容——词句的理解、思路的揣摩、意境的领悟、情感的体会,无不包含在一个组织得很好的读背训练过程之中,教学呈现出很强的立体感。

比如,教读课文第一节:"盼望着,盼望着,东风来了,春天的脚步近了。"学生经过试读体会到,句中两个"盼望着"不应读得同样轻重,第一个要读得平缓些,第二个要加强些,表现出人们经历了一个严冬以后,对春天的盼望越来越迫切的心情。下句中的"春天的脚步近了",读时也要加重语气,尤其是"脚步"二字,用拟人的手法显示了春天活泼泼的生命力,要读得格外强调些。再如第三节这一句:"小草偷偷地从土里钻出来,嫩嫩的,绿绿的。"学生认为"钻"显示了小草顽强生长的力量;"偷偷地"则说明小草生长之快——在人们尚未察觉时就已钻出了地面。"嫩嫩""绿绿"分别写小草的质地和颜色,两者的次序不能颠倒,刚出土的小草首先给人的感觉是质地的柔嫩,然后经过光合作用,颜色渐渐由嫩黄变成绿色。这些描写性的词语,读的时候都应该加以强调。怎样强调?同学们经过反复朗读、比较,体会到所谓强调,不一定非要重读。这句中的"偷偷""嫩嫩""绿绿",就应该读得缓慢些、轻柔些,要表现出人们对小草生长的毫不察觉以及小草的柔嫩可爱,读得太强、太硬,就表达不出这种感觉了。可以看出,这样的朗读,实际上是一种在教师精心安排下的全方位的阅读训练,虽然用去了整整一节课,但学生的收获也是全方位的,不仅在朗读方面。

第二课时是指导背诵。先分段背，再全文背。背诵的过程同时也是进一步揣摩思路、领略意境的过程。比如写小草的那一段，为什么要从草写到人？写人在草地上的一系列活动时，作者的思路是怎样的？学生从朗读中体会到，写人的活动正是为了显示小草的可爱。"园子里……一大片一大片满是的"，成片成片的小草像一幅幅柔软的绿茵，吸引着人们去亲近它：先在草地上"坐"，坐还不够亲近，于是"躺"，躺还不够，于是"打滚"，打滚还不够，于是"踢球""赛跑""捉迷藏"，尽情享受软绵绵的草地给予人们的快乐。这时候，"风轻悄悄的""草软绵绵的"，人们格外感觉到草地的温柔可爱。学生把这一段话的思路理清楚了，不用硬记就能够背诵了。这同时也是一个培养想象力的过程，学生为了用自己的语言描述这一切，必须通过想象把课文中抽象的文字符号转换成一个个生动的画面，而当抽象的文字符号变成了有声、有色、有味的画面，又反过来帮助学生强化了记忆（具体的事物总是比抽象的事物更容易记住）。这样的训练，可以概括为两句话：在背诵的过程中展开想象，在想象的引领下强化背诵。学生不但背出了课文，而且掌握了正确的背诵方法，这样的教读，确实给人耳目一新的感觉。你说呢？

这位女教师在指导学生分析全文结构时，虽然采用了教参的思路，但并不照搬，例如给那五幅图命名，教师不仅要学生说出是什么图（春花图、春草图等），而且还要说出是怎样的图，即要求在"春花""春草"等名词之后加上一个描述性的词语。从学生的讨论中可以看出，这个教学环节的设计很有创意。如"春花图"，学生同时摆出了好几个名称：春花齐放图、春花争艳图、春花烂漫图、春花满树图，等等。这些名称似乎都可以用，但教师并不以此为满足，还要求学生从众多的名称中选出一个最恰当的，并说明理由。学生最后选定了"春花争艳图"，理由是：课文中"你不让我，我不让你，都开满了花赶趟儿"，集中写出了一个"争"字；而"红的像火，粉的像霞，白的像雪"则写出了花之"艳"；后面写蜜蜂"闹"、蝴蝶"飞"，又从侧面写花之"争艳"。因此，用"春花争艳图"最能概括这一段的内容。可以看出，命名的过程实际上是进一步把握每一段重点和感情基调的过程。又如最后一幅"迎春图"，学生认为用"迎春"概括这一段内容并不恰当，因为这时春天早就来了，不必再"迎"；再说，"迎春"着眼于人的活动，而文章则通篇着眼于春的描写，两者的角度不一致。为此，学生提出了这样一些名称：春意逗人图、春意诱人图、春意催人图、春意撩人图，等等。最后选定"春意催人图"，理由是：逗、诱等字仅能显示春天的美，催，则有催人上进、催人奋发的意思，与课文中"一年之计在于春"等语句的感情倾向是一致的，而且又能显示春天的"力"。你看，学生对课文的领悟多么准确！如果没有前面的朗读训练做铺垫，学生的这种领悟是不可能凭空产生的。另外三幅图，学生拟定的名称是：春草如茵图、春风送暖图、春雨朦胧图，都很贴切。这里，教师并没有刻意求新，但教学的新意不时从学生的讨论中显现出来，使听课者常有出乎意料但又是水到渠成的感觉。

　　不用说，这两节公开课获得了听课者很高的评价。你看了我的信，心里一定也在为这位年轻的女教师暗暗喝彩吧？

　　课后，听课者请她说说教学成功的体会，她说得挺简单，但很发人深思。她说：我主要得益于自己对课文的反复朗读和体味。这两堂课不过是把自己读文章的感受和心得移植到教学中来，想方设法让学生获得和我一样的感受和心得，如此而已。她的体会，正好跟我的意见——"会读"才能"善教"不谋而合，因此，我除了祝贺她成功外，觉得没有必要再对她说什么了。她的教学和教后的体会已经足以说明一切了。

教读的根本问题在于学生是否真正学会了阅读。这位女教师第一次备课时，考虑的只是教学的内容如何出"新"，但因为太过刻意，结果反而找不到门径。后来她以一名读者的身份反复阅读了课文，从而悟出了一个道理：像《春》这样的文章只有通过富于感情的朗读才能学得有味、有得。于是她顺着这条思路，确定了以指导朗读和背诵为基本框架的总体构思。由于这一切都得之于她自身的阅读感受，因此教学中就能准确而轻松自如地处理教材，驾驭课堂，而且感情十分投入；这样，就自然而然地营造了一种跟课文的情感基调相一致的抒情氛围，使学生在学会朗读和背诵的同时受到了强烈的感染，从而协同教师一起把教学推进到了一个新的境界。这里要指出的是，不同的文章有不同的读法，因而必然会有不同的教法，但"会读才能善教"的基本原理是普遍适用的，关键是语文教师要根据每一篇文章的特点用不同的读法做出不同的教学设计，形成不同的教学方案。

你的朋友　钱梦龙
1999年×月×日

第四封信:练好处理教材的基本功

××:

你问:"怎样才能成为一名成熟的教师?"

问题提得好。我知道不少青年教师都很想尽快成为"成熟的教师",如果心目中有了一个"成熟的标志",就能知道该从哪些方面努力了。

我以为,看一名教师是否成熟,主要有两条:一条是在教育思想上是不是有明确、一贯的追求;另一条是有没有独立处理教材的能力。关于教育思想的问题,我准备在以后再跟你详谈,这封信先谈谈处理教材的问题,因为能不能独立处理教材是每个新教师首先要遇到的一个亟须解决的问题,也是每个教师必须练好的一项重要的基本功。你渴望尽快成熟,那就先从"练功"开始吧。

所谓处理教材,就是教师在教学过程中根据教学目标和学生实际,对教材内容进行选择、加工和重新组合,从而使教材的教育、教学功能得以充分实现的过程。处理教材的前提是钻研教材,教材钻研得越充分、越深透,处理时就越能得心应手。你也许会说，这是常识，谁不知道？可如今的问题是，不少语文教师，尤其是青年语文教师，缺少的恰恰是这种钻研教材的锻炼。他们在这方面的条件太"优越"了：备课除了有人民教育出版社组织编写的教参外，还有各家出版社出版的形形色色的资料，从教案集到练习册到试题集，"一条龙"服务，应有尽有，什么都现成地摆在那儿，只要"拿来"就行。但是，正如过于养尊处优的孩子生活自理能力不强一样，如今不少青年教师不善于独立钻研教材，有的一离开教参，备课、上课就寸步难行。我敢武断地说，这种靠教参上课的老师，是绝不可能成熟的，无论他的教龄有多长。

我在当校长的那几年，曾经想在本校做出一条硬性规定：凡刚从师大毕业的新教师分配到本校，前三年一律不许看教参。这当然很难实行，我也不打算当真去实行。但我的这个想法不能说毫无根据。我自己就是这样"赤手空拳"走过来的。记得50年代初我刚担任语文教师的时候，教导主任给我的就仅仅是一本语文书，他不是不肯给教参，而是当时这类书还没有编出来。一篇课文应该教什么？重点在哪里？怎样教？设计什么练习？全凭教师个人对教材的理解和把握。这就逼得我非练出一点独立钻研教材的基本功不可。记得每次备课，我总要把课文一遍遍地读，反反复复地琢磨。有的课文语言优美，文情并茂，适合涵泳品味；有的课文说理严密，逻辑性强，适合细读深思。针对不同的课文，我采用不同的读法，直到确实读出了自己的心得，品出了独特的味儿，才进一步考虑"教什么"和"怎样教"。由于心得都来自个人的阅读体会，课文也早已烂熟于心，因此教学中常有得心应手、左右逢源的快感，也就能教得有些激情。学生受到感染，学得都很投入，教和学双方的合作愉快而默契。这样教了两三年，后来即使有了教参，我也始终没有改变原来的备课习惯，即基本不看教参。我认为，"教参"正如它的名称一样，不过是一种仅供参考的资料，看看固无不可，但如果每教一课都按教参的思路来处理教材、设计教学，那么，本为帮助教学而编写的教参，反而会成为教学的累赘和束缚教师教学个性的枷锁。记得你曾问我："为什么你的教学设计常常有些新意？"我的回答很简单：因为我基本不看教参。有时候也看，但常常不是为了参考，而恰恰是要避开教参所提供的一般化的教学思路。

下面举个例子来谈。

《论雷峰塔的倒掉》是学生进入中学以后学到的第一篇鲁迅的杂文，教师们普遍认为比较难教；学生由于初次接触鲁迅式"嬉笑怒骂"的杂文语言，加以时代的隔阂，读懂有一定的困难。因此，教这篇课文通常都采用讲授法：教师从时代背景讲起，然后把文章划分为若干部分，依次进行分析讲解，最后归纳中心思想和写作特点。这符合教学的常规，教参也是按这样的思路来编写的。这样教，当然也能把学生教"懂"，但教读的目的，主要不在于使学生"懂"，而在于培养学生自己读懂文章的能力，因此，教读必须立足于学生自己的阅读实践，"懂"只是学生阅读能力提高的自然结果而不是目的。我决定不按教参提供的常规思路来教，倒不是为了刻意求新，而是在我的"教读"观念支配下的必然的选择。

于是，我在备课时反复揣摩课文，又设身处地为学生着想，发现学生读这篇课文,既有难点,也有有利条件,即学生(尤其是江浙沪一带的学生)都知道《白蛇传》的故事,对故事中有关雷峰塔倒掉的情节也不是一无所知,有的学生甚至还知道法海躲进蟹壳避难的民间传说。我相信,教学中如能帮助学生利用自己的"已知"去解读课文中的"未知",就能化难为易,使学生经过自己的努力读好课文。这比单纯由教师讲授必能使学生获益更多。

我是这样处理教材、组织教学过程的:第一步先要求学生回忆白蛇娘娘和许仙的故事,这叫作"先易后难";接着由学生自读课文第二自然段,从中筛选出能够概括故事情节的关键词语:许仙救蛇、白蛇报恩、法海藏许、白蛇寻夫、白蛇中计、造塔镇压(这都是学生自己从课文中概括出来的)。学生由此得出结论:白蛇娘娘是个一心报恩的"义妖",雷峰塔则是一座"镇压之塔",造塔者法海自然就是镇压报恩的白蛇娘娘的"不义之人"了。第二步就在此基础上引导学生了解鲁迅写作本文的意图,稍加点拨,便有水到渠成之效。请看下面教学实录中的师生对话:

师:……一座古塔倒掉,当然有些可惜,但从对整个社会生活的影响看,不是什么了不起的大事,鲁迅却为此写了两篇文章,《论雷峰塔的倒掉》和《再论雷峰塔的倒掉》。这究竟是为什么呢?原来当时有些满脑袋封建思想的文人,也就是文章里说的那些"脑髓里有点贵恙的"人,借雷峰塔的倒掉,大唱哀歌,散布很多维护封建旧礼教、旧文化的言论,他们希望恢复人压迫人的封建旧秩序。这种借一件事做题目,来表示自己真正的意思的手法,叫什么?有个成语,知道吗?

生：借题发挥。

师：对。这就使鲁迅不能沉默了。于是，他针锋相对，也来一个借题发挥，写下了这篇文章。请大家联系课文想一想：鲁迅借的什么题？发挥了什么意思？（说明：学生在课前已初步自读过课文，并提出了不少问题）

生：他也是借雷峰塔倒掉这个题，抨击了那些希望恢复封建社会的文人。

师：不错，鲁迅的这篇文章抨击了那些妄图恢复人压迫人的封建统治的人。鲁迅针锋相对地指出，人压迫人的封建统治是不可能恢复的，封建势力的垮台是历史发展的必然，是谁也阻挡不了的。课文里有一个句子非常深刻地表达了这个思想，看谁能把它找出来。（学生看书）

生："莫非他造塔的时候，竟没有想到塔是终究要倒的么？"

师：好极了！完全正确。你能不能再说一说为什么找这一句。

生："塔是终究要倒的"，说明封建势力是终究要垮台的。

师：这句话里有一个最关键的词，如果你也能找出来，我佩服你。

生："终究"。

师：啊，佩服，佩服！他找出的这个句子是这篇文章的中心句，我们叫它"文眼"。读这样含意深刻的文章，只要能找到文眼，就是抓到了中心思想，也就基本上读懂了文章……

从这一段课堂教学实录可以明显感到合理处理教材的作用：把引导学生回忆《白蛇传》故事和阅读课文第二自然段作为教学

的切入口,不仅激发了学生的学习兴趣,而且有助于化难为易,因此我只稍稍点拨了一下,学生就准确地找到了"文眼"——这是一把读懂全文的"钥匙"。

接下来是讨论同学在课前自读时提出的不少问题。两堂课总共讨论了12个问题。这些问题,涉及课文的方方面面,讨论的过程,就是学生进一步阅读、理解、赏析课文的过程。问题是学生提出的,解决问题也主要依靠学生,教师决不越俎代庖,提供答案。从表面看,教师的作用似乎只在于组织讨论,其实并不尽然。教师要控制整个讨论的进程和方向,保证讨论的质量和有效性,并随机给学生以指点,这就要求教师除了熟悉教材外,还必须对教材有自己独到的理解和处理方式,才能在组织学生讨论时做到胸有成竹,指挥若定;否则难免在学生提的一大堆问题面前手足无措,乱了阵脚。

不妨再举课堂实录中的一个片段为例。

有学生提出了这样一个问题:从本文的标题看,是议论文,但跟过去学过的议论文不同,写得有些杂乱,究竟是什么文体?下面是讨论这个问题的全过程:

生:从本文的标题看,是议论文,但跟过去学过的议论文不一样,写得有些杂乱,它究竟是什么文体?

师:他说鲁迅的文章有些杂乱,你们说呢?

(学生议论纷纷,有的说"乱",有的说"不乱")

师:请起来说。

生:是写得有些乱。先说雷峰塔倒掉,后来却东拉西扯,还写到吃螃蟹,让人理不出线索来。

师（对另一名学生）：我刚才好像听到你说"不杂乱"，也能起来讲讲吗？

生：我……我想鲁迅写文章是不会乱来的。（笑）

师：当然，鲁迅如果乱写的话，那就不是鲁迅而是一名中学生了。（笑）不能把这个做理由，要用文章本身来说明。

生：文章写的都是雷峰塔倒掉的事。（师插：能说得具体些吗？）写《白蛇传》的故事，写吃螃蟹这些事，都和雷峰塔倒掉的问题有关。

师：两位同学的意见都正确。这篇文章看起来是有些"杂"，但是"杂"而不"乱"，这种文体就叫"杂文"（板书）。杂文里常常要发议论，但跟议论文不同。关于这种文体的特点，到我们读完了文章以后再一起讨论。刚才他（指第二位学生）虽然话说得不大漂亮，但道理是对的。文章看起来似乎东拉西扯，可是都跟雷峰塔倒掉有关。本文的标题是"论雷峰塔的倒掉"，这就提示我们，塔的"倒掉"是贯穿全文的一条线索。现在我们就来理一理这条线索。……例如第一段主要写了什么？

生：听说杭州西湖上的雷峰塔倒掉了。（师插：能不能简化到最少的字数？）听说……倒掉。

师：好，就用"听说倒掉"。现在就请大家以此为例，一路找下去，最后就可以把线索理出来。

（学生看书，找线索，教师边听边写，最后完成板书：

听说倒掉—希望倒掉—仍然希望倒掉—居然倒掉—终究要倒掉）

师：你们看，作者就按这条线索，有时叙述，有时议论，一路写下去。如果说这像在画"龙"的话,那么在哪里"点睛"?

生:最后点睛。(师插:为什么说"睛"在最后?)因为"终究要倒掉"是文章的中心所在。

师:你们看,把文章的线索理一下,就可以看出作者的思路一步不乱。这可以说是杂文的一个特点:杂而不乱。

从这一段课堂实录看,我没有采用教参把本文划分为四个部分的意见,倒不是有意标新立异,而是因为觉得教学生读杂文(包括散文)这样"形散神聚"的作品,帮助学生理清作者的思路(还有识别文眼),比一般的划分段落和归纳中心思想更能体现文体的特点。

怎样处理教材,这是一个涉及面很广的话题。以上仅仅举了一篇课文的例子,相信你不会以偏概全。最后我想再强调一下我的意见:独立处理教材不仅是教师独立钻研教材的结果,而且也是教师的教学思想和教学个性的生动体现。这是一个成熟的教师的最重要的标志。而要处理好教材的关键,在于教师能否真正"钻"进课文里去,沉潜涵泳,咀嚼品味,真正读出自己的感受来。一个不爱读书、不会读书的语文教师是不可能学会处理教材的。

你的朋友 钱梦龙
1999年×月×日

第五封信：我为何倡导"语文导读法"

××：

你来信说，前几天在《心理学大词典》里意外地发现了一个词条：语文导读法。从释文中，你知道语文导读法是"钱梦龙探索、总结的一种颇有成效的语文教学方法"，它"既不同于以注入知识为主的教学法，又与以谈话提问为主的教学法异其旨趣"。你要我比较具体地介绍一下这种教学法的特点和操作要领，因为词典的释文为体例所限，不可能详细介绍。那好吧，这封信咱们就谈语文导读法。不过，这个问题说来话长，因为"语文导读法"虽然以"法"命名，其实与其说它是一种具体的操作方法，倒毋宁说是一种教学理念，以及在这种教学理念支配下的实践方式；教学理念是其灵魂，实践方式是其躯体，两者融合才能呈现为有生命的语文教学。因此，要比较完整地介绍语文导读法，必然说来话长，可能要分几封信才说得清楚。

那得把时间拉回到1981年。年初冬，我应邀到浙江金华市参加教研活动，借班上了两节课，教材是鲁迅的小说《故乡》。记得在去金华前，曾请金华市教研室的老师布置学生自读这篇课文，自读的要求挺简单：自读课文，提出问题。我的准备工作也挺简单：到金华看了学生提的问题以后，再决定怎么教。我事实上没有什么准备，一切要根据学生提问的情况来定。哪知到金华后，教研室的老师告诉我，已经布置学生自读过课文了，学生说没有问题。

想不到情况会是这样！

我知道，学生说的"没有问题"，其实是一种假象，没有问题本身就是问题。不得已，只能在上课前一天临时召集学生"补课"，教学生怎样在阅读中发现问题。比如，在文章看似矛盾的地方、在语言表达的异常处，都会有问题存在；可以有疑而问，也可以无疑而问，还可以明知故问。然后就要求学生提问题（写在小纸条上）。只用了一节课的时间，全班学生总共提出了600多个问题。当晚，我在招待所一间单人房的昏暗的灯光下看学生提的问题，一面看，一面忍不住发笑。不少问题提得稚气十足，有趣极了，例如："据我所知，鲁迅的夫人叫许广平，怎么会有三房姨太太？""闰土叫鲁迅'迅哥儿'，鲁迅叫闰土'闰土哥'，怎么都是哥？谁是弟？""闰土为什么要生那么多孩子？为什么不实行计划生育？"最后我从每个学生提的问题中各挑选了三五道比较有思考价值的，每道题前都打上了五角星，准备第二天教读时请学生提出来讨论。为了使讨论有序地进行，我把问题大致分为七类：①一般疑问；②回乡途中的"我"；③闰土；④杨二嫂；⑤宏儿和水生；⑥离乡途中的"我"；⑦关于写景。我对打了五角星的每一道题在讨论中可能出现的情况都做了估计，哪些题学生可能答对？哪些题可能答错？哪些题可能答不上来？该怎样引导？大体都有个考虑，做到"心中有数"。我相信，这些问题涵盖了课文的全部内容，学生如能在讨论中一一解决，自然也就读好了课文。而问题都是学生自己提出的，当然很容易引起他们讨论的兴趣。我觉得这样教才算把学习的自主权还给了学生。

第二天的课如我预料的那样进展顺利。同学们把问题逐类提出来，边提边讨论；如遇到困难或深不下去的情况，我就随机做些指点。由于问题是学生自己提出的，教师又充分放手让他们自己讨论解决，因此，学生情绪热烈的程度比我预料的要高得多。大部分问题都解决得很不错。例如关于"鲁迅是不是有三房姨太太"的问题，对初二的孩子来说这可是个高难度问题，学生居然也圆满地解决了，他们得到的结论甚至超出了我的预期。下面是讨论的实录：

生：杨二嫂说，"你现在有三房姨太太"。鲁迅先生不是只有一个叫许广平的夫人吗？（笑）

师：谁能回答？

生：迅哥儿是书中的人物，不是鲁迅。

生：迅哥儿是作者塑造的艺术形象。

师：这话说得多好啊！语言多丰富啊！录音机已经把这句话录进去了。（笑）

生：这是杨二嫂在胡说八道。

师：那么"我"究竟是不是鲁迅呢？

生：《故乡》中的"我"，《社戏》中的"我"，还有一些鲁迅作品中的"我"，是不是就是鲁迅？如果不是，为什么都很相似？

师：这问题提得很好。这位同学把许多课文联系起来了，想得很广。那么你认为怎样？我想先听听你的意见。

生：不是。

师：什么理由？（生不能答，教师继续启发）你们知道鲁迅写的《孔乙己》吗？

生（齐）：知道！

师：那里面的"我"是个酒店的小伙计。鲁迅卖过酒吗？

生（齐）：没有！

师：所以，这个"我"是作者在小说中所塑造的——

生（接话）：艺术形象！

师：小说的情节是可以——

生（接话）：虚构的！

师：你们真聪明！所以我们看作品中的"我"是不是作者自己，只要看看这作品的体裁是不是小说就行了。那么，《故乡》中的"我"是不是鲁迅自己呢？

生（齐）：不是。

师：为什么？

生（齐）：《故乡》是一篇小说。

师：你们怎么知道的？

生：《呐喊》是小说集，《故乡》是从《呐喊》中选出来的一篇，当然是小说。（笑）

师：你们看这位同学推理得多好！那么《从百草园到三味书屋》中的"我"呢？

生：是鲁迅自己。

师：为什么？

生：《从百草园到三味书屋》是回忆自己童年生活的散文。

师：对。以后看作品中的"我"会看了吗？

生（齐）：会看了。

再比如杨二嫂说闰土在灰堆里偷埋碗碟之事，也是一个很难解决的"悬案"，学生居然也从讨论中得出了正确的结论：

生：闰土为什么要把碗碟埋在灰堆里？

师：闰土把碗碟埋在灰堆里，这是谁说的？

生（齐）：杨二嫂！

师：那么，究竟是不是闰土埋的呢？

生：不是的。

师：为什么？说话要有根据。

生：杨二嫂挖出埋在灰堆里的碗碟后，就自以为很有功劳，拿走了"我"家的狗气杀，这就是杨二嫂说谎的目的。

生：可能是"我"埋的，以便暗暗地让闰土得到许多碗碟。

师：哦，原来是这样啊！（众笑）

生：如果说是闰土埋的，杨二嫂怎么会知道呢？

师：这里有个问题，闰土会偷拿东西吗？

生（齐）：不会！

师：为什么？

生："母亲对我说，凡是不必搬走的东西，尽可以送他，可以听他自己去拣择。"这样，闰土尽可以明着拿，根本用不着偷拿。

师：有道理！有说服力！我都被你说服了。我们解决问题，都应该到书中去找根据。那么，是谁埋的呢？

生（齐）：杨二嫂！

师：为什么？要以文为证。

生：不知道是谁埋的。

师：对，就是不知道。这个是"历史的悬案"。但有一点是可以肯定的，杨二嫂以这个为理由拿走了狗气杀。这样写是为了说明什么呢？

生：杨二嫂贪小便宜。

师：这个问题大家解决得很好，我特别高兴。我曾经看到杂志上也议论过这个问题，结论是闰土是决不会偷埋的，理由呢，跟我们这位同学所说的完全一样。这位同学如果写成文章，也可以在杂志上发表了嘛！（生大笑）

师：我们要树立自信心，用不着看不起自己的，对吗？

两堂课总共讨论了大大小小30多个问题，我教得十分省力，因为差不多所有的问题都是学生自己解决的。我在整个教学过程中，只是起了一个组织者和穿针引线者的作用。

听课的教师在座谈这两堂课的时候，都说我很像个"导演"，既没有越俎代庖，遏制"演员"创造角色的主动性，又把整个"演出"组织得有声有色。这其实正是我所要追求的一种教学境界。当然，教师指导学生读书不同于导演指导演员演戏，但作为一种比喻，两者确有很多相似点。于是我仿照"导演"一词的构词方式，自造了一个新词：导读。

什么叫"导读"？导，指教师的指导、引导、因势利导；

读,指学生的阅读实践和操作。教师着眼于"导",而不是"灌"和"牵";学生致力于"读"和"思",而不是一味地"听"和"记"。"导"和"读"相辅相成,构成了教学活动中一种新型的师生互动关系。这就是我对导读的基本理解。

你也许会问:语文教学上使用了多少年的"讲读"概念难道是错误的?我并没说它错,但至少它的内涵是不明确的。有一阵子,我为了弄清楚什么叫"讲读",翻阅过好几本语文教学法的专著,都没有找到明确的界说;在手头的两本语文教育词典里,也查不到"讲读"这个词目。可见它本来就是一个"只可意会"的模糊概念。具体些说,"讲读"的"讲",究竟指谁讲?为什么讲?讲什么?怎样讲?都不清楚。"读",究竟指谁读?为什么读?怎样读?也说不清楚。"讲"和"读"之间究竟是怎样的关系?就更不清不楚了。于是,语文教师只能根据自己的经验,来一个"自作主张",比如不少教师就把讲读处理为教师边读边讲、读读讲讲,这样的讲读实际上就成了教师的"一言堂"。教师在讲读时即使提些问题问学生,也只是为了"活跃课堂气氛"的需要而已(在某些"公开教学"中尤其如此)。造成目前语文教学中"教师讲、学生听"这种局面的原因很多,但作为指导语文教学的基本概念——"讲读"的内涵模糊不清,应该说,是一个重要的原因。

至于"导读"的概念,它的内涵已由"导"和"读"两个词的词义明白无误地显示出来了,只需稍加诠释,就绝不会引起任何歧解。

但重要的还不是概念问题。用"导读"来取代传统的"讲读"，实质上是一次教育思想的革新。在导读过程中，学生不再是被动接受教师灌输的"知识容器"，而是具有认知潜能的活生生的人，是主动积极的求知者。这对学生自我教育、自我发展的意义是不言而喻的。

我不想一般地谈论"导读"的价值，但很乐意向你转引一封学生的来信，写信者就是我在金华上课的那个班级里的一名女学生。信写得比较长，谈的都是她上那两堂课时的感受，其中有一段话挺有意思：

当同学们接二连三地把问题提出来时，您让大家一起讨论，一起解决，原来死气沉沉的气氛打破了，课堂变得活跃起来。同学们你一言我一语地争着回答，一个个问题都得到了解决。我真是越学兴趣越浓，常常举手发言，这是从来没有过的。这堂课，我的脑筋好像转得特别快，有的问题回答得您也点头满意了，我的心也甜滋滋的。我以前总以为疑难问题都得靠老师解决，现在不是这样想了。同学们自己都有脑，都能想，为什么不能自己解决呢？

真要感谢这位初二的女学生，她的这些真切的感受，为我的"导读法"做出了极好的注脚。其中有一句话尤其引起了我的兴趣，"这堂课，我的脑筋好像转得特别快"，不知道你注意到了这句话没有。为什么她会有"脑筋转得特别快"的感觉？这里有很多规律性的东西值得探讨。在这两堂课里，学生完全是学习的主人，问题是他们自己在阅读中"发现"的，大家自然都饶有兴趣地寻求着问题的答案;在全班"你一言我一语"的讨论中,由于集体智慧的发挥,很多本来要由教师解决的疑难问题,都由同学们自己解决了。成功的喜悦又激励着他们去进一步探索新问题的答案;而课堂上这种自由自在讨论的气氛,更激起了他们全身心投入的热情。"石本无火,相击而发灵光",全班50多个聪明的小脑袋,在快速的运转中不断互相撞击,必然会接连不断地迸溅出智慧的火花了。"脑筋转得特别快",正是学生潜在的智力在得到释放、求知欲正在被唤醒的一种征兆。

可见,我之所以选择了语文导读法,理由就在于它是一种完全以"人的自主发展"为指归的语文教学模式。我从自身的自学和成长经历中也体会到,它对造就学生成为具有独立人格和自主能力的人,比之别的教学模式,有着更明显的优势。

最后要说明,像《故乡》这样的教法,只是导读的一种具体方式。导读法与其说是一种教学的方法,毋宁说是一种教学思想,一种设计教学过程的基本思路和策略。至于教学的具体方式或方法,在基本思路的支配下,是尽可灵活多变的——但万变不离其宗,这"宗"就是对学生主体地位的确认和尊重,是学生和教材的实际。这不是一封信所能说明白的。咱们还是留一些话题以后再谈吧。

你的朋友　钱梦龙

1999年×月×日

第六封信：最好先审视一下你的学生观

××：

你问：要掌握和运用语文导读法，应该从哪里入手？

我的回答是：最好先审视一下你的学生观。

不管你自己有没有意识到，只要你在进行教学活动，只要你和学生构成了一种双边关系，你在教学过程中的行为就不能不受你的学生观的支配。学生观是什么？简单说，就是教师对自己教育的对象——学生的一种认识、一种看法、一种在意识中的定位。学生观是教学观的核心，有怎样的学生观就会有怎样的教学观。目前语文教学上的种种弊病，事实上都和教师不正确的学生观有着直接的关系。比如，习惯上我们总是把学生仅仅看作知识的接受者，而对学生的潜在的智能又往往估计过低，总认为他们离开了教师就不可能学懂和学会什么。有了这样的学生观，教学上自然就会选择以灌输知识和刻板操练为主的方法。我曾经遇到过一位同事，他走上讲台，就有一种"君临天下"的心理，学生只是俯首帖耳接受他"恩赐"知识的臣民。他把课文剁碎、嚼烂，一口一口地喂给学生，学生唯一要做的，只是乖乖地听，牢牢地记，稍有自作主张或"乱说乱动"，他就要大声呵斥。这样的语文教师，你可能也遇到过。严格检查起来，说不定你我的语文教学中也多少存在着类似的倾向，只是程度不同罢了。我们不是也常常对学生不放心，不放手，有时忍不住要越俎代庖吗？这种种，都可以从我们的学生观中找到根源。

　　语文导读法是我在20世纪80年代初开始探索和总结的一种语文教学法。一方面，它继承了我国传统教育中"因势利导""导而弗牵""不愤不启，不悱不发"等传统教学思想的民主性精华；另一方面，它又充分重视学生的自主阅读实践以及阅读中的自悟自得。把这两个方面在教学过程中统一起来，就构成了语文导读法的教学论基础。这个基础，我用两句简明的话来概括，就是"学生为主体，教师为主导"。一些搞教学论的朋友把我的这个观点称作"主体—主导"论。主体—主导论的基点是"学生为主体"的思想，即确认学生是教师教学的根本出发点和立足点。你也许会问：为什么要如此张扬学生的地位？理由很简单：人类社会中教学行为之所以发生，首先是因为教育下一代的需要，教师是为学生的存在而存在的，如果没有学生，也就不会有教师；其次，教学又必然要以学生的发展为指归，离开了学生发展这个目标，教育就没有存在的价值。当然，教师在教学过程中的地位和作用也是举足轻重的，从某种意义上说，甚至是不可或缺的。但教师的重要地位和作用，只有在服务于学生的发展的前提下，才有其存在的意义；教师工作的质量，最后也必须以学生自主发展的水平作为检验的标准。这既是一个教学理论问题，也是一件属于常识范围内的事情。

第六封信：最好先审视一下你的学生观

我建议你先审视一下自己的学生观，具体地说，就是要审视下自己对学生的认识有没有和"学生为主体"的思想不大合拍甚至互相对立的地方。从你的来信中无意间流露的一些观点看，"不太合拍甚至互相对立"的地方是存在的。比如，你说你的学生实在能力太差，常常是启而不发，调而不动，对他们采取灌输的办法，实在是情势所迫，不得已而为之。这种想法很有代表性，如不解决，就很难改变目前语文教学改革停滞不前的现状。你也许会认为，学生能力差是一个实际问题，而不是什么学生观的问题。可我以为，这里既有实际问题，也有观念问题。同样的一个事实，用不同的观念去看，会有不同的结论，对这一点你大概不会有异议吧？

这里至少有两个观念问题可以讨论。

第一个问题是如何正确估计学生实际的智力水平。通常的情况是，教师对学生的智力水平的估计往往偏低，尤其是一些农村中学或非重点中学的教师。我曾经和他们交谈过，他们中有相当一部分人认为他们的学生脑子笨、素质差，不堪造就。当然，我不否认学生的智力发展水平存在着个体的差异，但是这种差异其实并不如人们想象的那样大。除极少数智力超常和明显迟钝的儿童外，大多数学生都属于"中人之智"，他们学习成绩的好坏，往往由其他原因造成，不完全由于智力的差异。我曾经观察过好几位被教师们判定为"差生"的儿童，发现他们在从事他们所喜爱的某项活动或游戏时，所表现出来的聪明才智，甚至可以超过一些学习上的优等生。因此我相信，只要我们能够真正唤醒这些所谓"差生"的沉睡的求知欲，他们肯定不会比那些优等生逊色多少。

　　我小时候就曾是个"差生",记得第一封信里跟你谈起过这件事,不过那封信主要是从"教师的责任"角度说的,这封信不妨换一个角度,剖视一下我成为"差生"的原因。其中有些比较典型的心理现象,是值得引起我们深思的。

　　我在小学五年级之前多次留级,其实并不如有些老师说的是因为"聪明面孔笨肚肠"。现在回想,主要有两个原因:一、我从小对一切需要机械记忆的知识和刻板的作业(如重复的抄写)不感兴趣,常常因记不住老师要求记忆的知识或不完成某些作业而受罚;而我那时遇到的小学教师大多"凶"得出奇,不但动辄厉声呵斥学生,还有"立壁角""打手心"等损害学生自尊心的体罚。由于经常性的受罚,我对老师又怕又恨,当然也不喜欢学校,于是逃学就成了"家常便饭"。二、在第一次听到有的老师说我"聪明面孔笨肚肠"的时候,我也曾有过委屈的心理,但自己学习成绩不好,一再留级,确是不可否认的事实,想想也就默认了自己的"笨",由此产生的自卑感与日俱增,最后完全丧失了上进的信心。于是,我在不少老师的心目中就成了不堪造就的"差生",我自然也"破罐子破摔",索性"一差到底"。

　　后来有幸遇到武钟英老师,也许是我一生中最重要的一次转折。武老师凭着教师的一颗爱心和高超的教育艺术,不但帮助我矫正了自卑的心理,而且从教我查字典开始,一步步唤醒了我沉睡的求知欲,培养我读书的兴趣,最后竟然还在成绩报告单上给了我"天资聪颖"的评语。从"聪明面孔笨肚肠"到"天资聪颖",这是多么大的变化,多么悬殊的反差!然而我最了解我自己,先前之成为"差生",绝不是因为笨;后来之成为"优生",也绝非突然变聪明了。我还是我,一个既不笨,也未必聪明过人的普通小学生。

这件事已经过去60多年了,我竟一直没有仔细想过它所蕴含的意义。现在重温当时的那一段经历,才开始认识到,武老师在我的身上创造的这个教育范例所给予我的深刻的教益,它使我坚信:那些被我们判定为"差生"的儿童,其中绝大多数是由于教育不当造成的,而不是由于他们智力差,因而也必定能够通过正确的教育重新塑造他们。一名优秀的教师必须正确认识自己的教育对象,同时也帮助教育对象正确认识他们自己。

第二个问题是,我们在语文课上教学生读书、作文,是为了把学生教得聪明起来,还是相反?你也许觉得这个问题提得好怪,哪有教师希望把自己的学生教笨的?可事实是,确有一部分教师把学生"培养"成除了能刷题应试之外什么也不会的书呆子,这不是把学生教笨了吗?

我手头有一本英国人写的小册子《充分发挥你大脑的潜力》(科学出版社1985年出版),里面有一段这样的话:"你的脑子如同一个沉睡着的巨人。近几年来,在心理学、教育学、生物化学、物理学和数学等方面的研究已经表明,大脑的潜力远远超出人们一般的想象。就连我们通常听到的一句话——'我们平均只使用了我们大脑的百分之一'也可能是很不正确的,因为现在看来,我们对大脑的使用甚至还不到百分之一。这就是说,你的脑子还有极大的潜力可供挖掘。"我不知道作者这里说的"不到百分之一"有没有科学依据，但人的大脑（智力）的潜在能量确实远远超过我们的想象，这是不容置疑的事实。如果说我们对学生智力的发展水平往往估计过低的话，那么，对潜在智力的估计就更低了，或者说根本没有任何估计。我在读到这一段话的时候，首先冒出的一个想法是：作为教师，我们不但要认识到学生的大脑是一个尚待开发的智力宝藏，而且应该把开发这个智力宝藏作为自己的责任。

在这封篇幅有限的信里，不可能就这个问题展开详细论述，可我仍愿意向你提供一些实例，因为一个实例所蕴含的信息有时会超过一大堆肤浅的论述。

有一次，我在南通市借班上课，教材是初中二年级的课文《中国石拱桥》。那天正好是星期日，说好上午9:00上课，可时间已经到了9:15，听课的教师已坐满了一个大教室的四周，但这堂课的"主角"——学生总共只来了四名！主持此次活动的教研室主任莫惠昌老师急得一筹莫展，这时不知哪位教师想出了一个"妙招"：请各校来听课的教师回学校去"抓"学生，能抓多少是多少。过了不多会儿，果真一批批个子参差不齐的学生被"抓"来了。一问之下，不禁啼笑皆非：原来这四十几名学生从小学五年级到初中三年级都有，竟是一支横跨了四所学校、五个年级的"杂牌军"！上这种课，岂非"乱弹琴"！但箭在弦上，又不能不发。

于是，我临时决定把学生按年级编为四组：小学组、初一组、初二组、初三组。在分组的过程中，我顺便对四个组的学生做了一番观察，看到学生们除了有紧张和惶惑这样一些共同的神情外，发现他们之间还有一些微小的差别。当小学和初一两个组的同学知道这次要学习的是初二的课文时，已不再像原先那么紧张了，我揣摩，他们多半会认为这两堂课与己无关，自己不过是被硬拉来凑凑数的；初三学生的表情则由惶惑转为无精打采，漠然的神情透露出他们内心的语言：课文早学过了，莫名其妙地被拉来"陪坐"，真没劲！只有初二的学生依然紧绷着脸，没有一点松弛的迹象。

就在一些教师担心我怎样开场的时候，我已经想好了一个对策——针对不同的学生做一次简短的"心理谈话"。

我对小学、初一组说："今天要学习的是初二的课文，你们是超前学习，尤其是小学的五年级的同学，超前了好几年，要你们学好可能很困难。但是，我敢肯定，你们当中一部分高智商的同学一定能学得很好。现在既然被请来了，你们是不是愿意趁学习这篇课文的机会，测试一下自己的智商呢？"我发现，小学组中开始有学生表现出跃跃欲试的样子。

我又对初三的同学说："我知道你们已经学过这篇课文，在今天的课堂上你们是知识最多、能力最强的老大哥。我现在交给你们一个任务：协助老师帮助弟弟妹妹们学习，他们如果讲错了，由你们纠正；他们遗漏的地方，由你们补充；他们讲对的，由你们表扬，你们愿意当老师的助手吗？"他们的表情告诉我，他们对自己即将担任的新角色很满意。

随后，我对初二组的同学说："今天要学的这篇课文，就是你们这个年级的，你们应该成为这堂课的主力军，你们可不要被小弟弟小妹妹们抢了风头，也不要老是让初三的大哥大姐们帮助你们!"

经过有效的心灵沟通,原先各怀不同心态而来的学生,很快带着共同的目标和自信进入了角色,我也进入了自己的角色——当上了这支临时匆忙拼凑起来的"杂牌军"的"司令"。出乎意料的是,这支"杂牌军"的战斗力一点也不比"正规军"逊色,尤其是小学组的同学差不多个个表现积极,思维活跃,真像在参与一场紧张而有趣的智力竞赛,不时有较高质量的发言,抢去了大哥大姐们的不少风头。教师适时的鼓励以及同学间相互竞争所形成的特殊氛围,又反过来刺激了孩子们投入的兴趣。当两堂课顺利结束的时候,人们几乎忘记了学生之间的年龄差别。而我,则更多看到了小学组学生们脸上的自信——他们有理由自信,因为他们的高智商已经由他们的积极参与而得到了充分证明。

借这个例子,我想说明的一点是:把一群年龄悬殊、知识基础差别很大的学生集中到一个教室,以同一个要求学习同一份教材,这绝对是违背教学规律的。可耐人寻味的是,这么一堂显然违背教学规律的课,居然也顺利达到了预期的教学目标,尤其是那些小学生,一点也不比中学生学得差,这似乎有点不可思议。其实道理很简单,学生智力的潜在能量远比我们想象的大得多,他们一旦全身心地进入角色,又在全班热烈讨论的氛围中互相感染、激发,他们潜在的智力能量就会充分释放出来,甚至可以完全超出人们的预料。

这封信写得够长了,但最后我想再唠叨几句。语文导读法不仅是一种具体的教学方法,它首先是一种教学思想,而教学思想中最具有决定意义的是教师的学生观。有了正确的学生观,你就会在教学中采取恰当的措施,鼓励学生掌握学习的主动权,再辅以教学方法的改进,你就能充分发挥教师"因势利导"的作用,学生也就真正成了学习的主体,这对学生发展的意义是不可估量的。这正是语文导读法的精髓所在。

你的朋友　钱梦龙
1999年×月×日

第七封信：善导必先识"势"

××：

你的来信中对我提出的"教师为主导"中的"导"字提了一些看法，我非常欢迎。如你所说，问题的关键不是教师要不要"导"，而是如何去"导"。的确，在阅读教学中，几乎没有哪一位教师会反对"导"，也没有哪一位教师声称要放弃"导"，但大家对"导"的理解却不尽相同，甚至相距甚远。认识不同，"导"的方法不同，"导"的结果自然也就大相径庭了。有的教师的所谓"导"，事实上是在"牵"：把学生的认识硬"牵"到教师预设的答案上，貌似也在问问答答，其实学生完全没有认知的主动权，只是被教师提出的一个个问题牵着脖子走。《礼记·学记》上说的"导而弗牵"，就是告诫教师要注意"导"和"牵"的区别。

那么，何谓"导"呢？它可以被理解为指导、辅导、诱导、启发引导、因势利导，等等。在所有这些由"导"字组成的词语中，我认为最符合我提倡的"导读"理念的，是"因势利导"。何谓"因势"？就是说教师的"导"必须基于学生"读"的实际——学生的阅读基础、阅读能力、阅读心理、阅读的思维流向、阅读中出现的亮点和盲点等，这种"势"（情势、态势、趋势），就是"导"的出发点和立足点。顺其势而导之，则师逸而功倍；反之，必师劳而功半，甚至越导离目标越远。有的教师常常抱怨学生上课时"配合"不好，启而不发，依我看，其中的原因多半是教师自己不"识势"、不因势而导所造成的。何谓"利导"？就是说要引导学生进入一个有利于他们生动活泼地自主发展的情境，在这样的情境下，学生的认知潜能得到充分的释放，而且智慧的火花会在师生之间、生生之间不断的交流中相互撞击、引燃、辐散、放大，最后获得自致其知乃至于超越智力水平的认知快感。总之，因势，体现了教师对学生主体地位的确认和尊重；利导，则是教师对教学艺术的高层次追求。

概括地说，成功的阅读教学是一个发端于"识势"，展开于"利导"，归结于学生自主发展的完整过程。

这里，我想以试教鲁迅《一件小事》的教学为例来具体展示一个"因势利导"的过程。《一件小事》是过去语文教材中的传统篇目，现在已经不选，但我在此文教学中所体现的"因势利导"的理念和当前的教学要求是相通的，仍可供你参考。

教学之前，我按照惯例，先要求学生自读全文，然后提出疑问。学生提出的许多问题中有一个引起了我的注意，有学生提出：课文中的"我"是不是一个"自私的剥削者"？学生提问的思路是："我"穿的是"皮袍"，出门要坐黄包车，外套里抓得出"一大把铜元"，可见是个"有钱人"。我教这篇课文是在20世纪80年代初，学生根据当时的认识水平做出了简单推理："有钱人"

就是"剥削者",况且"我"在对待老女人被摔坏这件事上,确实表现得冷漠、自私,这正是剥削者才有的典型心理。

问题提得有些意外。我在备课时也没有预料到学生会提出这样的问题。碰到这种情况,教师通常的办法是视而不见,仍按自己备课时的思路重新要求学生提另外的问题,或索性"绕"开它由教师自己提问。这样虽然也能完成教学任务,但效果肯定大不一样。学生的问题尽管有些幼稚,却真实反映了学生读文的思路,好好抓住它,说不定这种意想不到的问题反而会成为一个同样意想不到的教学突破口。略加思索,我真的发现问题的提法虽然天真,但它却关联着理解作品中的"我"的形象这样一个对于理解课文十分重要的问题,因为:1.揣摩作者的意图,本文除了表现劳动人民(黄包车夫)正直无私、敢于负责的品质外,更主要的恐怕还在于写出一个要求进步的知识分子在与劳动人民的接近中思想感情所发生的深刻变化。因此,正确理解"我"的形象,既是阅读的难点,也是文章的重点所在。2.要正确理解"我"的形象,必须对整篇文章(包括写作背景、当时的社会思潮、作者的思想感情等)做深入的阅读分析,因此,这正是一个牵一发而动全身的关键问题。3.不少学生都提出了这个问题,可见它是学生普遍关心的问题。从我获得的反馈信息,学生对这个问题存在着两种对立的意见(有的学生认为"我是自私的剥削者",有的学生认为不是),因此,这个问题如何解决,肯定会引起全班同学的兴趣,这正是教师进行"导"的绝佳的抓手。

我琢磨,既然学生提出的这个问题涉及对文章全局的理解,且又为大多数学生所关注,那就不妨以这个问题的讨论为主线,把整个阅读过程导入这一"问题情境"中去，从而带动整篇文章的阅读。于是我按照学生的两种对立观点把全班学生分成"是派"（认为"我"是剥削者）和"不是派"（认为"我"不是剥削者），并要求两派学生分别从文章中找出支持自己观点的根据，然后通过课堂辩论来说服或驳倒对方。

辩论果如预想的那么激烈，两派为了证明自己的观点，各尽所能地去研读文章，然后通过互相"摆事实、讲道理"的激烈辩论，阐述自己的观点，辩论的过程事实上就成了一个进一步理解、消化文章的过程。最后，两派在许多问题上观点渐趋一致，达成了以下共识：1."我"从小就读"子曰诗云"，应该是一个知识分子；2."我"虽然坐黄包车、穿皮袍子，但是迫于"生计"，不得不一早在马路上走，再说，"我"从外套里抓出的只是一大把"铜元"而不是"银元"，"有钱人"是不会把很多铜元带在身上的；3.从"我"对"所谓国家大事"和这件小事的态度的对比中，可以看出"我"富于爱国心和正义感；4."我"对待老女人的态度，确实有些冷漠和自私，但过后，这件小事一直折磨"我"的灵魂，"我"对自己"皮袍下面藏着的'小'"真诚坦白、深感愧疚，是一种严于"自我解剖"的表现；5."我"始终把自己的渺小和车夫的高大进行对比，表现出自己向劳动者学习的真诚愿望；6.给了车夫一大把铜元以后，"我"并没有心安理得，相反连发三问，对自己出于一时感动而下意识地用大把铜元"裁判车夫"的做法表示了深深的自责，说明"我"对自己的解剖是毫不留情的；7.此后，这件小事让"我"时时"熬了苦痛，努力的要想到我自己……教我惭愧，催我自新，并且增长我的勇气和希望",说明"我"已经从劳动人民身上找到了榜样和力量,正促使"我"从根本上改变生活态度,表现了"我"不断自我解剖、自求进步的勇气……

到此为止,应该说,"利导"的结果已经比较理想了,但我并没有就此止步,而是趁势把学生已被激活的思维导向更深的层次,于是,我做了第三步工作:结合写作课要求学生以《谈谈〈一件小事〉中的"我"》为题写一篇作文,通过写作巩固并梳理辩论的成果。由于经过充分的阅读和辩论,学生对课文已有充分的解读,自然不难下笔,多数学生的作文都写得有理有据,有的还相当不错。刚上初二的孩子就能写这种有一定难度的论说文,多少有些出乎我的意料。但仔细想想,又完全在情理之中,因为学生认知的潜能在辩论的过程中得到了充分的激发和释放,而作文的过程只是水到渠成地将它们"导"了出来而已。

当然,不是每堂课都能达到这种境界的,因为来自学生的、教材的、环境的各方面的情况都在不断地发生着变化,教师也必须随时适应这种变化才行,否则就很容易"失势"而"误导"。比如有的教师学习别人的经验,往往不顾自己班级的实际,照搬某些成功课例中的具体的招式,效果多半不够理想。为什么别人课上的好招式,一经移植就不灵了呢?盖班级和学生的条件不同,其"势"各异,不因势而"导"之,岂能不碰壁乎?

记得你还问过我,教学中怎样才能正确发挥教师的"主导"作用,而不致变成"主宰",希望我简要地把它描述一下。我想到了以下四点供你参考:

(1)组织作用——组织教学过程,使学生的认知活动始终围绕主要目标进行并收到最理想的效果，要防止学生的思维旁逸斜出，在无关紧要的话题上浪费精力和时间；

（2）引导作用——启发、引导、帮助学生不断向知识的广度和深度进行探索，教师尤其要善于设计和提出有启发性的问题把学生的思维引向深层；

（3）激励作用——随时给学生以鼓励、督促，为学生构筑步步上升的台阶，激发学生的求知欲和自主学习兴趣，对学生认知的错误也要实事求是地指出，切勿"你好、我好、大家好"和稀泥；

（4）授业作用——根据学生认知的需要讲授必须讲授的知识，要纠正"教师讲就是满堂灌"的肤浅认识，有的学校规定教师在课内讲解不能超过15分钟，这种刻板、机械的规定的提出者其实并不真正懂得教育。讲，作为教师传授知识、启发学生的必要方式，自有其存在的价值，不能与"填鸭式""满堂灌"画上等号；尤其当学生的思维处在百思不得其解的"愤、悱"状态之时，教师适时的讲解必能使其茅塞顿开、憬然醒悟，这时的"讲"（哪怕是滔滔不绝的"畅讲"）事实上是最有效的启发式。

总之，教师是组织者，就不能"放羊"；是引导者，就不能"填鸭"；是激励者，就不能"牵牛"；是授业者，就不能当讲不讲。正确发挥教师的主导作用，才能使学生真正成为学习的主体、发展的主体，这是语文教学成功的关键之关键。

你的朋友　钱梦龙
1999年×月×日

第八封信：语文教学不能淡化训练

××：

　　读了你昨天的来信，特别高兴，因为我从你的来信中听到了一种质疑的、反对的声音。在全社会充满互相吹捧的庸俗之风的当下，这种声音是尤为可贵的。你说，你完全赞同我提出的"三主"中的"学生为主体，教师为主导"，并且已经尽可能把这"二主"体现在自己的教学中；但你认为"二主"中的"训练为主线"已经是明日黄花，我现在如果仍然坚持这一理念，恐怕已不合时宜。你很担心我在日新月异的语文教育改革浪潮中"赶不上趟"，最终被淘汰出局。你还为我引用了《〈全日制义务教育语文课程标准〉修订工作说明》中的一段话：

　　　　要倡导启发式、探究式、讨论式、参与式教学，帮助学生学会学习。……因此，"训练"不应该像过去那样作为唯一的教学实施方式或者作为教学实施的"主线"。

　　你说，这段话显然是针对我的"训练为主线"而说的，由于它不是一篇普通的文章,而是语文课程标准编制组发表的关于"课标"的说明,至少带有半官方的性质,有一定的权威性,这更增加了你对我的"命运"的担心。因此,你建议我把"训练为主线"改为"实践为主线",你说语文课程本来就是一门实践性很强的课程,把实践作为主线,应该万无一失,无懈可击。

说实话,你的建议真使我既感动又高兴。感动的是你对我的"命运"发自内心的关切,高兴的是你对语文课程实践性强这一特点有了清醒的认识,这个清醒的认识很重要,因为它可以派生出语文教学的一系列理念、策略和方法。它也将成为你打开语文教学之门的一把钥匙。

但是,我仍然不得不抱歉地告诉你,我至今仍然不打算放弃我的"训练为主线"的观点,也不打算用"实践为主线"取而代之。当然,我有我坚持的理由,绝不如有些论者所说"在课程改革面前充满怀旧之情和失落感",企图重铸"三主"的辉煌。我始终认为,在真理面前,个人某些观点的存废,是无足轻重的,如果"训练为主线"确实已背离语文教学的目标,它自然应该毫无遗憾地退出历史舞台。

首先,我想为"训练"正一下名,名不正则言不顺。

什么是"训练"?

训练不是单纯的练习,更不是刻板的"操练"。从构词角度看,"训练"是一个并列结构的复合词,由"训"和"练"两个语素构成。"训"指教师的指导、辅导;"练",指学生的实践、练习;"训"和"练"共同构成了教学过程中教师和学生的互动关系,即教师着眼于指导、辅导,重在教会学生自主学习;学生则在教师的指导、辅导下致力于实践、练习，以不断提高自己的读写听说能力和综合语文素养。再从"三主"的内在逻辑看，"学生为主体"是教学的根本出发点；"教师为主导"是学生实现其主体地位的必要条件，教师导得恰当，学生才能学得有章有法，真正实现其主体地位；而作为主体的学生和作为主导的教师在教学过程中的合作和互动，就是"训练"。训练是教学过程中师生互动的基本形态和必然归宿。我为什么不接受你的建议，因为"实践为主线"仅仅着眼于学生"学"的活动而忽略了教师"导"的作用，不足以体现"三主"的内在逻辑。

叶圣陶先生说得好："学生须能读书，须能作文，故特设语文课以训练之。最终目的为：自能读书，不待老师讲；自能作文，不待老师改。老师之训练必作到此两点，乃为教学之成功。"叶老的意思十分明白，中小学之所以要设置语文课，就是为了训练学生，使之达到"自能读书""自能作文"的"最终目的"。叶老所说的训练，就是一种教师着眼于"教"、学生致力于"学"的双向活动方式。叶老甚至强调：训练唯有达到了这个目的，才能称之为"教学之成功"。换言之，语文教学如果没有有效的训练，是不可能成功的。

可以把叶老的话作为"训练为主线"的最恰当的注脚。

不妨再回头看看《〈全日制义务教育语文课程标准〉修订工作说明》中的那一段话，我所主张的训练其实跟"倡导启发式、探究式、讨论式、参与式教学，帮助学生学会学习"并不构成对立或排斥关系，而是一种包容或兼容关系。比如，《修订说明》中说的"倡导启发式、探究式、讨论式、参与式教学，帮助学生学会学习",这里的关键词是"帮助学生学会学习",前面几个"式"都是为此而存在的。所谓"帮助学生学会学习",其实就是叶老说的学生"自能读书,不待老师教""自能作文,不待老师改",而要达到这个目的,除了把学生引导到自主学习的过程中去反复实践,别无他途,这叫作"在学习中学会学习",正如人们常说的"在游泳中学会游泳",其实就是一个训练过程。至于启发式、探究式、讨论式、参与式等,都不过是不同的师生互动(训练)方式而已——启发式是教师以启发的方式与学生互动,而不是填鸭灌输;探究式、讨论式、参与式都是学生在教师的组织、指导下进行的学习方式,说到底仍然离不开"师生互动",总而言之,学生要学会探究、讨论、参与,这都需要进行训练——在教师指导下的不断实践;学生探究、讨论、参与的能力不是天生就有的,只能是反复训练的结果。如果取消了训练,其实等于抽空了语文教学的内容,这样的语文教学还能剩下什么呢?

我国老一辈的语文教育家如叶圣陶、吕叔湘、张志公、朱自清等,他们既是学者、作家,又都做过语文教师,他们除从事文学创作、学术研究外,还长期关注语文教学研究,因此深知训练在语文教育中的价值。"训练为主线"的提出,既是"三主"思想逻辑自洽的结果,也是对老一辈语文教育家思想遗产的继承。

为什么正常的语文训练在新课改的语境下会受到如此的误解?

一是愈演愈烈的"应试操练"严重摧残了学生的身心健康,人们分不清正常的训练和刻板、机械的操练的区别,于是因反对操练而不分青红皂白把正常的训练也一股脑儿反掉了,正如人们常说的"把孩子和脏水一起泼掉了",致使训练蒙受了不白之冤。二是由于人们对语文教学的片面认识,认为语文教学是一种纯粹诉诸心灵的教育,而培养高尚的心灵靠的是感悟,而不是训练;他们认为训练只适用于培养浅层的操作能力,他们尽管口头上也接受"工具性和人文性统一"的观点,事实上是贬低乃至排斥工具性而高扬人文性的。

  由于这些反对训练的思想是以"新课改"的名义出现的,因此很容易使人迷惑,误以为这才是语文教学改革的正途。你建议我把"训练为主线"改为"实践为主线",不也说明了你对训练的误解吗?

  这种对训练的误解,必然导致教学中忽视实实在在的读写听说实践,乃至妨碍了学生语文素养的提高。殊不知学生语文素养的提高,工具性和人文性的统一,只有在一个生动活泼的训练过程中才能真正完美地实现。

  下面向你展示一个阅读训练的片段。

  先要求学生在课外自读课文《论雷峰塔的倒掉》,并在阅读中发现、提出问题。下面的实录展示的就是由学生提出问题、讨论问题、解决问题的过程:

  生:课文第四段,"现在,他居然倒掉了",我认为应该把"居然"改为"果然"。因为作者是一直希望雷峰塔倒掉的,现在"果然"倒掉,语气好像顺一点。

  师:你"居然"敢于为鲁迅改文章,真是勇气过人。(笑)这问题也是挺"高级"的,请大家发表意见。

  生:我同意改为"果然"。"果然"表示塔倒是在意料之中,塔是终究要倒的嘛！作者是早就料定它要倒的，"居然"表示出乎意料，用在这里是有些不合适。

师：好啊，又有一位主张为鲁迅改文章的勇敢者！到底要不要改？我想再引用一下前一堂课上一位同学的话："鲁迅写文章是不会乱来的。"（笑）他这里用"居然"，总有他用"居然"的道理，大家是不是也站在鲁迅方面替他想想。

生：我认为用"居然"比"果然"好。

师：好，你为鲁迅辩护，如果先生还在，我想他会高兴的。（笑）不过你要讲出理由来。

生："塔是终究要倒的"，这是必然的，作者又希望它倒掉，但是塔毕竟是不大会倒的，现在雷峰塔这么快就倒掉了，是出乎意料的，当然要用"居然"。

师：言之成理！我再做一点补充。大家看，紧接着"居然"这一句，下面是什么句子？

生（齐读）："……则普天之下的人民，其欣喜为何如？"

师："居然"表示雷峰塔倒掉这件事出乎意料地发生了，普天之下的人民则为之无比欣喜，有一个成语恰好能够表达人民这种出乎意料的欣喜的感情，你能说出这个成语吗？

生：喜出望外。

师：你真行！我现在宣布：你为鲁迅辩护成功！

从这个训练片段看，它的功能是多元的，至少达到了以下目标：一、培养学生从阅读中发现问题并带着疑问进课堂的良好学习习惯；二、比较、辨别"居然""果然"的词义和语感的微细差别，有利于提高学生的语言素养；三、在词语的比较中体会作者爱憎分明的感情。

你看，这就是我主张的"训练为主线"中的"训练"，学生只有进入了这样的训练，才有可能真正学会自主阅读，"工具性和人文性"也只有在这样的训练过程中才真正实现了统一。你说，这种以师生互动为特征的训练是不是应该贯穿于教学全过程呢？

答案应该是肯定的。叶圣陶等老一辈的教育家正是由于看到了训练对提高学生综合语文素养的作用，才一再言之谆谆地强调训练的意义的。

在重视训练的同时，我们也要注意作为师生互动过程的训练，与刻板、机械的"操练"的区别，那种以应试为目标的大容量的习题演练，无休无止的"刷题"操练，目的仅仅是为了考试得分，这并不是我所主张的"训练为主线"中的"训练"，也根本不符合叶圣陶先生对"训练"的阐释。我们不能因为反对这种以应试为目的的机械操练，而把正常的、必要的训练也当作"脏水"泼掉了。

你的朋友　钱梦龙

1999年×月×日

第九封信：从"入格"到"破格"

××：

你问我：语文教学中运用语文导读法有没有一个牵一发而动全身的"抓手"，只要抓住了它，就等于抓住了语文导读法。

要回答这个问题还得从语文导读法的前世今生说起。

你知道，我是一名自学者，我从20岁起就到中学任职，那时我的学历是初中毕业，我之所以能胜任中学语文教学，完全得益于我在初中读书时就起步的自学，因此我深知自学对一个人毕生成长和发展的价值。语文导读法正是在这样的思想支配下提出并逐步成型的。语文导读法的根本宗旨就在于培养学生自主学习的意识和能力，激发学生自主学习的兴趣，养成自主学习的习惯，从而使学生终身受益。可以这样说，语文导读法是我的个人自学历程在语文教学上的复制。

语文导读法的主攻目标就是帮助学生学会自学。牵牛要牵牛鼻子，帮助学生学会自学就是语文导读法的牛鼻子，也就是你说的"抓手"。

由于我国的教育从小学到中学过于注重记忆力的训练而忽视

独立思考能力的培养，因此学生普遍缺乏自主学习的思想准备，也不具备自主学习的能力，这就决定了我们的导读训练是从零起步的。于是就有了从"入格"到"破格"的自读训练过程。所谓"入格"，就是要求学生在自学起步的时候必须按照一定的自读步骤和规格，老老实实、规规矩矩地读，不必过于强调个性化、创造性阅读；这有点像教孩子学写毛笔字，起始的时候必须老老实实照着字帖写，一点一画都力求形似，不能马虎，这叫"入帖"。一旦习之既久，字帖中每个字的笔画形态、间架结构都已了然于胸，这时必须从字帖中走出来，要胸中有帖而笔下无帖，这叫作"出帖"。书法练到这个程度，才算进入了"随心所欲不逾矩"的自由状态。阅读训练也一样，也有一个从"入格"到"破格"的训练过程。"入格"训练看起来很"死"，但如果没有前面"入格"之"死"，哪来后面"破格"之"活"？这叫作"置之死地而后生"。

现在不少老师强调阅读中的"感悟"，强调"个性化阅读"，这当然是十分必要的；但如果学生读了一篇文章，连作者思路都理不清楚，文章主旨都说不明白，或随心所欲曲解文意，"感悟""个性化"云云又何从谈起？自读训练从"入格"到"破格"，正是一条从"正确解读"逐步走向"感悟"和"个性化阅读"的必由之路。

怎样为学生的自读定"格"？我们不妨先反视一下自己读一篇文章的思维流程。通常，一个相对完整的阅读过程（尤其在读一些比较重要的文本时）总要经历一个由表及里，又由里反表，表里多次反复、理解逐渐深化的过程。所谓表里反复，即阅读者先通过对读物的词语、句子、篇章的感知，进而理解读物的内容、主旨；然后，还要在正确理解读物内容、主旨的基础上，回过头来对读物的词语、句子、篇章再下一番回味咀嚼、细心揣摩的功夫，体会作者为什么要这样运思和表达。这也就是人们常说的"在文章里走几个来回"。所谓定"格"，就是把阅读时这一"内隐"的思维流程"外化"为一定的操作规范。在美英等国曾颇为流行的SQ3R阅读法[SQ3R指阅读过程中纵览（Survey）、设问（Question）、精读（Read）、复述（Recite）、复习（Review）五个步骤]，就是把阅读过程规格化的一种成功的尝试。

以下是我根据培养中学生阅读能力的需要提出的"自读五格"，供你参考：

1. 认读感知 这是阅读的起点。认读，就是认字、辨词，准确理解这些字词在文本语境中的含义；感知是阅读者对读物的一种近乎直觉的认知体验，往往经由某种捷径而不是按照惯常的逻辑法则快速地进行。学生通过默读和朗读，对课文的内容、形式、语言、情感倾向等获得一种初步的印象，目的是为下一步精读文本做好准备。认读感知的能力是在不断的阅读实践中逐步形成的，阅读训练有素的人认读感知的能力必然强于一般读者，对语言文字的直觉（语感）也会随着阅读经验的积累而渐趋敏锐。从教学的角度说，期望学生获得对语言文字的这种敏锐感觉，只能依靠学生自己的阅读实践而无法由教师代劳，因此阅读训练从起步开始就必须立足于"学生为主体"。

2. 辨体解题 辨体，就是对文章从内容到形式特点的正确辨别。不同体裁的文章，必有不同的表达方式和语言风格。例如，同为叙事，记叙文中的叙事和议论文中的叙事其叙事方式和语言风格有明显的区别。解题，就是解析文章的标题。标题是文章的重要组成部分，有时候是文章内容主旨高度凝练的概括，解题的过程，实质上就是在认读感知的基础上进一步审视文章内容主旨的过程。例如"变色龙"这个标题，学生解题时若能把爬行动物的变色龙和小说中的警官奥楚蔑洛夫的形象联系起来，找到两者都善于随着周围环境的变化而变化的相似点，那就基本理解了小说的主旨；如能进一步抓住题眼"变"字，既看到奥楚蔑洛夫的善"变"，又能透过"变"的表象进而剖视他始终"不变"的奴才本相，那就对小说有了更深层次的理解。

3. 定向问答　　这是一种思维活动有明确指向的自问自答，要求学生就课文从三个方面依次发问并自答：1.文章写了什么？2.怎样写的？3.为什么这样写？（什么、怎样、为什么）"什么"是对文章内容的审视；"怎样"是对文章表达方式、结构、语言的探究；"为什么"是对作者构思意图和思路的揣摩。三个依次排列的问题，是三级步步上升的台阶，学生"拾阶而上"，对三个问题依次做出圆满的回答，对文章从内容到形式大体上已获得了比较全面的认知。

4. 深思质疑　　学生经过以上几步问答，虽然对文章已经有了比较全面的认知，但仍然只是一般水平上的解读，还不一定能读出自己独特的感受和体会。深思质疑就是把认识引向深层的必要步骤，同时也可以提出与作者不同的观点。

"深思"和"质疑"互为因果关系：唯"深思"才能提出疑问；唯善于"质疑"才能把思维引向深层。朱熹认为"读书无疑者，须教有疑，有疑者，却要无疑，到这里方是长进"。深思质疑就是让学生经历这样一个"无疑—有疑—无疑"的读书"长进"的过程，也是由理解性阅读通往个性化阅读和批判性阅读的桥梁。

5. 复述整理 复述，就是回忆、概述文章的内容、主旨、形式等，从已知中筛取最主要的信息。整理，就是把阅读过程中零星的体会再从头梳理一遍，或分类归纳，使之条理化、清晰化。复述整理标志着一个相对完整的阅读过程的结束。

以上五格，"认读感知—辨体解题—定向问答—深思质疑—复述整理"，构成了阅读"由表及里、由里反表，表里反复"的一串基本动作，每个动作都有明确的操作要求，这就保证了阅读教学起步阶段训练的有效性，并为阅读训练后期的"破格"打下坚实的基础。

自读是一种纯粹的个体行为，自读中有什么问题，有哪些心得体会，只有读者自己知道；但语文课上的自读同时又是一个在教师指导下的训练过程，为了便于教师及时了解并针对学生自读的结果给予有效的指导，因此要求学生必须留下自读的"痕迹"。我一般采取两种方式要求学生呈现自读成果：一种是在文本上圈点批注，比如文中的中心句、关键句、美词佳句、警句等，都用不同符号如单横线、双横线、波浪线、密圈、密点等标出；阅读中或有所感悟、有所质疑则可在书页的空白处（如天头、地脚、页侧）用简明的文字加批加注或用感叹号、问号等表示。总之，凡读过的文章都必须留下阅读的痕迹。

另一种呈现的方式是写自读笔记。在训练"入格"阶段，应按照"自读五格"一板一眼地写，当学生已能熟练地掌握阅读规格，可以不受规格的束缚，自由地书写，如写成读后感、文评、书评或商榷性文章等，不拘形式。

  以上说的自读五格，是我在自己阅读经验的基础上设计、形成的，不是一种刻板的模式，但可以供你在指导学生阅读时参考，你也完全可以依据自己的读书经验设计出另一种阅读规格。但从"入格"到"破格"是一条普遍规律，希望能引起你足够的重视。

你的朋友　钱梦龙

1999年×月×日

第十封信：看清方向，走自己的路

××：

上面九封信我们讨论了语文教学的不少问题，这是第十封信，我想这封信以后，我们的讨论暂时告一段落，以后你教学中如果再遇到什么问题，欢迎通过信件或电话随时交流。

这封信我想着重谈谈我们在定位自己的语文教学方向时怎样确定"自己的路"？放眼如今的语文教坛，可谓流派纷呈，旗帜林立，单以"××语文"命名者，就不下十几种，真有点"乱花渐欲迷人眼"，令人不知何去何从。我发现你也注意到了这一现象，你问我在众声嘈杂中应该听谁的？

我的办法是：看清语文教学的方向，走自己的路。

弱水三千，我只取一瓢饮。这"一瓢"，就是语文教学作为一门课程的内在规律。

这里，我倒建议你今后多关心一下叶圣陶等老一辈语文教育家关于语文教育的不少精辟的意见，尤其是叶圣陶先生，一辈子献身于语文教学的研究与语文教材的编写，他本人又是作家和学者，深知语文素养对于人的成长与发展的价值，加以他为人真诚、纯朴、踏实，一如他的朴实的语言风格，不像有的"专家"那样喜欢故弄玄虚，令人莫测高深。教育科学出版社20世纪80年代出版过一本《叶圣陶语文教育论集》，建议你常备一本于手边，不妨随时翻翻，对你今后确定自己的语文教育之路一定大有裨益。

这里仅举一个例子请你看看叶老的意见有多么中肯，又多么睿智。

多年以来，教育界对教师的"讲授"似乎都持保留乃至否定态度，有意无意间把"讲授"与"注入式""满堂灌"画上等号而加以排斥。有的地区评"优质课"，如果教师讲授超过15分钟，就"一票否决"，以致很多教师该讲的也不敢讲，而代之以师生间的问问答答，导致很多语文教师讲课的能力逐渐退化。现在的语文课上已经很少听到那种扣人心弦、启人心智、使学生茅塞顿开的精彩讲授了，充塞于语文课的往往是大量刻板、低效、无效乃至无聊的问答，明明是教师几句话就可以讲清楚的一些知识，也一定要从学生的嘴里"掏"出答案来，如不这样便是剥夺了学生的"主动权"，便是主张"注入式""满堂灌"。我曾经听过一堂语文课，教师希望学生说出课文中某位革命烈士"革命到底"的精神，可是学生的发言中只有"视死如归""宁死不屈"之类的成语，硬是不肯说出他期待的那四个字！教师焦急万分，一时没辙，只能改变提问策略，采用填空法："这位革命烈士具有一种革命什么的意志？"学生只要在"什么"处填上"到底"就功德圆满了，可学生还是说不出来，教师只能再进一步放宽限制："同学们再好好想想，这位革命烈士具有一种革命到什么的意志?"学生只要说出一个"底"字来就行,难度已大大降低。教师看到后排有位同学把手举得老高,相信"革命到底"已唾手可得,于是立即请他起来回答,谁料这位学生给出的答案竟是:革命到"头"!最后这位教师只能无奈地宣布自己准备好的"标准答案":革命到"底"。

当然,这是一个很极端的例子,但是类似的师生"对话"正在我们语文课上不断重复着,只是"有趣"的程度略有差别而已。往往是教师两三句话就能解决的问题,也非得要采取这种费时、低效、无聊的问问答答的所谓"启发式"不可。

其实,关于教师是不是可以"讲授"的问题,叶老在几十年之前就给出了明确的、辩证的答案。他在谈语文教学的书简中说:

> 尝谓教师教各种学科,其最终目的在达到不复需教,而学生能自为研索,自求解决。故教师之为教,不在全盘授与,而在相机诱导。必令学生运其才智,勤其练习,领悟之源广开,纯熟之功弥深,乃为善教者也。

在这一段话中,叶老指出:学生"自为研索,自求解决"乃至"不复需教",是整个语文教学要达到的"最终目的",不是每一堂课、每一个教学环节的具体目标。而教师在课堂上的作用是"相机诱导",即"观察并根据实际情况而循循善诱",而不是死抱着个"标准答案"一味死磕。叶老又说:

可否自始即不多讲，而以提问与指点代替多讲。提问不能答，指点不开窍，然后畅讲，印入更深。

叶老并非无条件地反对教师"讲"，他明确指出在学生启而不发的时候，教师不仅可以讲，而且可以"畅讲"；畅快地、酣畅淋漓、滔滔不绝地讲。关键要看在什么时候讲、为什么讲、讲什么、怎样讲。学生"提问不能答，指点不开窍"，正处于"心求通而未得、口欲言而未能"的"愤悱"状态，这时的"畅讲"，必能使学生茅塞顿开、恍然大悟、"印入更深"，从而受到更多的启发。叶老有两句很有哲理的诗："教亦多术矣，运用在乎人。"教学方法要因教师、学生、情境的不同而变化，灵活运用，不拘一格，更不能定于一尊，目的只有一个：使学生真正学会自己读书。这就叫实事求是，就叫一切从实际出发。

下面举我运用讲授法的一个教例。

科学小品《死海不死》最后有这样一段话：

由于死海的蒸发量大于约旦河输入的水量，造成水面日趋下降。据专家统计，最近十年来，每年死海水面下降40到50厘米。长此下去，在不久的将来，南部较浅的地方，海水将会消失；较深的北部，数百年后也可能干涸。那时，死海真的要死了。

我估计学生对死海未来命运的关切，可能会引起他们思考的兴趣，因此在学生读了这一段话以后，我与学生进行了这样的对话：

师：课文最后这一段说死海数百年后可能干涸，我先问你们，作者推断的根据是什么？

生1：近十年来死海每年水面下降40到50厘米……按照这样的速度下降，死海数百年后自然会干掉。

师：那么，死海水面下降的原因是什么？

生1：因为这里炎热干燥。（师插问：你怎么知道？）地理课上学到过，课文里也说"艳阳高照"。因此死海海水的蒸发量大于约旦河输入的水量。蒸发多，输入少，所以海水每年下降。

师：说得很对。现在请大家听好了，我提出的一个难题是：按照作者这样推算的思路和方法，死海真的会干涸吗？

生2：我认为死海数百年后不可能干涸，因为到那时科学比现在更加发达，人类肯定有办法救活死海。

生3：我认为他把老师的问题理解错了。我理解老师的意思是……（语顿。师插话：我知道你理解我的意思，不要急，慢慢说）老师是问按照课文作者的办法推算，是不是一定会推算出死海会干涸的结果。

师：对，我就是这个意思，感谢这位同学把我的意思解释得十分准确。（对生3）那你能回答这个问题吗？（生3不语）看来有点为难你了。这样吧，我把问题再具体化一些：死海海水的蒸发量大于约旦河输入的水量，是作者认为死海将会干涸的原因，你认为死海的蒸发量是不是一个不变的常量？

生3：不是。（师插问：为什么？）在雨水多的年份蒸发量就会减少。

师：请注意，天气变化或地壳的变动等这类偶然的因素不在我们的考虑范围以内，何况死海盆地的气候干旱少雨，全年的降水量加在一起不过50—60厘米。刚才你把我出的难题解释得很好，怎么自己倒忘了？请你从作者计算的思路这个角度去思考，即使按照作者的计算，死海的蒸发量会不会变化？

师：啊，好多同学都举手了，看来都找到答案了。请大家把手放下，让他（指生3）再想想，他很聪明，我相信他很快就会想出来的。

生3：蒸发量也就会变小。

师：为什么？

生3：死海的海水每年下降，死海的面积也会逐渐缩小。

师（向全班）：大家说说，海水的蒸发量和海水面积是什么关系？

生（众）：正比关系。

师：既然死海海水的蒸发量随着死海海面的逐渐缩小而减少，那么结果会怎样呢？

生3：当蒸发量小于约旦河水输入量的时候，死海就死不了了。

师：不一定要等到"小于"的那一天，再想想。

生3：等于。

师：对啦！当死海海水的蒸发量等于约旦河水的输入量的时候，死海就死不了了。当然啰，那时的死海也不会像现在这样无边无际，波涛起伏，而是死也死不了，活也活得不像样，这是一种什么状况？

生(齐):半死不活!(笑)

师:对!就是半死不活!同学们果真智商很高,这个难题也没有难住你们。不过,死海究竟会不会死,恐怕不是一个计算的问题,而是一个现实问题。事实上,造成死海海水连年下降的原因,不全因为海水的蒸发量大,更主要的是人为的原因:以色列和约旦大量截流约旦河水用于灌溉和城市用水,致使约旦河输入死海的水量越来越少。这一严峻的事实已引起不少科学家、环境保护主义者的忧虑,一项名为"让死海继续活下去"的活动已经开始。同学们虽然没有去过死海,但我相信大家都关心地球的命运,为此我建议大家用我们的智慧参与到"让死海继续活下去"的活动中去。请回去做两件事:一、上网搜索关于死海的资料;二、参考网上资料,以《救救死海》或《死海不能死》为题写一篇文章,为拯救死海进行呼吁,或提出拯救死海的办法、建议。当然啦,我们的文章救不了死海,但至少可以表明我们关心地球命运的立场。我希望每一位同学长大后都能够成为一名自觉的环境保护主义者。

在这个教例中,前面部分尽管有相当的难度,但我估计学生经过启发,能够找到正确的答案,因此我只是提出了一个较有启发性的问题:"本文作者预测死海数百年后可能干涸的计算方法是否正确?"这个问题果然引起了学生对死海未来命运的关心,并且激起了对作者"死海真的会死"论断质疑的兴趣。最后,学生果然在教师的引导下找到了自己的答案。但关于死海可能干涸的人为的因素,学生不可能知道,因此我用讲授法做了必要的介绍,最后自然导入了保护环境、拯救死海的话题。教师讲授的这些内容，是学生所不知的，也不可能通过他们的讨论而获得，但有利于提升和扩大教材的思想容量，激发学生关心地球、关心人类的生存环境的兴趣。因此，教师的讲授在这样的情境下便是一种富于启发性的教学方法，尽管我一口气讲了很长的一段话。

总之，教虽有法，但无定法，何时该问，何时该讲，皆从实际出发，一切以学生是否真正有所得益为准。还是要引用叶老的话来印证。叶老在《语文教学二十韵》一诗中说："教亦多术矣，运用在乎人。孰善孰寡效，贵能验诸身。"诗意很明白，不必再做解释。

我曾经为自己写过几句话，现在转赠给你，作为我们暂别的赠言吧：

  认清了方向，
  要以恋人般的痴情，
  宗教信徒般的虔诚，
  革命志士般百折不挠的意志，
  不离不弃，一追到底……

你的朋友 钱梦龙

1999年×月×日

论教书简：致刘国正先生

国正先生：

惠寄的尊著《实和活》已拜领，喜何如之！摩挲书叶，读着朴实清新的文字，恍若又芸窗对坐，听故人娓娓谈语文教学，并忆数月前在金陵客邸风雨连床的情景，倍感亲切。

语文教学如何做到"实""活"相济，在实的基础上求活，在活的前提下求实，一直是我在语文教学上孜孜以求的一种境界。记得足下10年前为我的第一本小书写的序，就从我的一些教例中拈出"实""活"二字，确实一语道破了我的苦心。正是对语文教学的共同理解，使我们有了更多的心灵沟通。现今语文教学的研究日新月异，不断有创见问世，令人目不暇接，固然可喜；然而有的见解新则新矣，高则高矣，但联系实际想想，总不免给人"意在近而求之远，事本简而索之繁"的感觉。于是私下抱定一个宗旨：任你弱水三千，我只取一瓢饮，就认定这"实""活"二字，钻之不已。因为用力集中于一点，资质愚钝的我居然也钻出了些许心得。

尊著中《红叶·黄页》一文后附录的那篇《悲秋华赋》，尤其引起我的兴趣。通篇用四六骈句，锦心绣口，文采斐然，如果不知作者是谁，真以为是汉魏六朝的抒情小赋，绝不可能想到这是您在中学读书时的一篇作文。今天的中学生要读懂都有困难，遑论自己能有这样的笔墨。正如您说的，"从驱遣文字的功夫来比，真不免兴今不如昔之叹"。为什么会造成这样的今昔悬殊？您认为，"一个重要的原因是，我们把中学生的接受能力估计得太低太低了"。句中连用两个"太低"，我知道您的感慨之深。确实，老师们常常不自觉地用自己成年人的心态去看我们的教育对象，学生自然就成了一群什么也不懂的"娃娃"，而且是"永远长不大的娃娃"。教学内容浅之又浅，训练方法死之又死，唯恐稍稍深些、活些，学生就消化不了。让正处在长身体时期的青少年天天吃青菜萝卜，摈弃一切高营养的食物，怎么行？我上语文课，除教课本外，还选教一些内容略深又很耐咀嚼的文章，辅之以灵活而有相当力度的训练，学生既学得扎实，又生动活泼，兴趣很浓，教学效果不差。说来说去，又回到了"实和活"这个话题上，看来，"实""活"二字确实概括了一切成功的语文教学的基本特征，其中肯定蕴含着普遍的教学规律，值得我们进一步探索。

有友人赠建兰一盆，凡四株，株九蕊，这几日开得正盛，满室幽香，沁心浃髓。案头清供，晨夕相伴，如对山中高士，令人俗虑顿消。古人说，"入芝兰之室，久而不闻其香"，看来是不确的。敬颂

福祉！

梦龙

1996.7.4

注：《实和活：刘国正语文教育文选》，刘国正著，人民教育出版社出版。

附：刘国正先生复信

梦龙先生：

大札诵悉，感谢你的理解。拙著《实和活》所收，都是些卑论，而老兄爱之。你不眩于高远，自甘脚踏实地，在无路之处走路。所以，我的几声哑喊引起你的共鸣。

这些年，语文教学的改革千帆竞发，百妙杂陈，一派兴旺，成绩很大。自然，试吃螃蟹，不免有时误吃几口蜘蛛，无关紧要，吐出来就是了。目前该把气象万千的想和做总结一下，去粗取精，删繁就简，返璞归真，轻装上阵。清水出芙蓉，天然去雕饰。这朴和真，指的是中国的中学生学习中国语文的朴素规律。对此，我们的看法若合一契，对于一些具体问题也是所见略同。真该浮一大白。（可惜彼此均不善饮。）

对任何事物规律的探求都是渐进的，一步深似一步，却永无穷尽。应该说，语文教育界对语文教学的规律已有所探知，并非仍是一团浆糊。凭借已知，已可以使教学日跻佳境。规律在哪里？涵蕴在历代语文教育大家，特别是当代三老（叶圣陶、吕叔湘、张志公）的著述里；体现在当代名师，特别是其中少数佼佼者的教学经验里，老兄就是佼佼者之一。珍惜，重视，提倡，介绍，整理，总结，研究，学习，运用，推广，持之以恒，语文教学必然会长出腾飞的健翼。天边的鸿雁飞来，固然要欢迎；身边的吉祥鸟起飞，切不可忽视。

你案头的建兰开花了，令人羡煞。养兰总不开花，是我的一大憾事。目前仍有两盆在阳台上，修长的叶子倒也潇洒，只是都患着不育症。几时南行奉访，不仅赏兰，还要叨扰一顿南翔的小笼。即祝
夏安

国正　七月卅日

关于"学生为主体,教师为主导"答客问

客:你在80年代初提出了"学生为主体,教师为主导,训练为主线"的观点,后来你又把它作为你正在探索的"语文导读法"的理论导向,多次写文章阐述。恕我直言,对你的"三主"观点我一直不敢苟同。近两年来我开始读到一些跟你商榷的文章,它们的观点在很多方面与我的想法不谋而合。今天很希望就这些文章涉及的问题跟你做一次坦率的交谈。你知道,我不会恭维……

钱梦龙(以下简称"钱"):切磋学问,需要的正是坦率。是就是,非就非。我讨厌言不由衷的"谦虚"。在寻求真理的问题上,我也不会谦让。

客:我想先听听你对一些商榷文章的总的意见。

钱:读了这些跟我商榷的文章,我最先做出的反应是:高兴。真的,我们的语文教育论坛太寂寞了,大家似乎都懒得"争"些什么。这不是可喜的现象。现在,我的"三主"观竟引起了不少同行思考、商榷的兴趣,这件事本身就是对我的鼓励。当然,在高兴的同时多少也感到一点遗憾。

客：是因为它们对你的观点否定得太多了？

钱：啊，不，这没有什么可遗憾的。是错误的，就应该否定；是正确的，也否定不了。我感到遗憾，是因为这些文章把自己立论的前提搞错了——在一个最根本的问题上曲解了我的观点。

客：你是指"学生为主体"这个最有争议的命题？

钱：正是！这些文章无一例外地把"学生为主体"解释为"学生是教学的主体"。最有代表性的文章是《谁是教学的主体》，作者说："当前，对'谁是教学的主体'这个问题的回答，无非有三种意见：一、'学生主体'论。持这种观点的代表是钱梦龙。……"

客：这难道不正是你的观点吗？

钱：不，"学生是教学的主体"这个观点从来不是我的。我不止在一篇文章中阐述过我的观点。我认为，教学就是教师指导学生达到一定的认识目标和发展目标的过程。因此，在教学过程中必须确认学生是认识的主体和发展的主体。这就是我的"学生主体"论的基本内涵。很明显，它跟"学生是教学的主体"根本不是同一命题。遗憾的是，这些文章的作者在提出商榷的意见之前，并未完整地研究过我的观点。

客：你说他们并未研究过你的观点，恐怕也有些武断吧？有些文章正是在引用了你的有关论述以后得出结论的。你说过："教学过程作为一个特殊的认识过程，最终是以学生的认识为归宿的，因此在确认谁是主体的时候，主要应该把目光投向学生，即确认学生是具有主观能动性的实践者和认识者。"有的文章由此得出你"把学生当成教学过程中的主体"的结论,我觉得是合乎逻辑的。

钱:但这些文章忽略了我下这一论断的前提:教学过程是一个以学生的认识为归宿的特殊认识过程;也排除了这个论断后面的文字:"即确认学生是具有主观能动性的实践者和认识者。"其实,我这段话的意思是很清楚的:教学过程既然以学生的认识为归宿,那么学生理所当然是这一认识活动的主体。这跟笼统、孤立地提"学生是教学过程的主体"(后来又引申为"学生是教学的主体")完全是两回事。我认为,有的文章的作者在辩论时夹带了太多的主观倾向,在思维顺序上是先有结论,然后才到我的文章中去找"根据",在找不到"典型"的根据时就不惜断章取义,自由引申。这样进行"争鸣",不能不使人感到遗憾。

客:我认为有文章说"如果'主要把目光投向学生',那势必会把较少的目光投向教师",是合乎逻辑的推论。我们知道,忽视教师在教学过程中的作用,在教育史上是有过许多教训的。

钱:我绝对没有忽视教师的作用的意思,我历来认为教师在教学过程中处于领导、支配的地位,他对学生的主体地位有着毋庸置疑的予夺之权。我所有的文章和教学实践都可以证明这一点。我说的"主要把目光投向学生",从上下文看,显然是限定在"学生的认识活动"这个范围内的。试问:我们在确认谁是学生的认识活动的主体的时候,不把目光投向学生,难道倒应该投向教师吗?学生做不了自己的认识活动的主体,一切由教师越俎代庖,填鸭注入,活生生的人变成了"知识的容器""被填的鸭子",这种教训在教育史上不是更多吗!

客:既然你认为教师在教学过程中处于领导、支配的地位,不是等于承认了教师的主体地位吗?学生是主体,教师也是主体,事实正是这样。可我知道,你对"两个主体"论是一直不以为然的。是你的观点改变了,还是陷入了自相矛盾之中?

钱:我暂时没有改变观点的必要。这里要弄明白两个问题:一、教师是不是主体?教师在教学过程中相对于认识的客体(大纲、教材、学生)而言,当然是主体,这是不言而喻的。二、学生是主体,教师也是主体,两个"主体"的性质是一样的吗?显然不一样。学生作为认识的主体,主要是完成自身的认识任务;教师作为认识的主体,除了完成自身的认识任务外,更重要的是要以自己认识的结果引导学生达到大纲和教材所规定的认识目标。教师的这种主体地位和作用,其性质已经远远超越了一般认识论意义上的"主体"概念的范围。这正是我不提"教师为主体"而只提"教师为主导"的根据。事实上,"主导"这个概念已经包含了对教师主体地位的确认。你不妨比较一下:"学生为主体,教师为主导"与"学生和教师都是主体"这两种不同的表述,究竟哪一种更符合教学的实际,更能体现矛盾的普遍性和特殊性辩证统一的思想?

客:但是,你只把"主体"地位给学生,不是片面地高扬了学生的地位而贬低了教师的地位吗?"两个主体"论者曾郑重指出:"教师在教学活动全过程中的主体地位不应忽视。只有承认教师的主体地位,教学才能走在学生发展水平的前面,教师才能对学生真正起到'引导'(而不是'尾随')的作用。"我同意这个观点。

钱：你和这篇文章的作者竟然从我"学生为主体，教师为主导"的命题中看出了高扬学生、贬低（或忽视）教师的倾向，不能不令我吃惊。什么叫"主导"？据《现代汉语词典》的解释，"主导"就是"主要的并且引导事物向某方面发展的"，说教师的地位是"主导"，究竟在什么地方贬低了教师？刚才你引的那段文章中说，教师要"走在学生发展水平的前面"，才能对学生"真正起到'引导'（而不是'尾随'）的作用"，我发现这句话中用了"引导"这个词，恰恰证明了"教师为主导"的表述比之"教师为主体"更切合教师在"教学活动全过程"中的实际地位和作用。本来用来反对我的观点的理由，竟反过来成了支持我的观点的根据，这是怎么回事？是因为"双主体"论者思维上的混乱？不完全是。最根本的原因是："主导"是对教师在教学过中的实际地位的最准确的概括，你想用别的概念来取代，绕了一大圈，最后仍不知不觉地站到了自己原先试图避开的那个立场上。

客：教师在教学过程中的地位，究竟是"主导"，还是"主体"，我觉得这只是个用词的问题，两者实质上并无原则的区别。

钱：瞧，你也后退了一步，至少你已经并不认为我贬低了教师的地位。

客：不过，问题还是有的。"学生为主体，教师为主导"命题中的"主体"和"主导"不是同一范畴中的对等概念，正如有的文章中指出的，两者不能构成矛盾对立关系。

钱：我们当然要注意概念间的逻辑关系。但是当我们研究的对象是事物的某种复杂的运动过程的时候，更多地还是要借助辩证逻辑思维。恩格斯说："辩证逻辑和旧的纯粹的形式逻辑相反，不像后者满足于把各种思维运动形式，即各种不同的判断和推理的形式列举出来和毫无关联地排列起来。相反地，辩证逻辑由此及彼推出这些形式，不把它们互相平列起来，而使它们互相隶属，从低级形式发展出高级形式。"教学过程是一个复杂的运动过程，其中教师和学生既各有其自身的活动方式，彼此间又构成了互相依存、制约、合作的关系；"学生为主体，教师为主导"就是对教学过程中师生间复杂关系的尽可能简要的描述，它不是两个判断的静态排列，而是两者在同一个运动过程中的联结。这个命题之所以被不少专家和同行认可，就因为命题中的两个判断在特定语境中的亲和关系是客观存在的。

客：我读到过一本《中国现代语文教育发展史》，书里对你的"主体""主导""主线"三者的关系有所阐发，不知你看到没有，你觉得它符合你上面说的那种"辩证关系"吗？

钱：我手头正好有这本书。你说的那段话是这样的："在教学过程中，教师的地位和作用决定了教师应为主导，学生的地位和任务决定了学生应为主体，'主导'和'主体'表现为教与学双方都具有主观能动性，二者是双向性相互作用、相互制约的关系，既不互相排斥，又不能互相代替。教师的'善导'，启引学生的'善学'；学生的主体精神又推动着教师主导作用的发挥。而'善导'与'善学'都统一在'善练'的科学序列之中，三者紧密相连，构成辩证统一的教学构思，组成有机的'三合一'的教学总体过程，成为语文教学的指导思想。"我觉得这段话基本上符合我的想法，因为它不是静态地理解"主体""主导""主线"的关系，而是把三者放在一个运动过程中考察了它们之间的辩证关系。

客：这里，我要向你提供一些信息。一是，有一位大学教授在讲学时说：什么"学生主体""教师主导"，这等于说"天可能下雨，也可能不下雨"。二是，有一位知名度极高的语文教师认为还是提"教师主导作用和学生主动积极性相结合"比较实事求是，而不要用"主体"之类的新名词去束缚教师的手脚。有一篇文章就此发表评论说："这表明了这位教师的郑重和成熟。"

钱：我觉得那位教授对我的观点并未做过认真的思考，以一种居高临下的傲慢态度轻易排斥。对此我没有评论的必要。关于那位名师说的"新名词"问题，我认为，人类的认识要发展，新名词是不可避免的。昨天的新名词，今天会变成"旧名词"。就拿"主导"这个词来说，在它流行之前也曾经是新名词，但今天我们说"教师的主导作用"的时候，大概谁也不会因为它是一个对立论的概念而觉得在用新名词束缚教师的手脚。以"教师主导作用和学生主动积极性相结合"来取代"学生为主体，教师为主导"的命题，似乎也可以，但前者是现象的描述，后者是理论的探索（虽然是较浅的），这同中之异，不可不察。当然，既是"探索"，就难免欠"郑重"，难免不"成熟"。这是无可奈何的事。但我想，如果有谁因为婴儿太稚嫩而阻止他出生，大家是不会同意的。

客：谁也没有阻止过你的"理论"出生呀！你说学生是"主体"，教师是"主导"，这不等于说"学生的任务是学，教师的任务是教"，不是同样的废话？你的观点究竟有什么实际意义呢？

钱：确认学生是认识和发展的主体，有着重大的理论意义，这跟简单地指出"学生的任务是学"不完全一样，跟一般地提"调动学生的主动积极性"也有所不同。主要是内涵的深度有差别。确认学生是"主体"，首先就要求教师确认学生是具有独立人格和主观能动性的活生生的人，是蕴藏着巨大认知潜能的实践者；教师的所有工作，从根本上说就是为开发学生的这些潜能创设最佳的条件或情境。这是教师"学生观"的根本转变。其次，既然学生是认识和发展的主体，那么教师就必须下功夫研究学生认识和发展的规律，犹如园丁必须研究果树生长的规律进而采取相应的栽培、修剪等措施一样。至于"教师为主导"这个命题，在确认学生的"主体"地位的前提下提出，完全是顺理成章的事。"导"者，因势利导也。因势，就意味着对学生主体地位的确认和尊重，要求教师的"导"必须顺乎学生认识和发展的规律（势）；利导，就是把学生引导到最有利于他们学习和发展的情境中去，鼓励学生自奋其力而达到认识和发展的目标。现代教学理论重视对学生的"学习"的研究，并认为教师的活动主要应控制在如何指导学生有效学习的范围内。我可以自信地说："主体—主导"论符合现代教学理论的发展趋势，它无论在理论上还是实践上都有指导意义。

客：经过一番坦率的交谈，我觉得，对研究的深入是有益的。但请勿误会，我这样说并不意味着已经接受你的观点。

钱：人的观点只能是自己思考的结果。我从不勉强别人接受我的观点。就我自己的感受而言，10年前提出的这些肤浅的见解，至今尚未被岁月的尘埃所封埋，至少还能引起你和我讨论的兴趣，这已经是得到了最高的奖赏。即使它现在立即被新的思想所扬弃，我也感到心满意足了。"大明既出，爝火无光"，我沐浴这"大明"的光辉犹恐不及，又何憾于自己的悄然隐去？

（2000年）

答《中学语文教学》杂志社问

记者（以下简称"记"）：早就想跟您谈谈语文教学，今天终于有机会见到您，您爽快地答应了我访谈的请求，谢谢您！

钱梦龙（以下简称"钱"）：跟年轻人交谈，也是我的一种快乐。因为这种交谈使我觉得自己的思想还没有完全老化，至少同年轻人之间仍然有着许多共同感兴趣的话题。

记：一个在事业上有着不懈追求的人，思想是不会老化的。您虽然已经退休，但是我知道您一天也没有停止过对语文教学的探索和思考，我敢说，到目前为止，您在语文教育界仍属于领先者的行列。

钱：这是您对我的鼓励。站在我的立场上说，能够不落伍，已经是值得庆幸的了。

记：听说您对语文教学的探索起步很早，80年代初就已经蜚声语文教坛。请问，您在长期的教学研究中体会最深的一点是什么？

钱：要善于对自己的实践进行理论概括，并把概括的结果尽可能简明地表述出来，或使之浓缩为一个理论术语；最好是寻常词语的组合，但表达的是全新的理念。这样的理论概括往往给人以更多的启迪。

记：对了，您在70年代末提出的"自读""教读"的概念，80年代初提出的"学生为主体，教师为主导，训练为主线"的观点，为什么一发表就不胫而走，立即为许多语文教师所认同？我想，就是因为您把大家正在共同思索着的问题用极其明确平实的语言表述了出来，使人们本来朦胧感觉到了的东西一下子明朗化了。是这样吗？

钱：也许是这样吧。记得华东师大已故的谭惟翰教授在评论我的教学观的一篇文章里说："翻开《教育学》和《教学论》之类的书，不难发现'教师在教学中应起主导作用'，'学生是认识客观世界的主体'，'技能和技巧主要是在练习过程中形成的'等论述。这也就是说，如果把'学生为主体''教师为主导''训练为主线'这三个观点分开孤立地看，并不新鲜，但是把这三者紧密相连，使之成为有机的'三合一'，辩证地统一于一个完整的教学构思之中，并以之为指导思想切实地运用于教学实践，其'首创权'应当是属于钱梦龙的。"如果你同意谭先生的分析，那么我的幸运仅仅在于"抢先"找到了这种"三合一"的表述方式；假如慢一步，这个"首创权"很可能不属于我。当然，问题不仅仅在于表述，它实质上反映了我对教学过程中教师、学生、教材三者之间内在联系的一种理性思考，但简洁而明确的表述毕竟也是极其重要的。简言之，我的"三主"教学观的形成，实际上经历了一个由实践经验转化为理论概括，进而提炼出理论术语的过程。

记：您的这些体会很重要。我认识不少语文老师，他们在长期的教学实践中积累的经验不可谓不丰厚，他们也常常发表一些谈论教学的文章，但他们的研究往往只停留在"经验思维"的层面上。我相信，他们会从您的体会中得到不少启示。下面，能不能再请您谈一谈您的教学观的核心问题是什么？我想，这对我们进一步从根本上了解您的教学观是有帮助的。

钱：要回答这个问题，首先要弄明白教学是怎么一回事。什么是"教学"？不妨下一个也许不太严密的定义：教学是以课程内容为中介、以学生的发展为中心目标的师生双向活动过程。这里，学生的发展作为教学的中心目标，决定了教学过程的其他要素（课程内容和教师的活动）只能是为之服务的外部条件。因此，我所说的"学生为主体，教师为主导，训练为主线"三句话之间并不是一种形式逻辑上的并列关系，其中根本的、对其他两句话具有决定意义的，是第一句，即"学生为主体"。教师的主导作用只是为作为主体的学生而存在，训练则是师生双向活动从而使学生获得更好发展的一种必要的互动形态。因此，我的教学观的立足点，就是我的学生观。

记：就是说，只要抓住了您的学生观，也就抓住了您的教学观的根本，可以这样理解吗？

钱：完全可以。

记：那么，"学生为主体"就是您的学生观了？

钱：正是这样。我认为一个完整的学生观必须能够回答三个问题：学生是谁？学生在教学过程中处在什么地位？教育应该把学生培养成什么人？学生为主体必须回答这三个问题。

记：对这三个问题您能做些说明吗？

钱：当然可以。第一个问题"学生是什么？"学生当然是人，是正在长身体、长知识的青少年。这似乎不是个问题。但一旦进入教育或教学领域，这个不是问题的问题却真的成了问题。学生实际上完全丧失了作为"人"的独立性和能动性，一变而成了"知识的容器""被填的鸭子"，成了只会按老师为他编好的程序去操练和应考的机器人。正确的学生观必须确认学生是具有思想感情、具有主观能动性和认知潜能的活生生的人。这是我们在教学过程中把"主体"的地位和权力还给学生的前提。

记：我知道，有的老师也不是不想让学生学得主动些，可是刚一放手，就觉得学生这也不行，那也不行，总之是能力太差，于是把刚放开的手又伸了过去，症结大概就在于对"学生是具有主观能动性和认知潜能的活生生的人"这一点认识不足吧。

钱：确实如此。老师不敢放手主要是认识问题。我们的学生如果长期习惯于老师嚼烂了喂，一旦要他们自己咀嚼、消化，肯定有一个一时不适应的过程。他们尤其缺乏的是主动参与的意识，这就阻碍了他们认知潜能的释放，老师却往往误以为他们能力差。因此，这时我们正确的态度不是把已经放开的手再伸过去，而应该进一步去唤醒学生沉睡的求知欲，鼓励他们到求知的实践中去锻炼自己，培养能力。只要学生克服了起步时的不适应，他们认知的潜能就会逐步释放出来，他们肯定也会越学越聪明。再说，学生的能力不是天生就有的，而只能是训练的结果。什么叫"训练"？训，指教师的引导、指导；练，即是学生在教师指导下的实践。学生正因为读写听说的能力不强，所以才需要到读写听说的训练中去摸爬滚打。能力只能是训练的结果,不是训练的前提。如果认为学生能力差就不能训练,只能靠老师"满堂灌",那不是倒果为因了吗?

记:您的意思是说,学生越是能力差,就越是需要训练;而训练虽然离不开老师的"训",但训练的最后效果得由学生"练"的质量来决定,因此,老师在教学中必须敢于放手。我这样理解您的观点,对吗?

钱:一点不错!当然,老师在敢于放手的同时,还必须善于放手。叶圣陶先生有两句诗:"逐渐去扶翼,终酬放手愿。"从"扶"到"放"有一个"量变"的过程,在这个过程中还得讲究一点方法,讲究一点艺术。放手不是一下子撒手不管。但无论怎样放,首先要对学生的认知潜能有足够的估计。

记:这是学生观要回答的第一个问题,您说得很实在,而且切中肯綮。关于第二个问题,我知道您的观点很鲜明:学生在教学过程中处在认知和发展的主体的地位。我是同意您的观点的,但我也读到过一些持不同意见的文章。我手头就有这样一篇文章。您看,作者这样说,"单主体有两种,一种是教师为主体,一种是学生为主体。单主体说都偏执一端……因而不可能正确解释教学过程中教师和学生的关系……说到底是其理论前提的错误,持单主体说的人不但不承认教学认识的特殊性,甚至于否认教学本质上是一种认识活动,而把教学活动等同于一般的物质实践活动。"(见《语文学习》1997年第3期《语文教育价值观管窥》)话虽然说得很武断,我也看不出作者推论的逻辑过程,但我认为他针对"单主体说"的片面性提出的"师生相互主体渐变说"是很言之成理的。显然，这位作者是"双主体说"的拥护者。我很想知道您对这些不同意见的看法。

钱：其实，这位作者的"双主体说"（或曰"相互主体渐变说"）跟我的观点并没有原则上的分歧。我的"学生为主体，教师为主导"是一个完整的命题（有人把它称为"主体—主导"说），其中的"教师为主导"就是以确认教师的主体地位为前提的。道理很简单：教师在教学过程中如果不是认识的主体，怎么可能发挥主导作用呢？因此，我的命题中虽然没有出现"教师为主体"这样的措辞，事实上已经隐含着对教师主体地位的肯定。我和那位作者的区别，仅仅在于：在教学过程中，对教师主体作用的描述，我认为用"主导"这个词更加符合教学活动的实际，同时也可以更集中地凸显"学生是认识和发展的主体"这个教学认识论的基本思想。

记：建议您专就这个问题写篇文章，就在本刊发表，如何？

钱：这个问题近几年报刊上谈论得已经够多了，有持"双主体"说的，有持"教师主体"说的，也有赞同我的"主体—主导"说的，大多持之有故，言之成理。争论当然是好事，但我发现有的作者似乎太性急，往往不大耐心去研究别人的论点以及持论的根据，就急于"针锋相对"地提出自己的学说。这种急于创立新说的心情是可以理解的，但有时就不免陷入无谓的概念之争。再如关于"工具性"的争论，也属此类。对待这类争论，我的宗旨是：你争你的概念，我教我的语文。至于是非曲直，还是让广大教师的教学实践来检验为好。

记：那咱们还是接着刚才的话题，来谈点实际的。据我所知，多数老师是赞同您的"主体—主导"说的，但问题是，承认学生为主体是一回事，要使学生真正成为主体是又一回事。有的老师正是在这一点上感到困难。不知您是不是有什么"高招"，如果有的话，可不要保密噢！

钱：我哪有什么高招，只是在长期的教学实践中悟出了一些规律，大体知道学生在怎样的条件下才乐意做学习的"主体"。教师的主导作用就是要想方设法为学生创造这些条件。

记：主要有哪些条件，能扼要说一说吗？

钱：比如说，教学内容或教学思路使学生有新鲜感，能引起学生思考、探索的欲望；营造一定的"问题情境"，使学生带着疑问或悬念进入教学过程；指点学习的门径，使学生觉得入门不难，而且确能学有所得；为学生铺设知识、能力的台阶，学生拾阶而上，就有可能在成功感的不断鼓舞下学习。条件当然还可以举出一些，但根据我的经验，教师若能把这四件事做好了，学生肯定能积极主动地参与到教学活动中来。这时教师如果能有计划地逐步放手，学生的主体意识就会逐步加强，最后完全摆脱对教师的依赖，这就达到了叶老所说的"不需要教"的境界。

记：确实，能做到这四点已经不容易了。但我还想知道支配这些条件的最根本的东西是什么。

钱：我认为，教师无论为学生的学习创设什么条件，最根本的一点，是要引发学生的认知需要和审美需要。这两种需要，不妨名之曰"认知欲"（或叫作"求知欲"）和"审美欲"，它们在学生的学习过程中被某种诱因引发，可以转化为巨大的学习动力，即所谓"内驱力"。记得我在当中学生的时候，读唐诗几乎到了痴迷的程度，就因为唐诗中那些花红柳绿的字眼和它们构成的意境，引发并满足了我的认知和审美的需要。可是如今的学生，从小学到中学，长期在考试和升学的沉重压力下紧张而疲惫地学习，教师催，父母逼，一切都是为了分、分、分！其结果是逼出了学生强烈的"求分欲"。认知和审美的需要是人们只有在自觉状态下才可能产生的高级精神需要。我们的工作就是要想方设法唤醒学生长期被抑制的求知欲和审美欲。

记："求分欲"大概是您针对"求知欲"仿造的一个名词吧？可有的老师也许会说，只要能使学生努力学习就行了，管他是为了"求分"还是为了"求知"呢。我认为这种说法也不能说没有道理。

钱："求分欲"是我仿造的。强烈的求分欲的确也能刺激学生努力学习，它和求知欲在行为表现上有时很难区别。但只要细心观察，便不难发现，仅有求分欲的学生，尽管考试成绩优良，却往往学得很被动，他们唯书是从，唯师是从，唯标准答案是从，缺乏个性和创造力；他们学习上的一切努力，都以应考得分为目的，凡与应考得分无关的知识，他们一般都不感兴趣，这造成了他们知识面的狭窄，而知识面的狭窄肯定会限制他们进一步的发展。这种状况对语文学习尤其有害，因为语文整体素养的提高，必然要求学生有较宽的知识面。因此，我们要培养学生的主体意识，靠刺激学生的求分欲，结果恐怕只会与我们的愿望背道而驰。刚才我所说的那四件事，如果真的做到了，肯定会引发学生求知的欲望和兴趣，从而主动地参与到教学过程中来。

记：您对"求分欲"和"求知欲"的剖析很有新意，值得我们重视。关于第二个问题就谈到这儿吧。您说的第三个问题是"教育应该把学生培养成怎样的人",我想,如果我们从语文教学的角度而不是从一般教育的角度来谈这个问题,您肯定会谈得更具体、更亲切些。因为我知道,您本人就是凭借学生时代的语文学习打下的基础而获得一生事业的成功的。我相信,语文老师会从您成才的历程中,看到语文基础对学生未来的发展将具有怎样的影响力,进而找到"今天应该怎样教语文"的基本思路。

钱:说我"成才",实在不敢当。不过,仅有初中毕业学历的我,居然成了一名还算称职的中学教师,出版过几本谈语文教学的小册子,陆续发表过一些卑之无甚高论的文章,勉强也算成了"材"——成了中学教师这块"材料"。现在回顾,我在学生时代一段学习语文的经历,确实影响乃至决定了我一生的"命运"。因此,在我当了教师,面对我的学生的时候,总要扪心自问:我这样教,是不是有利于学生的发展?是不是有利于学生今后的成才?这种自问,不但使我经常意识到教师的责任,而且帮助我认清了语文教学的方向。

记:我对这个话题很感兴趣,您可以说得具体些吗?

钱:当然可以,不过话要扯得远些了。记得我在学生时代虽然各科成绩很一般,却酷爱读课外"闲书"。也许是性之所近吧,读的都是文学类书籍,古代的,当代的,翻译的,拉拉杂杂,倒也读了不少。读了些书,不免手痒,于是又迷上了写作。为了写得好些,又常常揣摩文章的作法,后来又把这种揣摩的功夫用到课内的国文学习上来:在老师开讲新课之前,自己先把课文(大多是文言文)的立意、章法、语言等认真琢磨、探究一番,到听课时，就把老师的讲解（当时的国文课全由老师一讲到底）和自己的理解对照、比较、印证，重在体会老师讲解文章的思路、方法。这样上国文课，使本来单一的聆听，变成了全方位的思考，既提高了听课的兴趣，又锻炼了思维能力。现在看来，正是我在学生时代培养的读写能力和自学习惯，为我离开学校后的自我发展提供了可能性：会读，使我能够不断从各种读物中摄取新的养料来充实自己；会写，使我比较善于组织自己的思想并形之于语言；而自学则使我的知识结构带有比较明显的个性，遇到问题、难题也比较能够独立思考。正因为有了这些切身的体会，所以在我有幸成为中学语文教师以后，教学中就瞄准了培养学生的自主意识、读写能力和自学习惯这个大目标。我在70年代末、80年代初提出的"自读""教读"的概念以及"主体—主导—主线"的观点，就是在这个大目标下实践、提炼的产物。我认为，中学语文教学如果不能为学生离校后（包括进入高等学校和踏上社会）的自我发展打好基础，就是语文教师没有真正尽到责任。这是学生观要解决的第三个问题。

记：您关于教学观和学生观的一些想法，引起我思考了很多问题，我想老师们看了这篇访谈录，也会跟我有同样的感觉。让我再次向您表示感谢！

（2000年）

与《钱梦龙经典课例品读》编写组谈话录

仲剑锋：钱老师，我在您的访谈录中看到，您觉得现在教材中的语文知识教学有点乱，我也有这个感觉，这个问题您看如何解决？

钱梦龙：课程标准中有一句话，就是"不要系统地讲授语文知识"。不要系统地讲授语文知识并不意味着不要讲授语文知识，一门学科没有知识框架的支撑，这是非常奇怪的，也许只有我国的语文教材有这种现象。现在，同学知道的一些语法知识，都是从英语课上来的。语文知识的教学课程标准中没有，教材中也没有，现在只有一个办法，就是我们老师心中要有一个语文知识的框架，可以列一个表，过去魏书生老师有一个叫"知识树"的框架。这要看我们的主动性了。当然，也不要搞得太烦琐。我在教课的时候，对语文知识的教学大致有个框架，初一教给他们些什么，初二教给他们些什么，譬如语法知识、修辞的知识、文章学的知识等，我都结合教材让学生大致知道一点。比如学了句子的成分、结构，句式的变化，学生对句子意义的理解就容易很多了。

周志强：叶圣陶以前曾强调语文的工具性，是不是他有意识地不提人文性？您是如何看待语文教学的工具性与人文性这一问题的？

钱梦龙：这里我要谈谈我的看法，我是根本不赞成工具性与人文性统一这种提法的。为什么？我在文章里谈到过我的观点，工具性与人文性统一这是一种二元并列的表述方式，工具性一元，人文性一元，虽然你说它是统一的，但给人的印象总是两个东西，它可以统一也可以不统一，以致形成了一种思维定式；你看语文教学三四十年来，两个"性"一直在打架，一会儿工具性压倒人文性，一会儿人文性压倒工具性，不是东风压倒西风，就是西风压倒东风，总是没有走到一条统一的正道上来。我看世界各国的语文教学，好像都没有如此定性的，一定性反而把人们的思想搞乱了。要弄清一个问题，语文教学是干什么的，就是母语教学，就是语言学习，就是让学生掌握我们本民族的语言。其实，语言是分不出什么"性"来的，它是一个整体，一句话既是工具，又有人文内涵。有人说，钱老师还留恋着工具性。其实，我对"工具性"的提法也反对。20世纪50年代为什么提出工具性？因为当时的语文更多是为政治服务的，学生的语文能力明显下降。上海的《文汇报》首先发起讨论"语文的性质到底是什么"。就是为了避免语文沦为政治奴仆的倾向，也由于语言文字自身工具的功能，所以就提出"工具性"来，强调语文是人们交流思想的工具，不是政治的附庸。工具性提出以后，老师们就理直气壮地抓字词句，抓阅读与写作的训练，当时是有它的积极性的。语文说到底还是工具，现在尽管你说两"性"统一，但工具性还是放在前面,没有工具性,人文性就无从附丽。现在既然大家都承认了,我也就姑且承认它。我说过,把学生引入到一个训练的过程中去,那就是工具性与人文性完美的统一。

刘志军:有的文章肤浅地认为,您的导读艺术就是提问的艺术。我看了您的著作,听了您的讲话,觉得他们只是看到了一种表象,认为您问题设计得好,所以您的课才上得好。我现在有个困惑,对我们广大一线的语文老师来说,一篇课文教了好多遍了,教不出新意来了。您在语文教学过程中经常有不期而遇的精彩,用现在时髦的话来说叫动态生成,您是怎样做到常教常新的?

钱梦龙:我谈谈我对文本解读的观点。浙江有位闫学老师写了一本书叫《小学语文文本解读》,我觉得她对文本解读理解得很好。现在对文本的解读有个倾向:越深越好,以致深得荒腔走板。某位老师教的《愚公移山》,看起来很新潮,学生讨论说愚公是个阴谋家,是个坏老头,说"子子孙孙无穷匮也",如果子女后代出国去了,或者他的子女没有"无穷匮",那怎么办?还采访了两个外国人,让他们谈谈对愚公的看法,外国人说这是个疯老头。这堂课就像一道口味怪异的菜。我看了以后觉得奇怪极了,语文课怎么能这样上呢?首先他没有弄懂一点,他教的这篇不是纪实文章,不是历史小说,它是寓言。寓言的人物是虚构的。它不是要表现这个人物,而是要通过虚构的这个人物故事,来表达一个道理,神话、童话都是这样的。你把虚构的人物作为现实人物来看,那么愚公当然是个疯老头,这样大的两座山几个人怎么移得动?怎么可能子子孙孙、世世代代都去移山呢?这位老师把传统的解读全部颠覆了,认为这样解读才有时代气息、时代精神,实际上却把这个寓言本来应该有的正确的内涵丢掉了。

有几种文本解读方法要区别开来。一种是社会解读,社会上的人看文本是自由自在的,你爱怎么看就怎么看。第二种是文学解读,用文学专业的眼光来看作品,就要挖得深一点,拓得开一点,要联系作者的生平、写作的背景,透视作品的社会价值、美学价值等。还有一种叫教学解读,是教师在课堂里面对学生进行的一种解读。教学解读与社会解读、文学解读的不同之处在于,教学解读是目中有人的解读,它的解读深度要根据教学对象来定,教学对象不一样,你解读的深度也不一样,并不是越深越好,不要总觉得自己怎么深入不下去。比如我教《愚公移山》,就挖掘它作为一则寓言的传统意义,有人提出愚公为什么不搬家之类的问题,如果是解读寓言,我觉得提出这种问题是驴唇不对马嘴,至少是隔靴搔痒。我坚持的是教学解读,就是根据文体的特点、教学的需要、学生的实际,恰到好处地达到一个深度。深度深度,要深而有度。

周志强:顺着钱老师您刚才讲的内容,我想您提出以"学生为主体,教师为主导"的教育思想,是不是意味着课堂教学中最重要的不是让学生获得一个结论,而是获得这个结论的过程?

钱梦龙:正是这样,学生获得结论的过程非常重要。在老师的指导下,学生经过自己的努力,经过自己的思考,获得一个结论,这比老师灌输给他的效果要好得多。因为它体现了一个学生自己求知、思维的过程。(周插话:结论不一定要出人意料。钱梦龙答:对。)

钱建江：我看到您曾撰文明确地反对在每一节语文课的课时教学计划中都要写明"三维目标"，对这一点我也深有同感，我在《阅读教学的"瘦身"策略》这篇文章中正好也谈了这个问题。今天，我想再听听您对"三维目标"在语文教学中的设计与体现这个问题的看法。

钱梦龙："三维目标"是课程总的目标，不是每一堂课都应这样的。现在老师写教案，都把"三维目标"写到教学目的中去，我觉得这是一种非常可笑的操作方式，一堂课中怎么可能把这三个目标全部包含进去呢？比如说过程方法，这个目标是什么目标？严格说起来，"三维目标"也不能构成一个三维的整体，三者并不是一个逻辑层面上的东西，我对这个提法本身不大欣赏的。上阅读课就是教会学生怎样阅读，课文读好了，语言把握了，并且从文本语言中获得了养料，也提高了阅读能力，这就可以了，语文教学就是这么简单的一回事，不要搞得复杂化。课程标准最大的问题就是把简单的语文问题搞得很复杂。老师头脑比较清醒的，就能始终看到本质的东西。也有的老师就被它搞得糊里糊涂了，好像走进了丛林之中，不知道路在何方。

张立：现在有一种现象颇让人费解，语文老师中真正通读语文课程标准的没有几个人，只是在写论文的时候把它翻出来，甚至只是零敲碎打地引用里面的一两句话。那怎么样让课程标准跟我们老师平时的教学实践对接起来，真正成为指导我们一线教师教学的标准？

钱梦龙：我们现在的这个课程标准其实还是个教学大纲。国外有的课程标准非常具体，这篇课文要教什么，这个阶段有哪些知识要学的，要达到什么教学目标，教师就必须要拿着它。我们的课程标准没有这些，它只告诉你语文是什么课程、应该教什么、怎样教等。

仲剑锋：每课都要讲"三维目标"确实烦琐，我想请钱老师介绍一下平时的教学中如何来设定教学目标？

钱梦龙：教学目标一方面要根据文本，哪些内容需要教；另一方面要看教学对象。我20世纪五六十年代教高中，"文革"以后我开始教初中，初高中教法不一样。我教的一篇《愚公移山》是初中的，当时在杭州市学军中学初一年级教，一篇《左忠毅公逸事》是高中二年级的，两篇文言文的教法是不同的。初中教学的要求要低一点，要激发他们的思维，引导鼓励要多一点。高中教学的学术色彩要浓一点，思维的要求也高一点，对学生发言的评价要更客观，好就说好，错就说错，不能一味无原则地鼓励。

钱建江：您说过，语文导读法是一种"有预谋地摆脱学生的策略"，这是很经典的一句话，请您阐述一下您是如何"有预谋地摆脱学生"的？

钱梦龙："有预谋"就是预先考虑好我要摆脱他，"摆脱"就是培养学生的自主性，学生完全自主了，就不要依赖老师了，不就是"摆脱"了学生吗？我把学生的自主性分成几个阶段，第一阶段是初中一年级刚刚进校的学生，依赖性还比较强，老师可以适当地多帮一点；训练一段时间后他们进入半自主阶段，到后来毕业的时候他们基本可以自主学习了。我把学生的自主性分成四个阶段：依赖阶段、半依赖阶段、半自主阶段、自主阶段。叶老说"教是为了达到不需要教"，这句话是非常经典的，我关于"摆脱学生"的话是根据叶老的话演绎出来的。"不需要教"就是要他学会自主学习,逐步培养学生自主学习的能力。我的这句话说得俏皮了一点。(钱建江插话:这句话是充满智慧的。)有些老师没有"预谋",是没有计划的。我教初三或高三时,很多教材上的问题都是学生自己解决的。平时就是在一步步地训练他们,逐步地培养他们的自主性,摆脱对老师的依赖。我不知道在座的各位平时有没有"预谋",很可能是没有这个"预谋"的,只管教下去算数。

顾丽芳:我来自小学,但我觉得小学、初中甚至高中,语文教学在本质上应该是相通的。像钱老师您的"三主"思想——学生为主体、教师为主导、训练为主线,哪怕是对于低年级的语文教学,这"三主"的理念也是非常适用的。尤其是"学生为主体"的理念,把学生的积极性、主动性激发起来,对于改变传统课堂的诸多弊端能起到革命性的推动,课堂气象会有很大的改观。几年来我一直在尝试让学生"前置学习",我发现学生的主动性激发起来之后,课堂上有了更多的精彩生成。老师教的少了,但是学生收获的似乎更多了。现在的学生接触的东西很多,课前对教材的了解已经不少。那么原来老师预设的教案可能已经不适应学生的具体学情了,需要老师重新调整。这样的课堂与传统的"基本预设"的课堂相比,对老师而言就会更具挑战性。我想请教钱老师,您在教学中是如何处理预设与生成的关系的?

钱梦龙:你有"前置作业",我以前有"三主三式","三式"中有个"自读式",在老师教之前学生先要读文章。你的"前置作业"是有题目的,我是没有题目的,就是让他们读。但是我有要求，刚刚入手读的时候有几个步骤：1.字词要自己解决，这叫"认读"，同时了解文章大意；2.辨别文章的体裁，因为不同体裁的文章有不同的读法，这叫"辨体"；3."定向问答"，他们要自问自答，从三个方面问——这篇文章写了什么，怎样写的，为什么要这样写，训练学生大体上把握这篇文章的内容和思路；4."质疑"，提出问题，深思质疑；5.归纳总结。教初中或高中一年级，我都是让学生严格按照这个要求去做的。我没有题目，就是给学生一个读文章的常规模式，让他们按照这个思路深入到文本中去，这叫"入格"。当学生比较熟练地掌握这几个阅读步骤以后，我就不限于此，让他们去比较自由地阅读了，这是"破格"。在我教每一篇课文之前，学生都有一个"自读"的过程，在此基础上，我再来"教读"，就是通过师生互相交流、讨论，进一步深入文本，并领悟读文之法。在"自读"时，我有时候会叫他们写成自读作业。我有个《一件小事》的教例，在自己班上教的，它所展示的就是一个从"自读"到"教读"的过程。你的"前置作业"，我觉得也有点相当于我的"自读"要求。到训练后期，我常常提高自读的难度，例如要求他们写一些类似于评论的文章，或写读后感。过去我教《孔乙己》，这是初三的课文，学生已经掌握了阅读的方法了，我请他们写一篇《一个充满笑声的悲剧》，这个题目也是他们讨论出来的。我总是把读与写紧密地结合在一起，读了什么就叫他们评论或仿写等，我认为读的过程也就是学习范文写作手法的过程，这样训练比较有效果。《一个充满笑声的悲剧》他们写得非常好，其中有一篇后来被人教社放在教材的附录里面。总之，语文教学的一个基本的目标，就是教会学生读书。学生喜欢读书了，会读书了，课外能找些书来读了，你的语文教学就成功了，没有什么其他的诀窍。

顾丽芳：现在有一种观点说，语文教学就是要让学生会写文章，提出"写本位"。钱老师您对这种说法怎么看？

钱梦龙：会写文章还是要从阅读中获得养料的。你说的"写本位"，使我想起过去北京的景山学校提出一个口号，叫"以写作为中心组织语文教学"，后来大家认为这种提法取消了阅读的独立性，在理念上有偏颇。其实景山学校是十分重视阅读的，只是这个提法给人"偏颇"的感觉。写当然很重要；读是吸收，写是倾吐，关键在于处理好两者的关系，既要看到阅读与写作相对独立的一面，又要看到它们密切联系、相辅相成的一面。关于"读"和"写"，过去有句话叫作"合则两利，分则两伤"，是很有道理的。

（2015年）

第三辑

浅滩拾贝

浅滩拾贝

（代小引）

偶来拾贝海之湄，
剔石披沙所得稀。
寄语辛勤求宝者：
碧波深处有珍奇。

一九八二年夏于北戴河

教学艺术是鼓励的艺术

要区别教学技术和教学艺术。教学技术可由练习而致,经过反复操作而臻于熟练。教学艺术则是教师的智慧在教学中的闪现。而"智慧"这东西,多少带点"空灵",靠点"悟性"。所以,那些过分"实心眼儿"的人,那些一头扎进"死胡同"不肯回头的人,大半跟智慧无缘,教学艺术云云,也就无从谈起。

这样说来,教学艺术纯乎是"香象渡河""羚羊挂角",无迹可寻了?那也不尽然。既曰"艺术",总有"艺术规律"在。

比如观摩优秀教师的教学艺术,有人在击节赞赏中目迷五色,发出"好是好,可我学不来"的感叹。有人却能透过精彩纷呈的表象,紧紧把握住优秀教师所以优秀的根本——那隐藏在"教学机智"背后的对教学的深刻理解。优秀教师之所以一踏上讲台就显得那么挥洒自如、游刃有余,原因很多,说到底,无非是这种对教学的深刻理解(悟性?),使他们进入了教学艺术的自由王国。

然则,怎样理解教学,才算是"深刻"?

下面两个教例,也许能给我们提供一点思考的依据。

教学艺术是鼓励的艺术

我曾经观摩一位女教师上课。她教态自然,语言流畅,教学结构也严谨有序。但是,当一名怯场的女学生回答问题结结巴巴的时候,这位教师竟把手一挥:"你坐下吧,别浪费时间了!"于是那位怯场的女孩子涨红着脸坐了下去。

简简单单一句话,表明了这位教师对教学的一种理解。

在另一位教师的观摩课上,恰巧也有一名回答问题怯场的女学生。但教师不仅耐心地听她讲完,后来又多次提出一些浅易的问题,指名她回答,终于使她逐步克服怯场的心理。有一次她居然主动举手,圆满地回答了一个有相当难度的问题,教师立即要求全班同学以掌声鼓励她的成功。

从这名女学生的进步,可以看出这位教师对教学的另一种理解。

教学,究竟是怎么回事?教师备课、上课,天天跟学生泡在一起,究竟是为了什么?一言以蔽之:为了"人",为了"人"的发展与成长。

第一位教师的教学技术不低,惜乎她关心的,只是她的严谨的教学设计、宝贵的教学时间;她的教学中所缺少的,恰恰是对"人"的关心——而这,正好是教学艺术的灵感之源。第二位教师也许并没有刻意追求某种"艺术"效果,他想"方"设"法",只是为了使这名怯懦的女孩子勇敢起来。他达到了自己的目的,教学艺术也便自在其中了。

教学,就是给人以积极向上的影响力,教学艺术就是鼓励的艺术。

语文课,要教知识,字、词、句、篇,语、修、逻、文;要练能力，听、说、读、写、思。有的教师，教知识则眼中唯有知识，练能力则眼中唯有能力，只见其"一"，不见其余。有的教师却能胸怀育"人"的大目标，把知识教学、能力训练、性格培养、情感陶冶、个性发展交融起来，汇成一股推动学生"天天向上"的巨大影响力；而且这种交融浑然天成，不见人工掺杂的痕迹。所以观摩他们的课，常觉有春风扑面，和煦宜人；如细雨无声，浸润心田。学生在这股力量的催动下，软弱者变得坚强，懒惰者变得勤奋，不知者变得有知，无能者变得多能。这才是教学的艺术！这才是教师智慧的最灿烂的闪现！佛教有大乘法，有小乘法。大乘难求，但劳而有功；小乘易学，却不足以"普度众生"。

教学艺术也有"大法门"在。

如何掌握教学艺术，也是一门艺术——掌握教学艺术的艺术。

从未进过高等师范深造的我，没有名师传授的幸运，只能靠有限的教学实践和肤浅的内心体察，在摸索中学习语文教学的艺术。曾为此苦恼过；后来却渐渐觉得，这种摸索式的学习，固然有其局限，但无依无傍，思维没有定式，有时候瞎"碰"一气，居然也迸出了一星半点"艺术"的火花。更重要的是，不断的内心体察，帮助我找到了与学生精神沟通的桥梁。这桥梁，正是教学的影响力得以达于学生心灵的唯一通路。

例如，我从自己走过的人生之路体察到，自学能力对人的一生多么重要，因此教学中决不死填硬灌，把学生当作"被填的鸭子""知识的容器"。由于要努力唤醒学生求知的欲望，所以总是根据自己求索中的精神需要,去满足学生的精神需要;根据自己认知的心理体验,去导引学生认知的心理体验……多年来,在实践中体察,体察后再实践,逐渐形成了"学生为主体,教师为主导,训练为主线"的教学思路,并且稍稍悟出了一点"导"的艺术。

这种师生间的精神沟通,说难,是有些难;说不难,其实也不太难。因为,每个教师都曾有过自己懵懂的童年,也有过"十六岁的花季",只要不太健忘,只要仍然葆有一颗"赤子之心",总能以自己的心发现学生的心。这种以心发现心的艺术,精神沟通的艺术,正是最重要的掌握教学艺术的艺术。

(2000年)

说"训练"

写下这个题目，我不禁有些犹豫：因为曾有教师提出批评，说我坚持"训练"的主张，目的是"要独树'工具性'这面旗帜，重铸'以训练为主线'的辉煌"。这次又要谈训练，很可能又会招来"执迷不悟"的指责，不过转而一想，谁都不是真理的化身，真理正是在不同意见的对撞中逐渐显现的；如实地把自己想说的话说出来，才得以就正于高明。

一、语文课程标准淡化训练是一个未必正确的导向

自从语文课程标准（以下简称"课标"）颁布以来，"训练"便在语文教学中逐渐淡出，老一辈语文教育家十分强调的读写听说训练、语言训练、思维训练……在青年语文教师中已变得有些陌生。因为作为全国语文教学纲领性文献的"课标"是不主张训练的，训练在语文教学中便丧失了"合法"的身份，甚至成了"应试操练"的代名词，受到不应有的误解和排斥。表现在实际教学中，便是凌空蹈虚式的语文课越来越多，实实在在的读写听说训练正在离语文课愈来愈远，语文课上让学生坐下来静心读书

的情景已经很难看到，所谓"双基"（基础知识和基本技能）更是早已弃之不顾，在一些令人眼花缭乱、华而不实的展示课上，这种倾向尤其明显。有人说，这不过是展示课上的倾向，你不要以偏概全。但问题恰恰是展示课出现这种倾向才更值得忧虑。因为展示课是用来展示甚至示范的，能上展示课的教师一般都比较优秀，上课之前还都做了精心备课，因此展示课出现这种倾向，至少说明在不少教师的心目中以为这样的课才是符合新课改精神的真正的语文课。展示课的辐射效应是不容忽视的，如果不加以指出，对提高语文教学质量、提高学生语文素养十分不利——事实上已经产生了不利的影响。

制订课标的专家们为什么如此不喜欢训练？他们给出的理由是："要'倡导启发式、探究式、讨论式、参与式教学，帮助学生学会学习。……因此，'训练'不应该像过去那样作为唯一的教学实施方式或者作为教学实施的'主线'。"（见《〈全日制义务教育语文课程标准〉修订工作说明》）从这段话看，制订课标的专家们对"训练"的理解是可以商榷的。他们也许认为"训练"只是为培养较低层次的技能而进行的"操练"，不符合他们提出的"工具性和人文性统一"的主张。这其实是对"训练"的误解。

什么是"训练"？

训练不是单纯的练习，更不是应试操练。"百度百科"这样解释训练："有意识地使受训者发生生理反应（如建立条件反射、强健肌肉等），从而改变受训者素质、能力的活动。和教育一样，训练也是培养人的一种手段。"我认为这个解释是基本符合训练的本义的。请注意上述解释中的"有意识地使受训者……"这一句，它省略了一个主语：施训者。训练是施训者为了改变受训者的素质、能力而进行的一种施、受双向活动，比如运动场上的训练是教练（施训者）和运动员（受训者）之间的为了改变运动员的素质和能力而进行的双向活动。据此推理，语文教学中的训练，就是教师（施训者）以提高学生（受训者）的语文素养、语文能力为目的而进行的师、生双向活动。叶圣陶先生说得好："学生须能读书，须能作文，故特设语文课以训练之。最终目的为：自能读书，不待老师讲；自能作文，不待老师改。老师之训练必作到此两点，乃为教学之成功。"叶老的意思十分明白：中小学之所以要设置语文课，是为了训练学生，使之达到"自能读书""自能作文"的"最终目的"。叶老所说的训练，就是一种老师"教"、学生"学"，最终使学生"学会自己学习"的双向活动方式。它跟"倡导启发式、探究式、讨论式、参与式教学，帮助学生学会学习"并不构成相互对立或排斥的关系，而是一种包容或兼容关系。

比如，"修订说明"中说的"倡导启发式、探究式、讨论式、参与式教学，帮助学生学会学习"，这里的关键词是"帮助学生学会学习"，前面几个"式"都是为此服务的。试问：怎样才能"帮助学生学会学习"？除了把学生引导到自主学习的情境中去反复实践，别无他途，这叫作"在学习中学会学习"，正如人们常说的"在游泳中学会游泳"，其实就是一个训练过程。叶老说的"学生须能读书……故特设语文课以训练之"，训练正是学生学会读书（或曰"学会学习"）的唯一途径，至于启发式、探究式、讨论式、参与式等，都不过是不同的师生互动（训练）方式而已：启发式是教师以启发的方式与学生互动，而不是填鸭灌输；探究式、讨论式、参与式都是学生在教师的组织、指导下进行的学习方式，说到底仍然离不开"师生互动"。换言之，学生要学会探究、讨论、参与，这都需要训练；学生探究、讨论、参与的能力不是天生就有的，只能是训练的结果！

上述"修订说明"的最后一句说训练不应该像过去那样作为教学实施的"主线"，显然是针对我提出的"训练为主线"而说的，因此我不得不再啰唆几句。

我在20世纪80年代初曾提出"学生为主体，教师为主导，训练为主线"的"三主"教学观，并做了这样的阐释：学生为主体是教学的根本立足点和出发点，着眼于学生的"会学"；教师为主导是学生实现其主体地位的必要条件，着眼于教师的"善导"；学生的"会学"、教师的"善导"在教学过程中的互动必然呈现为一种生动活泼的训练形态，它贯穿于教学全过程，成为"主线"。可见，"三主"不是三个命题的静态排列，而是对教学中师生互动过程的动态描述。你只要承认前面"二主"，必然也不能不承认"训练为主线"，因为训练正是师生互动的基本形态。有人说"三主"早已成明日黄花了，这话也许说得不无道理，"三主"这三朵"黄花"毕竟已经开了三十多年，是到了该谢的时候了。不过国务院审议通过的《国家中长期教育改革和发展规划纲要（2010—2020年）》中也用了"以学生为主体，以教师为主导"这样的表述，可见"三主"中的前面"二主"目前还"开着花"，至于训练是不是真会从语文教学中淡出，你我说了都不算，专家们说了也不算，而要等待"时间"这位最公正、最权威的法官做出最后的"判决"。

其实，课标研制组的专家们也不是一律排斥训练的。课标修订组组长温儒敏先生在他的多次发言中就曾一再强调训练的重要："读写能力实践性强，要反复训练""我们不害怕提训练""要理直气壮地抓基本训练，抓工具性，不然会有问题的"。这是温儒敏先生在"全国高中语文课标、教材、教学研讨会"上所做的题为《对高中语文课程改革的几点思考》专题报告中关于训练的一些基本论点。他尖锐地指出，语文教学如果不抓基本训练，就"会有问题"。这是很中肯、实事求是的。但"修订稿"中却仍然没有理直气壮地谈训练，这只有一个解释："修订稿"是各种不同观点互相妥协的产物！

为什么"训练"在语文教学中占有如此举足轻重的地位？下面就要追溯到一个根本问题了。

二、中小学设置语文课究竟是干什么的？

我一直不赞成给语文课程定"性"，主张用"定向"或"定位"取代之。定向，方向明确，不会有分歧；定位，地位实在，不致有误解。定性则不然，所谓"工具性与人文性的统一"这种看起来很完美的"二元并列"的表述，虽然指出了两者的统一，但实际上给人的感觉是工具性和人文性终究是两个东西，于是几十年来就反复出现了不是此性压倒彼性，便是彼性压倒此性这种此消彼长的拉锯现象，始终没有真正统一过。

当前由于对思想品德教育的强调，加以一部分高扬人文大旗的语文教师们的话语强势，语文教学中的人文性正在日益膨胀，工具性逐渐萎缩，语文课已经荒腔走板，不少语文教师已经忘记语文教学究竟是干什么的了（前面说过，这种倾向在一些展示课上尤其明显）。这正好可以引用一位黎巴嫩诗人的话："我们已经走得太远，以致忘记了当初为何出发。"

近期我看到不少专家、教师在语文期刊上发表文章讨论语文教学内容的问题，即语文课"教什么"的问题。语文课独立设科已有百年，"语文"的课程名称启用至今也已半个多世纪，课标也早已制订、实施，"教什么"这个本该由课标做出明确回答的问题，居然还会成为一个需要讨论的热点，这不是有点不可思议吗？如今即便是很有经验的语文教师，拿到一篇课文也确实常常不知道教什么好；现在的语文课上学生如果懂一点名词、动词等语法常识，还是从英语课上"迁移"过来的！这种现象，借用吕叔湘先生的一句话：岂非咄咄怪事？

但是，如果我们用常识性思维来看这个问题，其实答案是不难找到的。

纵观世界各国的教育，无论体制有怎样的差异，都必然把对下一代进行民族语教育放在首要的地位。民族语是民族精神、民族文化的最重要的载体，同时也是民族精神、民族文化的重要组成部分（例如我们的汉语既是汉民族文化的载体，汉语本身又是汉民族文化的组成部分，这是基于事实的判断）；对下一代进行民族语教育，是传承、延续、发扬民族精神、民族文化的必然选择，而这个任务在中小学的各门课程中毫无疑问都由语文课承担。换言之，中小学设置语文课程的目的就是为了对下一代进行民族语教育。

根本的问题在于：我们是通过什么途径对学生进行民族语教育的？

我国传统的语文教育经验，概括地说主要是凭借对范文（它们是运用民族语的典范）的教学，通过读、写、听、说训练，使学生在学习范文的过程中培养正确理解和运用民族语的能力和热爱民族语的感情，同时受到民族精神、民族文化的熏陶感染。这是学生学习民族语的必由之路。

基于以上认识，训练在语文教学中的重要地位也就不言而喻了。正如温儒敏先生所说的，"读写能力实践性强，要反复训练"，不训练就"会有问题"。以阅读教学为例，教师怎样才能让学生学会"自主阅读"？首先必须为学生创设自主阅读的情境，鼓励并指导学生自己到文本中去摸爬滚打，从而进入文本，理解文义，品味语言，感悟人生……，经过这样反复的自主阅读训练，学生终于渐渐学会阅读，达到"自能读书，不待老师讲"的"最终目的"，同时，其"理解和运用祖国的语言文字"的能力也必然得到相应的提升，因为学生阅读文本的过程其实就是一个咀嚼、品味、感悟、积累语言的过程。这里说的"语言"，显然已不是抽象的符号，而是"言语"成品，即饱含着思想、情感的有生命的活的语言。从本质上说，阅读训练就是以文本为凭借的语言训练；如果没有这样的语言训练，那就等于抽空了阅读教学的内容，语文课和思品课、公民课、历史课等其他人文学科就没有了区别。语文教学缺乏实实在在的语言训练，这正是当前最令人忧虑的一种倾向。如果我们的课标继续淡化训练，而以各门学科普遍适用的"启发式、探究式、讨论式、参与式"等来取代独具语文学科个性的语言训练，无异于抽空语文教学的内容，势必使语文课程蜕变成一个没有实际内容的"空壳"，跟其他人文学科没有了区别。由于课标不言而喻的权威性，这样的导向带来的后果不能不令人担忧。

三、"训练"是实现语文教学熏陶感染功能的最佳途径

语文课不同于思品课、政治课等其他人文学科的最基本的特点，是它对学生心灵的影响不是直接的、说教式的，而是间接的、无痕的，是学生在解读文本的过程中，通过品味语言，理解文义，自然而然地受到熏陶感染，潜移默化；就是说，是学生在文本的字里行间自己"读"出来、无须教师刻意"渗透"的（"德育渗透"的提法至少不适用于语文课）。所谓"工具性和人文性统一"也只有在这个过程（即阅读训练过程）中才能真正实现。

且看我执教《论雷峰塔的倒掉》的两段实录。

（说明：教读之前学生先在教师的指导下自读课文，在自读中发现问题，然后在教读课上提出来，由全班讨论。以下课例展示的就是学生提出问题、讨论问题的两个训练片段。）

［例一］

生1：白蛇娘娘是蛇妖，法海除妖，我认为没有什么不好。

师：好！你敢于和大文豪鲁迅唱对台戏（笑），我钦佩你的勇气。请大家一起发表意见。

生：我不同意他的意见。白蛇娘娘是个好妖怪。（笑）

师：你怎么知道的？

生：文章里说的，白蛇的故事出自《义妖传》，"义妖"当然是好的。

师：有说服力！文章第二段里就有这个句子，你注意到了，说明你读书很细心。既然说到了第二段，我们就先来看看这一段。你们能不能从这一段里找出根据，证明白蛇娘娘是个好妖怪，是义妖？

（学生默读第二段）

生：白蛇嫁给许仙是为了报恩。

师：你说的是对的，但最好不要这样笼统地说。这一段一共写了几件事，要一件一件地说，最后证明白蛇娘娘到底是好还是坏，是值得同情的还是应该被镇压的。如果你能用一些四字句把主要的情节概括地表达出来，简洁明了，那就更好了。你试试看。

生：许仙救蛇……白蛇报恩……法海藏夫（笑）……白蛇寻夫……水满金山……白蛇中计……造塔镇压。

师：嗯，概括得很好。刚才大家为什么笑？

生：他说法海藏"夫"，人家会误以为是法海的丈夫。（笑）最好改成法海藏"人"。

师："人"又好像太笼统。（学生七嘴八舌：藏"许"）好，就用法海藏"许"。现在大家看看，这样的故事情节说明了什么？不要用一句话回答，最好能做一点分析。

生：白蛇嫁给许仙是为了报答他的救命之恩，结婚以后过着幸福的生活……

师：你怎么知道的？

生：电视里看到的（笑）。可是法海总想破坏，最后终于把白蛇娘娘收到一个钵盂里，压在雷峰塔底下。白蛇娘娘一心要报恩，当然是"义妖"。她有情有义……（笑）

师：说得好！既然白蛇娘娘有"义"，那么法海就是有"义"的反面，是怎么样的人呢？

生：不义之人。

师：你们同情白蛇娘娘，还是法海？

生（齐）：白蛇娘娘！

师：同情法海的请举手。（无人举手，对生1）怎么，你也不举手？你是赞成法海除妖的。（笑）

生：我只是提个问题请大家讨论，其实我心里也同情白蛇娘娘。（笑）

师：噢，原来如此！你对活跃我们的思维做出了贡献！（笑）的确，凡知道这个故事的人，几乎没有不同情白蛇娘娘的。从课文里看，有一种人是不同情白蛇娘娘的，不知道你们看到了那句话没有。是谁啊？

生：脑髓里有点贵恙的人。（师插：能解释一下吗？）就是头脑里有毛病的人。

师：是精神有问题吗？

生2：是指有封建思想的人。作者这样说，是为了嘲笑这种人。

师：我很高兴，刚才大家都表示同情白蛇娘娘，证明全班同学的脑髓是正常的。（生笑）大家别笑，这种爱憎分明的态度对体会文章的思想感情是很重要的。

［例二］

生：课文第四段"现在，他居然倒掉了"，我认为应该把"居然"改为"果然"。因为作者是一直希望雷峰塔倒掉的，现在"果然"倒掉，语气好像顺一点。

师：你"居然"敢于为鲁迅改文章，真是勇气过人。（笑）这问题挺高级的，请大家发表意见。

生：我同意改为"果然"。"果然"表示塔倒是在意料之中，因为塔是终究要倒的嘛！作者是早就料定它要倒的。"居然"表示出乎意料，用在这里是有些不合适。

师：好啊，又有一位主张为鲁迅改文章的勇敢者！（笑）到底要不要改？鲁迅这里用"居然"，总有他用"居然"的道理，大家是不是也站在鲁迅方面替他想想。

生：我认为用"居然"比"果然"好。

师：好，你为鲁迅辩护，如果先生还在，我想他会高兴的。（笑）不过你要讲出理由来。

生："塔是终究要倒的"，这是必然的，作者又希望它倒掉，但是塔毕竟是不大会倒的，现在雷峰塔这么快就倒掉了，是出乎意料的，当然要用"居然"。

师：言之成理！我再做一点补充。大家看，紧接着"居然"这一句，下面是什么句子？

生（齐声）："……则普天之下的人民，其欣喜为何如？"

师："居然"表示雷峰塔倒掉这件事出乎意料地发生了，普天下的人民则为之无比欣喜，有一个成语恰好能够表达人民这种出乎意料的欣喜的感情，你能说出这个成语吗？

生：喜出望外。

师：你真行！我现在宣布：你为鲁迅辩护成功！（笑）现在请大家再把第三、四两段连起来朗读一遍，体会一下"我"从"希望倒掉"直到"居然倒掉"以后那种喜出望外的感情。（学生朗读）

以上两例展示了一个阅读训练的过程：问题是学生在"自读"中提出的，解决问题也主要依靠学生自己的努力，教师在这个过程中的作用是组织、引导、启发，整个过程较好地体现了"学生为主体，教师为主导"的思想；这样的师生互动，自然呈现出一种训练（阅读训练、语言训练）的形态。这次训练中涉及了以下学习内容：1.词义和词的外延、词的感情色彩（"义妖"的"义"、藏"人"还是藏"许"、"贵恙"的词义及讽刺意味）；2.词义和语气辨析（"居然"和"果然"）；3.文意概括（证明白蛇是义妖的那一段）；4.成语运用（"喜出望外"）。更重要的是，学生在这样的语言训练过程中，通过对词语、句子的比较、辨析、品味、感悟，对语言的感觉会逐渐敏锐、丰富起来，这是一种尤为重要的语言、思维训练。

同时，我们也不难发现，这既是学习语言的过程，也是学生和作者进行直接的心灵对话的过程；鲁迅先生通过语言所传递出来的对不义者的憎恶、对受迫害者的同情，不能不使学生在解读文本的过程中受到强烈的感染，这里有一种互为表里的关系：语言学习是表，思想情感的熏陶是里。语文教学正是在这样实实在在的语言训练中实现"工具性和人文性的统一"的。学生在这样的训练过程中学语文,不仅学得生动活泼,而且学得实实在在;所谓"启发式、探究式、讨论式、参与式教学"等自然也都包含在其中,"帮助学生学会学习"也就不是一句空洞的口号了。

让训练回归语文教学吧!

让语文教学少一些凌空蹈虚的浮华,多一些脚踏实地的读、写、听、说训练吧!

(2016年)

"导游"与"导读"

——从《惠崇〈春江晚景〉》的教学说起

先看一段简短的教学实录:

师:春天来了,让我们读两首描写春天的诗。请翻到《诗八首》,看看哪两首是描写春天的?

生(大略看八首诗):《惠崇〈春江晚景〉》和《江南春绝句》。

师:大家先读两遍《惠崇〈春江晚景〉》,看看这首诗写的是早春、盛春还是晚春。

生(读诗后):写的是早春。

师:从哪里知道?

生:从"春江水暖鸭先知"的"暖"字知道。

生:还有"竹外桃花三两枝"中的"三两枝",说明桃花还没有盛开。

生:还有"蒌蒿满地芦芽短",芦芽刚冒出一点儿,还没有长得茂盛。

师:大家体会得很好,这首诗写的正是早春的风光。诗人对早春的景色观察得十分仔细，同学们读得也细心，把诗人的用意都看出来了。这首诗里有一句很有名，你们猜是哪一句？

生（齐）："春江水暖鸭先知。"

师：大家想想这句诗好在哪里？

生：这句诗用了拟人化的写法，写得形象。

生：春天来了，冰雪化了，可人们还没有察觉气候的变化，却看见鸭子在江面上嬉戏游闹，知道鸭子已经感觉到了水温的回暖。

师：对，看到鸭子在欢快地嬉戏游闹，就推想到水温的回暖，这表现了诗人的观察力和想象力。这句诗里有一个字是诗眼，你们能找出来吗？

生（齐）："先"字。

师：对，这个"先"字含蓄地点出了"早春"的"早"。同学们都是很会读诗的。诗里还写到一种鱼，是什么鱼？

生（议论、查词典）：写到了河豚，这种鱼肉味鲜美，但卵巢、肝脏和血有剧毒。

师：河豚每年春天水发有游向上游的习性。"正是河豚欲上时"，句中有一个字也跟早春的时令有关，是哪个字，你们注意到了吗？

生："欲"字。

师：说说理由。

生："欲"，说明河豚将上而未上，正是早春。

师：这首诗是作者为题惠崇的画而作的。画，是静止的，可是你们看，一幅本来静止的画，到了作者的笔下，却变得——

生：活了，动了……

师：对，人们不仅从嬉戏的鸭子感到了春水的暖意，而且联想到了潜伏在暖流之下欲上未上的河豚，画面上处处萌动着春意。会读诗的你们，这时一定也有春意在心中萌动吧？……

从这段教学实录我们看到了学生在教师指导下的一个"品诗"审美的过程。在这个过程中，审美主体（学生）对于审美客体（诗）的直接感受和情感体验，是教师的讲解、分析不能完全代替的。因此，教师从一开始就没有多讲，他在整个教学过程中的工作，很像一名导游——领着游览者一步步进入诗情画意之中，凡遇奇峰怪石、飞瀑流泉，则随机指点一下，大多要言不烦，决不喋喋不休，以便让游览者自己去领略山水风光之美。"导游"者，"导"游也，其工作的特点是"导"：因势利导，随机指点。所有高明的导游都明白，游览的主角是游览者而不是他，他的一切努力，都是为了让游览者获得审美的愉悦，而不是用自己唠唠叨叨的饶舌去败坏游览者的兴致。这种情况，跟我所主张的"导读"的过程，何其相似！导读，就是教师引导学生在自己"读"的活动中理解文意，领会要点，获得认知的体验与快感。"导读"与"导游"仅一字之差，且构词方式完全相同，恐怕也不是纯粹的巧合吧？

附记：

关于这首诗的后两句，有两种不同的理解。一种是教学实录中采用的说法，见陈迩冬的《苏轼诗选》（人民文学出版社1984年版）；另一说是：江淮一带烹煮河豚，多杂以蒌蒿、荻芽（芦芽），故作者见"蒌蒿满地芦芽短"而思美食河豚。梅圣俞（宋）

诗:"春洲生荻芽,春岸飞杨花。河豚当是时,贵不数鱼虾。"虞俦(宋)诗:"不为河豚赋荻芽,一壶且复荐枯虾。"均可为佐证。撰诸诗理,后说为近。教学中采用前说,只是为了较易引起学生对"画面"的想象。

(2020年)

文言文教学刍议

文言文教学是语文教学改革的一个"死角",即使在语文教学改革很红火的年代,文言文教学这块"世袭领地"上仍然是一派"春风不度玉门关"的荒凉景象。多少年来,基本的教学模式始终是教师逐字逐句串讲,加上一点古汉语知识的介绍;学生则忙于记词义、译文。这种教法有人总结出一个"八字真经",叫作"字字落实,句句清楚"。由于长期以来文言文考试也主要考词义和翻译,"八字真经"更被语文教师奉为圭臬,以致使人误以为教文言文就该这样教,考文言文就该这样考,舍此别无他途。这就是文言文教学成为改革死角的症结所在。

所谓"八字真经",无非就是由教师一字一句"嚼烂了喂",以应付考试(文言文考试也必须相应改革,这应该另写文章讨论)。其结果必然是肢解课文,而且其肢解的细碎程度,比之现代文教学中的肢解课文更甚更惨,说它"碎尸万段"也不算夸张。文言文事实上已经不再是饱含思想情感的"文",即便是千古传诵的名篇佳作,无论"韩海""苏潮",一到语文课上,都只是一堆按刻板的语法规则组合起来的实词和虚词而已,再也激不起丝毫情感的微澜。文言文教学对师生双方来说,都成了一件最索然无味,但为了应付考试又不得不忍受的苦事。于是,几位很权威的专家曾主张取消中学的文言文教学,理由是:像现在这样蜻蜓点水式地教一点文言文,教学效果又差,与其如此,倒不如干脆不教,以便集中力量教好现代文(我听张志公先生就这样说过)。这个主张不能说没有道理,但真要实行的话,恐怕很难得到大家赞同;国家教委修订颁布的初中和高中的语文教学大纲,对文言文教学也还有一定的要求,近年更是有强化的趋势。我认为,我们可以不赞成取消文言文教学的主张,却不能不正视主张取消的专家们所依据的事实。

我主张中学里不但要教文言文,而且要适量多教一些,但不是像现在这样的教法。

为什么语文课上要适量多教一些文言文?理由很简单:经过千百年时间淘洗而流传下来的那些脍炙人口的文言文(包括古代诗歌)是诗文中的精品,是中华民族文化遗产中的瑰宝,表现在这些作品中的先哲们的崇高理想、美好情操,是我们民族引以自豪的精神财富;这些作品中千锤百炼的语言,斐然可观的文采,匠心独运的章法,也都足以垂范后世,成为我们取之不尽的宝藏。当代凡卓有成就的作家,尤其是散文家,大多从这个宝藏中汲取过丰富的养料。我们的中学生,作为正在接受中等教育的现代人,适量多读一些古代的诗文佳作,培养一点阅读浅近文言文的能力,对他们提高文化素养、提高理解和运用祖国语言文字的能力,是十分必要的。一个拒绝优秀文化传统熏陶的现代人,不是完全意义上的现代人,正如一件缺乏民族性的艺术品谈不上世界性一样。

下面谈谈文言文教学方法的问题。

教学方法是受教学观念支配的。有什么样的教学观念,必然会采取什么样的教学方法。因此,谈文言文教学方法的改革,不能不涉及有关文言文教学的某些观念。

我认为,我们在指导学生读文言文之前,先要树立一个观念:文言文中的古代书面语教学对学生来说是母语教学。这个认识,对文言文教学中选择什么方法,关系甚大。如果是教外国语,就得从ABC教起,学生每走一步都得靠教师扶着拽着。现在文言文教学中那种一字一句"嚼烂了喂"的教法,正是把古代汉语当作外国语来教的办法,有的教师就戏称上文言文课是教"第二外语"。如果是教母语,就完全不必如此。古今汉语虽然变化很大,但同一民族的语言毕竟是有继承性的,现代汉语是古代汉语的继承和发展,现代汉语的词汇、句法和修辞手段都不可能割断与古代文学语言的血缘关系;很多古代汉语常用词的词义、句子的结构方式,不仅古今没有多少变化,而且还常常出现在现代汉语里,尤其是现代的书面语言里。就是说学生阅读文言文虽然有一定的语言障碍,但绝不像学习外国语那样毫无根基,一切要从零开始。

不妨举短文《陋室铭》为例。全文81字,除少数双音词外,大多是单音词,可以说其中绝大部分的词古今完全同义,如:山、水、高、深、上、入、苔痕、草色、谈笑、往来,等等;少数词虽然用法有些变化,但仍可以看出变化的脉络,如"有仙则名"的"名",本是"名声"的意思,属名词,这里用作动词,作"出名"讲，学生只要细心揣摩，是不难意会的。可能成为阅读障碍的，实际上只有少数几个词，如"鸿儒""白丁"，还有结尾处涉及的人名、地名，但看看注解也都不难解决。在句法方面，除了末句"何陋之有"词序有些特别外，其余都和现代汉语的表达习惯没有什么两样。回想自己刚进初中读书的时候，初次接触文言文，就在《古文观止》里读到这篇文章，借助极简单的注解，居然也能大体读懂，而且对篇首两个精警的句子以及整篇文章的音调和谐之美，都能在反复的诵读中体会、欣赏。由此我想，教这样浅近的文言文，也应该可以像教现代文那样，凡教师可以放手的地方，尽量放手让学生自己阅读，自求理解，教师只在关键处做些指导、点拨，着眼于培养学生的独立阅读能力。当然，同是文言文，也有深浅难易之分，但从目前选入中学语文课本的文言文看，过于简古难读的文章基本没有，即便文字略深一些，只要教师指导得当，学生也是能够经过自己的努力读懂、消化的。

　　文言文教学还必须树立一个观念：文言文，首先是"文"，而不是文言词句的任意堆砌。教文言文，当然要指导学生理解词句，但理解词句的着眼点在于更准确、深入地把握文意；反过来说，把握了文意也可以更好地理解词句。凡会读文章的人，阅读大体都要经历一个由表（文字）及里（内容）又由里返表，表里多次反复，理解逐步深化的过程，读文言文也不例外。目前文言文教学最大的弊病是什么？一言以蔽之曰：有"言"而无"文"。这是"字字落实，句句清楚"嚼烂了喂的必然结果。文章是什么？是作者的思想情感、道德评价、文化素养、审美趣味等的

"集成块",是一个有生命的活的整体,而不是各种语言材料的"堆积物"。文章语言之所以值得揣摩咀嚼,因为它是作者思想情感等的载体;如果只着眼于词句本身的学习,而忽视甚至舍弃了它所承载的丰富的内容,那叫"买椟还珠",结果必然连语言本身也不可能真正学好,因为剥离了作者思想情感的一堆语言材料是没有生命力的。把文言文作为文章(它本来就是文章)来教,就要遵循教读文章的一般规律,处理好词句和文章整体的关系,这不仅是学习文章的需要,也是更好地理解文言词句的需要。学生阅读文言文的能力,靠老师字字句句"嚼烂了喂",是"喂"不出来的。

我经常在琢磨一个问题:现在年龄稍大一些的读书人,比如我这样在"旧社会"上过学的人,在中学读书的时候,国文教师教文言文绝对不像现在这样教得精细,但为什么我们当时阅读文言文的能力反而比现在的中学生要高呢?当时国文课内文言文教得多些(很少教白话文),是一个原因,但教师比较擅长教文言文,因而教得比较得法,肯定也有很大关系。我有幸遇到过两位很有学问的国文老师,一位是庄乘黄老师,他教文言文一般不逐句串讲,但在文章的紧要处或疑难处,则尽情发挥,酣畅淋漓,讲得令人动容;同时又结合讲解指导我们评点,何处加点,何处加圈,都有些讲究。圈点以后,总要拉长了声调领我们诵读,凡读到加密圈的词句,往往眉飞色舞,读得格外声情并茂,就像三味书屋里的寿老先生那样沉迷陶醉,使我们也受到了强烈的感染。后来又遇到一位周孝侯老师,他特别喜欢教学生吟唱诗词,我至今还记得他教我们唱李后主词"帘外雨潺潺"时那种摇曳生情的声调。就在这样的老师的影响下，不少同学都对古典诗文产生了浓厚的兴趣，于是都在课外自动地找些选本来读，如《古文观止》《唐诗三百首》等，阅读文言文的能力就这样在不知不觉中提高了，不少同学还能用文言写写东西。我在初中二年级时用文言文写的一篇《西湖泛舟记》还被收录进《战后中学生模范作文选》（"战后"指抗日战争之后）。

上面举我的老师教文言文的例子，并不是认为今天的文言文教学必须以我的老师为范例，我想，即使在当时，国文教师也未必都这样教。但我从自己阅读文言文能力提高的过程中，的确看到了这种教法中某些合理的成分。至少以下两点是值得重视的：

一、由于教学中不死抠词句，嚼得过细，这就留下了较多的"空白"，便于学生自己去感知和领悟，有助于激发学生求知的兴趣；有的地方老师又重点畅讲，并指导评点，这就突出了文章最精彩的部分，使学生印象更深。教学中这样疏密相间，略其所当略、详其所当详的教法，是符合学生读文、认知的规律的；学生作为阅读的主体，在这样的教学过程中确实可以受到很好的锻炼。

二、老师特别重视诵读的指导，这非常有利于学生形成对古汉语的语感；熟读和背诵又使学生逐步积累起比较丰富的感性材料，对古汉语的用词、造句以及某些特殊的表达习惯也逐渐熟悉，这就为提高文言文的阅读能力打下了比较坚实的基础。凡行之有效的教法，其中必定蕴含着某种规律，是值得我们进一步探索的。

我同意不少同志提出的语文教学要返璞归真的主张，作为语文教学一个组成部分的文言文教学，自然更应该返璞归真。但返璞归真不是否定语文教学改革已经取得的成果，不是回过头去走老路。"璞"和"真"者，事物固有的朴素规律也，"返璞归真"就是要在认真总结传统经验的基础上，继承和发扬传统语文教学中一切符合学生认知规律和语文能力发展规律的教法，不搞花架子，不赶浪头，不对考试口径，朴朴素素、实实在在地教。我国是一个文明古国，又是一个"文章大国"，千百年来积累了丰富的写文章、读文章和教文章的宝贵经验，这些经验是我国语文教育理论宝库中一笔巨大的财富，尤其是文言文教学中重视学生自悟、自得和语感培养的经验。因此，认真总结、继承和发扬这些宝贵的经验，并把它提到理论认识的高度，是每一个语文教育工作者的责任，也应该成为当前文言文教学改革首先要好好研究的一个课题。

（2000年）

问宜"曲"

"今天早餐我吃了一个烧饼、两根油条,喝了一杯开水,后来又吃了一个鸡蛋和一个苹果。谁能告诉我,我吃的都是食物吗?无论说是或不是,都要讲出理由来。"一上课,我就提出了这么个怪问题。话音刚落,教室里就响起了叽叽喳喳的议论声。

暂时没人举手……

前一天,同学们已经按要求自读了说明文《食物从何处来》,我估计他们已经记住了食物的定义,如果我问:"什么叫食物?"他们准能不假思索地回答:"食物是一种能够构成躯体和供应能量的物质。"但现在我的问题"拐了个弯",实质上就是让学生运用食物的定义对具体事物做出判断,因此不仅要求记住定义,而且要求真正理解和应用定义。这种"有想头"的问题,必然引起学生思考的兴趣;暂时的冷场,正是学生的思维在紧张运转的一种信号。

果然,稍过了一会儿,学生都做出了正确的回答:凉水不是食物,因为它只能参与躯体的构成,但不能供应能量,不具备食物的两个条件中"供应能量"的条件;其他东西都是食物。学生的回答，说明他们对食物的本质属性已经有所理解，这是进一步学习食物的来源的基础。

教读《论雷峰塔的倒掉》，我提出了一个似乎与理解课文全然不搭界的问题："听说杭州人民正在建议重修雷峰塔，如果鲁迅健在，你认为他会反对还是赞成，理由是什么？"

学生的发言很踊跃，说明他们对这个问题很感兴趣，但大多说不到点子上。有的认为鲁迅会反对，因为雷峰塔是"封建势力的象征"；有的认为鲁迅会赞成，因为现在重建的雷峰塔是"社会主义的象征"。我料到学生会这样说，于是稍加点拨："难道雷峰塔非得有什么象征意义不可吗？"学生一下子开了窍，有个男学生起来说："鲁迅在文章里把雷峰塔作为封建势力的象征，不过是借题发挥；现在重建，那是跟鲁迅的文章毫不相干的，至于鲁迅会反对还是赞成，我们谁也回答不了，因为我们不是鲁迅。"说明学生已经理解了文章"借题发挥"的特点，由此我进一步点明：理解本文的"借题发挥"手法，是读懂本文进而欣赏鲁迅杂文艺术的一把钥匙……

同学们顿时领悟：老师提出这个"节外生枝"的问题，原来"问在此而意在彼"，是别有一番用意的。他们不仅为找到了读懂文章的"钥匙"而高兴，而且为发现了老师的这一点"秘密"而感到很得意。

"曲问"，是我相对于"直问"而杜撰的一个新词。按"曲问"的要求提出的问题，不仅角度较新，而且都有一定的难度，因此比较"有想头"。经常这样训练，对提高学生的思维能力，改变学生"直线式"的思维方式很有好处。如教读《多收了三五斗》，我问学生："万盛米行的先生对农民说话是有气无力、鄙夷不屑的，而万源祥等几家商店的伙计却不惜工本地叫着'乡亲'，同是在一条街上做生意的，为什么态度这样不同？"学生要回答这个问题，必须透过表面现象，找到两种不同态度之间的内在联系：米行先生的态度恶劣，反映了米行老板利用粮食丰收的时机垄断粮食市场，残酷剥削农民的本质；而农民的日趋贫困又造成了农村市场的萧条，使万源祥等商铺的伙计不得不格外卖力地推销他们平时卖不出去的商品。两种看起来截然相反的态度都反映了农民破产的社会现实。

提问宜"曲"不宜"直"。所谓"曲问"，就是运用"迂回战术"，变换提问的角度，让思路"拐一个弯"，从问题侧翼寻找思维的切入口；所谓"直问"，就是一味正面硬攻，直来直去，不会迂回包抄。曲问多见巧思，易于激发学生求知的欲望；直问则难免显得呆板笨拙，学生要么答不出，要么不假思索就能找到答案，失去了提问的价值。陶行知说："发明千千万，起点是一问。智者问得巧，愚者问得笨。"教师是启迪学生智慧的引路人，理应成为善问的"智者"。

（2000年）

"交谈"的效果

经过将近两节课的阅读、思考、讨论,学生对都德的《最后一课》已经留下了很深的印象,他们的表情告诉我,韩麦尔先生一番感人肺腑的话和小弗朗士痛悔的心情,都在他们的心中激起了共鸣。该学习的知识都学习了,该训练的技能也都训练了,这时教师唯一可做的工作,似乎只是宣布下课。

然而离下课还有几分钟。

"交谈"需要一种平缓的教学节奏,这正是交谈的最好时机。于是我提出了一个话题:"我跟小说里的韩麦尔先生一样,都是教本国语文的,你们猜猜看,我读了小说以后会有怎样的感想?"

同学们纷纷猜测,虽然猜测的内容各不相同,但都言之成理。最后我肯定了一位同学的猜测跟我的感想完全吻合,他说:"我想您会为自己的工作而感到自豪,因为您教的是我们祖国的语言,它也像法国的语言一样——最明白,最精确。"

我感谢这位同学"猜"到了我的心思,接着告诉学生:我们祖国的语言是世界上最富于表现力的语言之一,我国古代浩如烟海的哲学、军事、科学、文学著作,都是用祖国的语言文字记录下来的;外国无论哪一个伟大作家的作品,无论它表达的思想多么深邃,感情多么微妙,都可以用中文准确地翻译出来。我们祖国的语言又最简洁明了,联合国用五种文字印成的各类文本,其中中文本都是最薄的。根据国内外学者的研究,学习汉字最有利于儿童智力的发展,因为中文字不仅有"声",而且还有"形"和"意"引起的联想;汉字又很便于编码输入电脑,因此汉字将是信息时代很有发展前途的一种文字。我所教的就是这样一种了不起的语言文字,理所当然是引以自豪的。

我从学生发亮的眼睛中观察到,我的强烈的自豪感也使他们动了情。

随后,我请同学们也谈谈自己的感想,跟老师交流。

"我们要像醒悟以后的小弗朗士一样,珍惜现在的学习权利,努力学好祖国的语言文字。"这是同学们共同的心声。于是我再顺势一点:韩麦尔先生说"亡了国当了奴隶的人民,只要牢牢记住他们的语言,就好像拿着一把打开监狱大门的钥匙",今天的我们完全不存在亡国当奴隶的问题,拿了这把钥匙又有什么用呢?

"打开知识宝库的大门!"

"这是一把金钥匙!"

孩子们几乎不约而同齐声地叫起来。

课,在余韵悠悠中结束了,但学生仍然沉浸在这种"平等的交谈"所营造的愉快的氛围中。

教学中的交谈,是师生间交流思想、沟通情感的一种重要

"交谈"的效果

手段。它跟通常说的"谈话法"形似而神异。谈话法的特点是"教师问,学生答",因此又称"问答法"。由于教师在教学过程中处于支配地位,因此,谈话过程中的师生双方实际上是不平等的:教师往往以一种居高临下的姿态对待自己的谈话对象——学生。谈话可能进行得很热烈,成功的谈话也确能激活学生的思维,引导他们获得教师预期的结论,但却很难消除学生对教师的距离感;而这种距离感的存在,必将妨碍学生真正投入到教学过程中来。

"交谈"区别于"谈话法"的最明显的标志,就是教师的平等态度。"交谈"的"交",就是指师生间思想情感的"交流",交流的双方是完全平等的。教学中要回答的问题,可以由教师提出,也可以由学生提出;问题提出以后,教师除了启发学生思考,也可以谈谈自己的认识和体会,并允许学生发表不同甚至反对的意见。总之,让学生感到教师不仅是值得他们尊敬的师长,同时也是他们可以信赖的朋友和可以交谈的对手。只有当学生与教师之间建立了这样的精神联系,学生才会全身心地投入到教学过程中来,成为教学工作的热情支持者与合作者。

进行这种平等的交谈,对教师来说,困难在于不仅要更新自己的"学生观",把学生真正看成具有主观能动性和认知潜能的学习"主体",是教学过程中的合作者;而且又不能让自己"淹没"在平等的交谈中而忘了"主导"的责任。

有一次我在某地执教《故乡》,学生突然提出了一个"横炮"式的问题:跳鱼怎么会有青蛙似的两只脚?这个问题不仅学生无法回答,我一时也回答不了,再说跟理解课文也毫无关系。但学生有好奇心，由好奇而发问，渴望得到老师帮助，我如果轻率地否定学生的问题，势必遏制学生的求知欲，也会损害自己在学生心目中的形象。对学生旁逸斜出的思维是否定呢，还是把它引导到正确的轨道上来？我面临着一个要求在瞬间做出的选择。

师：是啊，鱼怎么会有脚？

生：有！

师：什么鱼啊？

生：娃娃鱼。（笑）

师：啊，你真见多识广！我想跳鱼也有两只脚，可我没看到过，你们有谁看到过？

生（齐）：没有！

师：可是少年闰土就知道这种跳鱼，这说明了什么？

生：说明少年闰土见多识广，他"心里有无穷无尽的希奇的事，都是我往常的朋友所不知道的"。

这样的交谈，是完全平等的。我既向学生"交"了自己对跳鱼一无所知的"底"，又不失时机地发挥了主导作用，把这个"横炮"式的问题引到了教学目标上来——加深了对少年闰土形象的认识。

教师要学会交谈，必须首先改变自己作为一个教育者的居高临下的姿态，使自己真正成为学生的平等的朋友、交心的伙伴，而不是仅仅在形式上模仿。

（2000年）

尊重每一位学生的阅读感受

我们的日常语文教学由于受考试的裹挟，教学中往往追求"统一"的答案，如果一个班级的学生对同一个问题的答案各不相同，教师总要想方设法把它统一到"标准答案"上来，否则总觉得不踏实、不放心："万一考试考到怎么办？"

以这种心态教语文，犹如戴着镣铐跳舞，束手束脚，畏首畏尾，这个舞还怎么跳得好？语文教学要真正着眼于提高学生的语文素养，必须从根本上改变这种"瞄准考试教语文"的现状。就是说，必须把日常语文教学和语文考试区别开来，尊重每一个学生各不相同的阅读感受。学生的感受即使与教师预期的答案不一样，甚至相差很远，只要言之成理，都应该得到肯定，一千个读者应该允许有一千个哈姆雷特。你应该从学生发展的整体看这件事，不应该只盯着一个问题的得失，只有这样，学生对课文、对语言的感觉才会逐渐变得敏锐，从根本上提高语言感受力和阅读理解力。语文教学一旦摆脱了考试的束缚，就会活泼起来，生动起来，更有利于激发学生独立思考的兴趣和能力；如果平时教学打下了这样的基础，到考试之前再做一点必要的应试辅导，学生在考试中不仅不会吃亏，而且肯定会有更好的发挥。

相反，如果老师非要按备课本上或教参上的标准答案"统一"学生的认识，时间长了，学生的注意力将集中在揣摩老师备课本上的"标准答案"，有时候甚至会出现胡乱猜测，但屡猜不中的尴尬局面。有一次我听一位教师的语文课，她提出了一个问题，学生只要回答"革命到底"四个字就符合要求。遗憾的是，学生说了很多表示坚强革命意志的成语，但就是不肯说出教师预期的"革命到底"。教师无奈，只能把问题改为填空："这个句子表现出了这位革命者'革命到什么'的精神"，学生只要在"什么"处填入一个"底"字就功德圆满了。教师看到有个孩子把手举得高高的，一副十拿九稳的样子，于是立即让他起来回答，结果这位学生说出了这样四个字：革命到头！教师大失所望，"革命到头"与"革命到底"意思完全相反了，无奈之下，教师只能宣布了自己的标准答案。

这样教语文，只会把学生越教越傻，最后教师很可能把自己也教傻了。

有教师问我：尊重每个学生的阅读感受当然很好，但如果学生的回答各不相同，甚至互相矛盾，谁也说服不了谁，这时该怎么处理？

我在教契诃夫的小说《变色龙》时，就曾遇到过这样的情况，不妨说说我当时是怎样处理的。

在学生读了这篇课文后，我要求学生从小说中找出最能表现警官奥楚蔑洛夫谄上欺下的奴才本性的句子或段落。有四位学生起来发言，找出的句子却各不相同。至少有四种不同的答案：

第一位学生找了小说近结尾处奥楚蔑洛夫逗小狗时说的那一小段话:"这么说,这是他老人家的狗?高兴得很……把它带走吧。这小狗还不赖,怪伶俐的,一口就咬破了这家伙的手指头!哈哈哈……得了,你干什么发抖呀?呜呜……呜呜……这坏蛋生气了……好一条小狗……"。这位学生认为:当奥楚蔑洛夫知道了小狗的"高贵"身份(将军哥哥家的狗),一边逗小狗一边说的话,活脱脱地让人看到了一副谄媚奉承的奴才嘴脸和走狗的本相。

第二位学生找了奥楚蔑洛夫要巡警帮他脱大衣和穿大衣的两个看似矛盾的细节,理由是:善于见风使舵的奥楚蔑洛夫不愧是一条"变色龙",即使面临着下不了台阶、几乎转不过弯来的尴尬局面,居然也生着法儿(借口天气变化掩盖自己的窘态)使自己"变"了过来。这两个细节确实把这个变色龙式的小人物写活了。

第三位学生则特别欣赏小说结尾两句:"'我早晚要收拾你!'奥楚蔑洛夫向他恐吓说,裹紧大衣,接着穿过市场的广场径自走了。"这位学生的理由是:奥楚蔑洛夫在离开时还要吓唬一下赫留金,既想掩饰自己威风扫地以后的窘态,又要在老百姓面前虚张声势地抖一抖自己的"余威";但毕竟已经露出了奴才的本相,自知没趣,不得不"裹紧大衣"溜之大吉。其中"裹紧大衣"这个看似平常的细节,使人联想到夹紧尾巴狼狈逃窜的狗,十分耐人寻味。

第四位学生找了奥楚蔑洛夫听了赫留金被狗咬的自诉以后重复说的两句话:"这是谁家的狗?""这到底是谁家的狗?"理由

是：奥楚蔑洛夫在正要对狗和狗的主人做出严厉处罚的决定时，突然想到这样一个至关重要的问题，反映了他色厉内荏的奴才心理，也说明了他老于世故；同时，"这是谁家的狗"又是奥楚蔑洛夫变来变去的关键，是统率全文的一个中心问题。

同学们的感受确实各有千秋，而且都言之成理。可以看出，同学们经过两年多的阅读训练（《变色龙》是初三上学期的课文），已经具备了一定的阅读能力，初步学会透过文字表面的信息读出文字背后的内容。尤其是第三位学生能够从看似平平淡淡的结尾描写中看到奥楚蔑洛夫狼狈退场的丑态，同学们阅读能力的提高超出了我的预期。如果在平时的教学中不是放手让学生自己读，鼓励他们把各自的感受说出来，只要言之成理，都会得到肯定或赞扬，要取得这样的教学效果是不大可能的。

这正是学生思维活跃的必然结果，是教师求之不得的生动活泼的局面。

（2000年）

教学细节，细而不小

何谓"教学细节"？《现代汉语词典》对"细节"的解释是"细小的环节或情节"，教学细节就是教学过程中细小的环节或情节。"细"与"小"同义，但教学细节虽细，其意义和作用却一点不小。因为很多教学细节事实上都折射着执教者的教学观、学生观等这些带有根本性质的教育思想或理念，其意义和作用自然非同小可。

一次成功的教学，必然包含三个要素：1.现代的教学思想或理念；2.合乎学生认知规律的教学设计；3.活泼生动的教学细节。如果拿一个人做比喻的话，那么，教学思想或理念是人的灵魂，教学设计是人的骨架，教学细节则是他的血肉肌肤。人当然不能没有灵魂和骨架，但人之所以有人的形貌，人与人之间之所以有丰瘠美丑的区分，靠的是他的血肉肌肤。一个教学过程如果充满了生动活泼的细节，这样的教学过程必定也是生动活泼乃至异彩纷呈的；反之，如果教学细节处理失当，则必定导致整个教学过程的失败。套用一句现成话：教学细节决定教学成败。

正好有两个正反对比鲜明的例子可资佐证。

不久前我去某市参加语文教研活动，听了多位教师的展示课，其中有一位优秀的女教师的一个细小的动作引起了我的兴趣。她在上课之前突然敏锐地发现讲台上黑板摆放的位置使班上一位坐在靠边座位上的学生看不清黑板上的字迹，于是她立即招呼台下的工作人员上台和她一起调整黑板的位置，并多次走到这位学生的座位旁俯身观察，确认这位学生能完全看清黑板上的字迹了，才宣布上课。正是透过这个被现场听课者忽略的小小的细节，我看到了这位优秀教师之所以优秀的主要之点：她心里装着全体学生！即使在这样的"展示"现场，她所关心的不是怎样展示自己（这是不少上展示课的教师常有的心态），而是每一个学生的学习。还未上课，我已经从心底里看好了这位老师。果然，整整一堂课，学生在这位老师的引导下始终学得主动积极，课堂上不时出现教师与学生亲切对话的生动情景，学生的主体地位和教师的主导作用得到了完美的体现。

另一位男教师应该也是一位令人钦佩的优秀教师，他所主持的一项研究课题，不仅获得了省级的科研成果奖，而且已有两部专著问世。遗憾的是，由于他教学过程中某些细节的处理失当，导致整个教学过程沉闷、拖沓、乏味，教学效果当然可想而知了。与那位女教师成功的原因恰好相反的是，这位男教师似乎对全班学生的学习状态并不关心。比如，他常常喜欢走到单个学生的身边，俯下身与这位学生一对一地交谈，而置全班学生于不顾，有时候交谈的时间很长，于是所有不参与交谈的学生自然就无所事事，不是东张西望，便是昏昏欲睡。这位教师教学的失败，正是源于细节处理失当，而细节处理之所以失当，归根到底是由于学生本位思想在这位教师的意识中还有所欠缺。

　　由此可见，教师有怎样的教学思想或理念，就会有怎样的细节处理方式。同理，我们也可以从细节处理方式，推知教师具有怎样的教学思想或理念。从这个意义上说，教学无细节，任何一个教学细节都蕴含着教学的"大节"。

　　下面以我的教学为例，谈谈我的教学理念怎样帮助我处理教学过程中的某些"偶发事件"（细节），从而获得比较理想的教学效果的。

　　20世纪80年代初，我曾把我的教学理念概括为三句话：学生为主体，教师为主导，训练为主线。学生为主体是教学的根本立足点和出发点，就是教师必须确认学生是认知的主体、发展的主体，教师在教学过程中必须充分尊重学生的主体性；教师为主导则规定了教师在教学过程中的作用只能是指导、引导，是循循善诱、因势利导，而不能越俎代庖，剥夺学生的学习自主权；训练为主线则是教师的"导"和学生的"学"在教学过程中互动的基本形态。"三主"思想使我在处理各种教学细节时有了明确的方向。

　　有一次我教鲁迅的《故乡》，在讨论到闰土的形象时，有位学生突然提出了一个"横炮"式的问题："鱼怎么会有青蛙似的两只脚？"这个问题显然没有什么讨论的价值，而且不可能讨论出任何结果来。但如果我对这个学生说："这种问题有什么好讨论的！以后提问要动动脑筋！"肯定会使这位学生满脸羞愧地坐下，严重的挫折感将使他以后再也没有提问的勇气和兴趣，而且还会辐射到班上其他同学。怎样既保护这位学生提问的积极性，又使这个没有什么价值的问题产生一点积极效果呢？于是我问大家："是啊，鱼怎么会有青蛙似的两只脚？你们知道吗？"学生当然都不会知道。我又说，但有一个人知道，是谁呀？学生齐声回答：闰土！我顺势追问："这说明了什么？书上是怎样写的？"学生说："这说明少年闰土见多识广"，又一位学生补充："说明闰土'心里有无穷无尽希奇的事'！"一个本来没有什么讨论价值的横炮式问题，经过这样一"导"，却加深了学生对少年闰土形象的理解，消极因素转化成了积极因素。

还有一次我教《论雷峰塔的倒掉》，有学生提出：文章里为什么要详细写出"吃螃蟹找蟹和尚"的过程？这是一个有相当难度的问题。我看到后排有位学生把手举得高高的，于是就请他起来回答这个问题。

"文章用蟹和尚的丑态讽刺了倒行逆施的法海的可悲下场……"，我发现他用词老练，出口成章，完全不像一个初二学生的口吻。但当我走到这位学生身边的时候，他却慌乱地抬起头来，怯怯地看着我一言不发。我发现他的桌上摊着一本教师备课用"教学参考书"。怎么办？如果阻止他，甚至批评他不该用读教参来代替自己的思考，肯定会使这位学生感到难堪，挫伤他的学习积极性，但如果让他继续读下去，对他、对其他学生都没有任何教益。我必须在保护这位学生的学习积极性的同时，又能使全班学生从中获益。于是我说："这位同学能主动找教学参考书来看，说明他有很强的求知欲，值得大家学习。不过，我想请他暂时不要把参考书上的结论说出来，先让大家来说，最后再请他根据参考书上的结论，评一评大家说得好不好，你们看怎么样?"(我发现同学们有些跃跃欲试)同时我又说:"大家尽量放开说,发挥集体智慧,相信你们肯定不会比参考书上说得差。"那位同学渐渐松弛了紧张的表情,笑眯眯地坐下去,一边听同学们发言,一边等待着行使"评判员"的权力。

讨论的结果令人满意,同学们你一言我一语,把问题回答得出乎意料地圆满。于是我请这位"评判员"宣布评判结果,他说:参考书上说的,同学们也都说到了,而同学们说的有些内容,参考书上还没有呢!

最后,同学们就"参考书事件"发表了以下意见:

"应该像××那样,课外找些参考书来看。"

"学习要靠自己,参考书可以看,但不要依赖。"

"在看参考书之前,最好自己先动动脑筋,也许我们想的不一定比参考书上写的差。"这是那位"评判员"的体会。

显然,同学们从"参考书事件"中获得的教益已经远远超过这件事本身。

教学细节大多在教学过程中即时生成,如果处理得当、巧妙,往往能成为教学过程中的亮点,教学中会频频出现"不可预约的精彩"。但由于是即时生成,有些缺乏经验的教师往往在"偶发事件"面前显得手足无措,难以应对。因此,教师除了要有现代的教育理念,还必须培养一点随机应变的教学机智。有人认为教学机智来自天赋,我不否认天赋的重要,但至少我并不是一个很有天赋的人。如果我在处理某些教学细节上似乎还有些许"机智"的话,那完全是在长期的教学实践中逐渐形成的。仍然不能不提到我的"三主"教学观,这个已深入我的骨髓的教育理念必然要求我选择一种鼓励学生自主学习的教学模式,而当学生的自主意识一旦被唤醒、被激活,他们在阅读中必然会提出各种各样千奇百怪的问题(上面两个教例都是学生提出问题),发表各种各样难以预料的意见,这就逼得我不能不常常面对这些"偶发事件",并和学生讨论他们提出的问题,师生对话、互动自然成为教学的常态;我至今仍然主张并坚持"训练就是师生互动的基本形态"的观点。所谓"教学机智",处理教学细节的所谓"艺术",就是在长期的师生对话、互动的过程中逐渐锻炼出来的。相反,那些习惯于把学生看作被控制、被灌输的对象的教师,恐怕就很难与教学机智有缘了。

(2000年)

关键处"指点一下"

叶圣陶先生在一封给语文教师的信中说过这样的话：

一篇文章，学生也能粗略地看懂，可是深奥些的地方，隐藏在字面背后的意义，他们就未必能够领会。老师必须在这些场合给学生指点一下，……能使他们开窍就行。老师经常这样做，学生看书读书的能力自然会提高。

我总觉得叶老这些朴实无华的话，完全可以作为指导语文教师上课的金科玉律。一般说来，中学生阅读难度适中的文章，真正难以理解的只是一些内涵较深的句子，这种句子在文章中一般不会很多，因此，按照叶老的提示，阅读训练中不要在并无深层含义的一般句子上多花力气。有所忽略，才能有所加强。功夫要用在关键处——对有深层含义的句子要用重锤敲打。

下面分三层意思来说。

一、一个孤立的句子，很难断定它有没有深层含义。只有把它放到特定的语境中，它的深层含义才能显现。训练中必须指导学生结合特定的语境细心体会。"句不离篇"应该是理解句意的重要原则。例如课文《藤野先生》中有这样一句:"中国是弱国,所以中国人当然是低能儿,分数在六十分以上,便不是自己的能力了;也无怪他们疑惑。"孤立地看,很难说这个句子有多少深意;句子的主要意思似乎只在推断日本"爱国青年"之所以认为中国人是"低能儿"的理由,而这个推断过程事实上是不合逻辑,当然也不值一驳的。但如果把它放到特定的语境中去理解,把它和作者当时的处境联系起来,给人的感受就大不一样了。当时的中国,是一个备受列强侵略、欺凌、歧视的"弱国"。作者在解剖学考试中得了个及格的成绩,但仅仅因为他是弱国的国民,便受到无端的猜疑和无礼的检查。这不仅是作者个人的耻辱,而且包含着民族尊严受到践踏以后的痛楚和愤慨。句中不合情理的推论,正是那些"爱国"的日本青年们的荒唐逻辑。这个句子反话正说,令人感慨,也发人猛省。

二、多数具有深层含义的句子,都蕴含着丰富的"潜台词"。指导学生阅读这些句子,应该引导他们细心体会或补出这些句子背后的潜台词。如《我的叔叔于勒》一课中写"我"(小若瑟夫)去付钱给于勒时,看到他一副穷愁潦倒、狼狈不堪的模样,心里不禁默念着一句话:"这是我的叔叔,父亲的弟弟,我的亲叔叔。"从句子表层看,这只是一个简单的判断句,句中的复指语"我的叔叔""父亲的弟弟""我的亲叔叔",其作用似乎只在认定眼前这个穷困潦倒的于勒跟"我"一家的关系。其实,这个句子的潜台词十分丰富:既然眼前这个人是"父亲的弟弟,我的亲叔叔",那就是我们一家的至亲骨肉,何况十多年来又日日盼望着他回来;但是现在父母却像躲避瘟疫似的躲避着他,这究竟是为什么?!——这声音发自一个孩子还没有被铜臭污染的心灵,与菲利浦夫妇的自私、绝情形成强烈的对照。细心体会,这个句子内涵很深,尤其是句中一个"亲"字,加深了读者对资本主义社会中赤裸裸的金钱关系的认识。

三、有些句子蕴含哲理或某种深刻的道理,但在表达上往往十分朴素平实,并不特别引人注意。如《故乡》结尾两句:"我想:希望是本无所谓有,无所谓无的。这正如地上的路;其实地上本没有路,走的人多了,也便成了路。"句子极平实,似乎只在告诉读者一个常识:路是人走出来的。但如果联系上下文关于"希望"的议论看,实际上蕴含着深刻的人生哲理。"我"希望下一辈不再重演上一代人的悲剧,"他们应该有新的生活,为我们所未经生活过的"。但是"我"又为这希望而害怕,因为如果仅仅是希望而已,它也可能像闰土的"崇拜偶像"一样使人精神麻木。于是以"地上的路"为喻,指出希望的有无,正如地上路的有无;重要的是在于"走的人多",大家一起动手去创造,这"新的生活"的希望才会变成现实。这既是对自己的鼓励,也是对所有怀着同样希望的人的召唤。而以"路"为喻,语浅而意深,唤起读者丰富的联想。

又如《论雷峰塔的倒掉》结尾处的一个句子:"莫非他造塔的时候,竟没有想到塔是终究要倒的么?""塔是终究要倒的",这是一个多么浅显明白的事实,但揭示的却是一条颠扑不破的真理:一切压迫人的东西是必然要毁灭的;"终究"一词说明这是不以压迫者的主观愿望为转移的历史规律。而整个意思以"莫非……竟……"这种反问句式表达,既发人深思,又是对愚蠢的压迫者的无情嘲笑。

上面这些句子,由于表达上的平实浅近,学生阅读时往往忽略,一览而过,便以为已经理解,而不往深处细想。遇到这种情况,按叶老的意见,就需要教师"指点一下",使其"开窍"。何谓"开窍"?据我体会,就是不要"奉送"现成的结论,而要提供一些有关的信息,或提出一些有启发性的问题,尽量引导学生经过自己的思索悟出文字背后蕴含的道理。如对《故乡》中的两句不妨这样提问:

1.作者以"地上的路"比喻人的希望。联系上文看,"我"的希望是什么?为什么"我"一想到希望就害怕起来?

2."地上的路"是怎样从无到有的?这跟"我"的希望有什么关系?

3."路是人走出来的",这个极其浅显的道理,引起了你哪些联想?

对《论雷峰塔的倒掉》中的一句,则不妨让学生做这样的练习:

1.找出这个句子中关键的短语(塔是终究要倒的),再点出这个短语中最关键的词(终究),然后说说它们所以是关键的理由。

2.把这个反问句改写为陈述句,并比较两种句式的表达效果有什么不同。

总之,帮助学生"开窍"的办法很多,只要经常琢磨,总能找到合适的办法。

要注意培养学生自己从课文中找出具有深层含义的句子的能力。这类句子，一般都在文章的关键处，有的就是"文眼"（文章中最能体现主题、表达作者思想感情的关键语句），所谓"立片言以居要，乃一篇之警策"，凡"警策"之句，必有丰富的内涵。但有些有深层含义的句子以及它的表达形式是很复杂的，没有统一的模式，训练中不宜教死。有的句子是正话反说或反话正说，如《论雷峰塔的倒掉》中称法海为"一个和尚，法海禅师，得道的禅师"，又说他是"非凡的人"；朱自清的《背影》说自己"那时真是聪明过分"；等等。有的句子在看似矛盾的表述中"含不尽之意于言外"，如《孔乙己》中"孔乙己是这样的使人快活，可是没有他，别人也便这么过""我到现在终于没有见——大约孔乙己的确死了"；《社戏》中"真的，一直到现在，我实在再没有吃到那夜似的好豆——也不再看到那夜似的好戏了"（其实豆很一般，戏也并不好看，似乎前后矛盾）。有的句子言在此而意在彼，意在言外，别有所指，如《一面》中的"我们不愿恣情地悲痛，这还不是我们恣情悲痛的时候"；有的句子如奇峰突起，令人猛醒，如《皇帝的新装》中的"'可是他什么衣服也没有穿呀！'一个小孩子最后叫了出来"；有的句子虽然直接发表议论，似乎没有什么言外之意，但细细辨味，实则含义深刻，具有警句或格言的意蕴，如《纪念白求恩》中的"一个人能力有大小，但只要有这点精神，就是一个高尚的人，一个纯粹的人，一个有道德的人，一个脱离了低级趣味的人，一个有益于人民的人"；等等。

启发学生发现课文中这些具有深层含义的句子，并能透过文字表面看到隐藏在文字背后的意义，关键在于培养学生对语言的感受力（语感）。怎样培养？说到底，还是叶老的那句话：在这些地方"指点一下"，只要"一下"，不要喋喋不休，能使学生"开窍"就行。

（2000年）

吟诵随谈

（一）

近几年古典诗词的吟诵引起了不少诗词爱好者的浓厚兴趣，我也听到过好几位吟诵专家的吟诵录音，渐渐发现一个问题，有些专家的吟诵只注意行腔的优美，随心所欲地拉长了某些不该拉长的字的读音，以致误导了听者，使人以为只要把诗句"唱"得好听便是吟诵，可以完全不顾诗句的平仄格律（这里指格律诗的吟诵，古体诗除外）。

事实上吟诵并不是这么回事。古人的吟诵本是创作或欣赏诗词的一种辅助手段，诗之所以不同于散文的一个最重要的特点，就是它的韵律美；古典诗词中的律诗和绝句，由于格律严谨，声调和谐，尤其适于吟诵。诗的意境之美、韵律之美，只有在节奏分明、抑扬顿挫的吟诵中才能更好地领略和体味。如果不顾诗句的平仄格律随心所欲地吟诵，便违背了吟诵的本意。

吟诵有两种情况。一种是一般的文人读诗时通常采用的吟诵方法，这种吟诵只要求平声和仄声的处理合律就行，不必讲究动听与否。这样的吟诵主要是为了诗词欣赏与创作的需要，杜甫"新诗改罢自长吟"，形象地展示了诗人以吟诵助创作，边吟边改、改罢长吟的情景。古人读诗，另有一种吟法叫"哦"，"随分哦诗足散愁"（杨万里）、"直阁时偷暇，幽怀坐独哦"（欧阳修），从这些诗句看，"哦"大概是一种低声的吟诵，大多用于个人欣赏、品味诗词或消愁遣闷、自娱自乐。还有一种吟诵是融入了曲的唱法，注重行腔的优美动听，一般用于当众吟唱，具有表演性质，因此跟一般读书人常态下的吟诵有所不同。唐代就有"旗亭传唱"的故事，那时诗人们的诗往往被乐工谱曲，让艺妓在旗亭（酒楼）传唱。但这是"谱曲而唱"，目的在于表演。

在当前，由于大家对吟诵的热情日益高涨，为了互相交流，也往往有吟诵的表演或展示，这当然是一件好事。但有的吟诵者为了博取更多的掌声，以致不顾诗词固有的平仄格律，一味追求行腔优美，这就违背了吟诵的基本要求（有的吟诵者也许不懂诗律）。殊不知即使讲究行腔，也必须在严格遵守平仄格律的前提下进行，不能随心所欲地拉长或缩短任何一个字的读音。我听过当代诗词大家叶嘉莹先生吟诗，她就属于前一种吟诵，听起来并不优美，但平仄格律的处理丝毫不差，因为她的吟诵完全是为了她自己的诗词创作和欣赏的需要，不是为了表演。与其听那些违反平仄格律的"美唱"，我倒宁可听叶先生质朴无华的"素吟"。

我这个人音乐禀赋很差，唱歌五音不全，但从少年时期就酷爱写诗，并学会了按照诗词格律拉长了声调吟诵。几十年下来，以至现在只要一听到吟诵，就能立即分辨出吟诵者是诗词行家还是外行。我从自己学会吟诵的过程中也渐渐摸索到了一套掌握诗词格律的简便方法，因此我的吟诵虽不优美动听，但绝对合"格"，故不揣谫陋，愿与爱好诗词吟诵的朋友共同切磋。因我之所谈并无严谨的思路，想到什么谈什么，故曰"随谈"，"随便谈谈"而已；所谈内容大多限于常识，主要是写给想学吟诵而尚未入门的朋友看的，精于此道的行家不看也罢，如果也有兴趣看一看，欢迎指谬。

（二）

所谓吟诵，就是按照诗词的平仄格律拉长了声调诵读，"依律而诵"是吟诵的基本要求。因此，在谈吟诵之前，先要弄明白诗词的声调、格律是怎么回事（这里主要讲诗，词是"诗余"，可以类推）。

在古典诗词中，字调有平、上、去、入四声，其中平、上、去三个声调跟现今普通话中的四声大多重合，因此，能用普通话正确发音的人，不用硬记。如"东"字，旧诗韵中属"一东"韵，上平声，普通话读第一声，属阴平声，两者完全一致。再如"董"字，旧诗韵中属上声"一董"韵，普通话读第三声，也是上声。又如"送"字，旧诗韵和普通话都读去声。这些古今声调重合的字，在写作或吟诵古典诗词的时候，都不成问题。成问题的是旧诗韵中的入声字，这种字读音短促，在普通话中，这类字已分别归入阴平、阳平、上声和去声。现在只有在我国南方的某些方言中还保留着入声。我的家乡属吴方言区，语音中就有入声，如"屋"字，用吴方言读声调十分短促，在旧诗韵中属入声"一屋"韵，但普通话中读第一声，属阴平。其他如

"国""谷""木",都是入声,分属普通话第二声、第三声和第四声。这里没有什么"对应规律"可循,因此"北音无入声"的北方人写作或吟诵古典格律诗(律诗或绝句)遇到入声字,只能死记,这有点麻烦,但别无他法。如果真想学会吟诵,"平仄关"是非过不可的。

过去曾流传过一个教人辨别四声的《玉钥匙歌诀》,录此供参考:

> 平声平道莫低昂,
> 上声高呼猛力强,
> 去声分明哀远道,
> 入声短促急收藏。

北方的朋友主要记住歌诀中的第四句话就可以了,因为北方人辨四声的难点主要在入声;同时可以选一些入声字(如歌诀中的"莫、力、入、促、急"等字),用短促的音调试读几遍,慢慢体会入声字"短促急收藏"的发音特点。还可以找一本按"平水韵"编辑的韵书,如《诗韵合璧》,熟悉一下入声有哪些韵目,每个韵目收了哪些字,多读多记,慢慢也就过了"入声关"了。

有人也许会问:如果不过这个关,难道就不能吟诵了吗?

请试读下面这两句诗:风急天高猿啸哀,渚清沙白鸟飞回。上句中的"急"字和下句中的"白"字,若用普通话读,都是第二声,属阳平,而且都在节拍点上(关于"节拍点"后面会谈到),按吟诵规则"节拍点遇平长读",这两个字都该拖长音;事实上它们都是入声字，是仄声，必须短读，否则这两句就没法正常吟诵。如果是南方人，就不会遇到这样的麻烦，只要用方言读一下就知道了。这是上天对南方人的偏爱，对北方人的不公。这是毫无办法的事。

四声的问题如果解决了，下面我们就可以谈谈诗词格律以及如何"依律而诵"了。

（三）

吟诗先得知平仄。那么，什么是平仄？在平上去入四个声调中，平声字的读音可以拖长，上去入三声，读起来都有音调高低的变化，不能拖长，尤其是入声，读音短促，因此古人把这三个不能拖长音的声调统称为仄声，"仄"就是不平。古典格律诗中把平声和仄声按一定的规律配置起来，就形成了长短相间、高低起伏的节奏感和音乐美。中国古典诗词特别适合于吟诵，就是由于长短音按一定规则组合而形成的节奏变化，读起来顺口，听起来悦耳。一句诗如果平仄不协，就会读着拗口，听着别扭（有些诗故意用拗句以形成高古的风格，另当别论，如唐代崔颢《黄鹤楼》诗的前半首用的就是拗体）。于是吟诵成了我国古典格律诗创作和欣赏的一种独特的传统：诗人借助吟诵调整音律，斟酌字句；欣赏者借助吟诵进入诗境，品味诗趣。过去的读书人一般都能吟诵，而且大多能写几句诗，写得好不好姑不论，至少平仄大体不会弄错。

下面试以七言诗为例，谈谈平仄配置的一般规则，这是学会吟诵的前提条件。七言诗无论是四句的绝句或八句的律诗，甚至十句以上的排律,其平仄规律其实不过是四种基本格式反复运用,合理配置,我把它们叫作"基本式"(这是我的独创)。初学者只要把它们记住了,读熟了,会吟了,吟诵所有的七言律诗就都可以通行无阻。

基本式共以下四式:

(1)平起仄收:平平仄仄平平仄

(2)仄起平收:仄仄平平仄仄平

(3)仄起仄收:仄仄平平平仄仄

(4)平起平收:平平仄仄仄平平

一首格律诗无论有多少句,有的排律甚至多达二三十句,但翻来覆去无非就是这四个基本式的有序组合,绝无例外。下面以杜甫的一首七律来印证一下:

闻官军收河南河北

剑外忽传收蓟北(3)

初闻涕泪满衣裳(4)

却看妻子愁何在(1)

漫卷诗书喜欲狂(2)

白日放歌须纵酒(3)

青春作伴好还乡(4)

即从巴峡穿巫峡(1)

便下襄阳向洛阳(2)

此诗共八句,但整首诗的平仄格式就是四种基本式的排列组合,不过其顺序略有变化而已,而且其变化也很有规律(请看每句后面的标号)。十句以上的排律可以依此类推,不必再举例。

至于五言句的吟诵，只要把七言句前面的两个字去掉就可以了。是不是挺简单？每句诗内部的平仄规律也很简单。七言句共七个字，每两个字组成一个节奏单位（节拍），余下一个字也自成一个节奏单位，每句共四个节奏单位。如：

平平—仄仄—平平—仄

仄仄—平平—仄仄—平

仄仄—平平—平—仄仄

平平—仄仄—仄—平平

格律诗每句内部的平仄组合很有规律，一句的前四个字中，两个平（平平）之后必定是两个仄（仄仄），两个仄（仄仄）之后必定是两个平（平平）；下半句三个字中，有一个单独的平或仄，它们的位置不在句末，便在一句第五字。就这样一点小小的变化，不难掌握。

现在我们就基本式来谈谈怎样吟诵。所谓吟诵，其实无非就是读诗时对长音（平声）和短音（仄声）的一种处理方式。一般而言，每句诗的第二、四、六字是节拍点（所谓"一三五不论，二四六分明"），吟诵时遇到节拍点上的字如果是平声，就要拖长音，如果是仄声，就要读得短促些。如：

平平——仄仄/平平——仄

仄仄/平平——仄仄/平——

仄仄/平平——平——仄仄

平平——仄仄/仄平——平——

上式中"——"为拖长音，"/"为一般的停顿，韵脚是平声也拖长音（建议试读一下）。至于吟诵的调子，各人完全可以大胆自创，只要长短音处理合律就行，不必太拘泥于是否悦耳动听。如果你有点唱歌的禀赋，嗓子又好，那更是吟诵的有利条件。前面说过叶嘉莹先生的吟诵，并不好听，但她吟诵时的平仄处理是决不含糊的，遇到入声字，她还要特地指出。吟诵本无固定的调子，叶先生的吟诵是一种调子，可以叫作"叶调"；我们每个人都可以自创调子，千人千调，不拘一格，只要平仄声的处理合律就行。叶嘉莹先生说，她自小生长在一个书香世家，长辈们都能作诗、吟诗，但每人吟诗的调子都不一样。因此，爱好吟诵的朋友完全可以大胆自创"张调""李调"等，总之，不要把吟诵看得过于神秘，过于高不可攀。现在颇为人称道的"唐调"，不过是唐文治先生自创的一种吟诵的调子，因为它吟起来铿锵悦耳，所以受到了众多吟诵者的喜爱；更由于唐先生在国学界的地位，"唐调"遂成为吟诵的范式，但并非吟诵非用唐调不可。我们如果能学会"唐调"当然很好，如果学不会（我就不会），也不是损失。重要的是，无论你怎样自创吟诵调子，无论你怎样追求悦耳动听，都务必记住这四个字：依律而诵。

（2020年）

第四辑

评长·论短

小引：转益多师

人生在世，总会对一些人或事做出评价，或评其长，或论其短，从而作为自己仿效或鉴戒的榜样。但无论仿效或鉴戒，实质上都是一种学习。孔子曰："三人行必有我师焉，择其善者而从之，其不善者而改之。"可见"善者"和"不善者"，都可以成为自己的老师。杜甫有句诗"转益多师是汝师"，应该也包含这个意思。

本辑所收的几篇短文，形式上都是评论，但无论"评长"或"论短"，其实表达的都是一种从"师"学习的真诚愿望。其中有几位"师"是我的弟子，正好可以用来印证韩愈老夫子的一句名言：弟子不必不如师，师不必贤于弟子。

因为他的心里装着学生

——《听李镇西老师讲课》序

李镇西老师嘱我为他的这本集子写序，本以为是一件很容易的事，加以与镇西非比寻常的友谊，便不假思索地答应了。但读完了他的全部教学实录，要动笔时却犯了难：镇西的课是没法按一般的"评课标准"分析评价的！它们上得太随意，有太多的"不期而遇"和"无法预约的精彩"；只觉得处处可圈可点，却又不知圈点哪一处才好。它们完全不像通常看到的"好课"那样，显示着设计的匠心，看得出刻意的雕琢。它们就像一道山间的泉水，从高处一路自由自在地流泻下来，曲曲折折，琮琮琤琤，随物赋形，无羁无碍。这样的课，实在说不上什么"法"、什么"式"，是"行到水穷处，坐看云起时"的悠然，是"此中有真意，欲辩已忘言"的潇洒。这大概就是《老子》所说的"大音希声，大象无形"的境界——至少是镇西正在追求着的一种空灵的境界吧？

据说，在一些语文老师中流传着这样一句话："听课要听李镇西。"我没有听过镇西的课，是一大憾事；但是从这些教学实录,我仍然不难感受到镇西在课堂上那份挥洒自如的从容,那些灵光一闪的机智和幽默。听这样的课,确实是一种艺术享受。我想,很多语文教师都把能够听到镇西的课视为幸事,不是没有原因的。但是我又想,如果听课的老师只想到镇西的课上去讨一点技巧,搬一些招式,恐怕会无功而返的。镇西的课,似乎很容易学,你看他每教一篇课文,无非是这样几大步:1.学习字词;2.学生交流读后感受;3.学生质疑、讨论、解疑;4.老师谈自己的体会,与学生共享。这种再简单、再朴素不过的"流程",几乎在镇西执教每一篇课文的过程中重演着,任何一位听课的老师都不难"学到手"。但镇西的课堂教学艺术又是最难学的,难就难在它不假雕琢的朴素,这使一切形式上的模仿都归于徒劳。镇西的同事魏智渊老师说过一件事:有位语文教师一心想学李镇西上课,却屡试屡败,过度的焦虑竟使他患上了精神分裂症。这个令人感慨的实例,正好提供了"学李镇西难"的佐证。

这样说来,李镇西的教学艺术就是无法学习、不能推广的了?假若这样想,那就大谬不然了。

教学作为一门艺术,正如任何门类的艺术一样,在艺术现象背后总蕴含着某种对艺术家的创作起支配作用的艺术法则,即使是最怪诞的西方现代绘画,也不能不受色彩和体积感两大因素对立统一法则的支配。我们听镇西上课,若能透过其异彩纷呈的教学艺术表象,追寻其教学思路的轨迹,就不难发现他的教学之所以异彩纷呈的根本。这根本,就是规律,就是对镇西的教学艺术起支配作用的基本法则。

学李镇西,就要学习他的根本,学习支配他的教学行为的思想、理念、教育价值观，而不是徒袭皮毛、仅求形似的仿效或移植。白石老人说："学我者生，似我者死。"这话同样适用于学习李镇西的教学艺术。

任何一本教学论的书都告诉我们：成功的教学必定是"目中有人"的教学。镇西的过人之处，也就是最值得我们学习之处，就在于此："人"不仅在他的"目"中，而且进入了他的"心"里；不仅进入了"心"里，而且占据着"中心"的位置。他教学中的所谓"随意"，不是那种随心所欲的放任，而是对一切束缚学生个性、漠视学生权利、不利于学生发展的"规范"的蔑视和反叛。他是"很功利"的，一切教学行为都是为了学生发展的"利益"。在他心灵的那杆秤上，无论怎样高深的理论，无论怎样必要的规范，都必须服从、服务于"学生发展"这个最高利益。如果这些理论、规范对学生的发展不利，它们便是无足轻重的伪理论、应该推倒的死规矩。在学生发展的利益普遍被漠视、被剥夺的今天，镇西的教学中那些"出格"的行为就显得格外可贵，也给予我们更多的启示。

且看镇西怎样教《祝福》：原定3课时结束，可是学生精彩的发言此起彼伏，直到第三课快下课了，镇西还没有捞到发表自己观点的机会。怎么办？是坚持自己的课时计划及时刹车，还是坚决维护学生的话语权？镇西选择了后者。为此他不得不临时改变课时计划，由3课时延长为4课时。这在严格遵守教学规范的教师看来，无疑是一处明显的"败笔"。但镇西是怎样想的呢？他说："尊重学生，这不是一句空话。当学生的思想正在熊熊燃烧时，教师不能为了表达自己的思想而扑灭学生的思想火焰。"

这就是李镇西!

第四堂课的处理更是出人意料:你听他侃侃而谈,从旧礼教杀人,谈到今天新礼教对人的思想的扼杀,整整一节课,除了少量的师生问答,基本上是他的"一言堂"。如果请某些专家评课,这样的课就恐怕不仅是"败笔",简直是教学的"致命伤"。有的地区评选优质课,不是硬性规定凡教师的"讲"超过15分钟就"一票否决"吗?一贯尊重学生自主权的镇西为什么敢如此大胆,公然挑战语文教师普遍遵奉的金科玉律?镇西的回答是:"怎样有利于引导学生的思考,怎样有利于调动学生的感情,怎样有利于激发学生的智慧,怎样有利于学生走进作品、走进作者、走进鲁镇,进而联想到今天的时代,甚至联想到自己,我就怎样上。"一言以蔽之:一切为了学生发展的利益!

这就是我所认识的李镇西。一个心里真正装着学生的李镇西。一个有信念、有追求、有胆有识的李镇西。

谓予不信,有他的全部教学实录为证。

是为序。

(2000年)

为"浅浅地教语文"喝彩

——肖培东《我就想浅浅地教语文》序

培东纂次自己的课堂教学实录,计一十六篇,汇为一集,给它起了个耐人寻味的书名:《我就想浅浅地教语文》。日前,他发来电子书稿,嘱序于我。近几年趁与培东同台讲学的机会,多次聆听他关于语文教学的发言,观摩他的展示课,深感其语文教学理念日臻绵密,课堂教学艺术更趋成熟;但毕竟同台讲学的概率不多,所得印象只是片断而已。现在因为要写序,才有了比较全面的领略他的课堂教学风采的机会。这十六篇教学实录,可谓篇篇有特色,处处可圈点,而所有的精彩凝集起来,又凸显了他独特的教学理念:浅浅地教语文。细细品味,这"浅浅地"三字,意蕴丰富,内涵可一点不"浅"。

而且,正是这个"浅"字,把我的思绪拉回到了十四年前的那个"拜师仪式"上——

2001年,我应邀到培东的家乡浙江永嘉县讲学,主持此次讲学活动的该县教研室主任徐耘天老师对我说,他们县里有一位青年教师叫肖培东,语文课上得极好,悟性也高,30岁不到已被评为浙江省教坛新秀,是一位很有发展潜质的青年语文教师,因此希望我收他为"徒"。其实我心里不太喜欢"拜师学艺"这类略带"江湖气"的玩意儿,但耘天是我的老朋友,何况他也是出于对一位年轻教师的成长的关切,我岂能拒人于门外?于是第二天就有了像模像样的拜师仪式。记得就在拜师仪式现场,我题了一幅字赠给培东,既用以自勉,也作为对这位"徒弟"的赠言,题字的内容是我自己的一句诗:"碧波深处有珍奇。"我为什么会从书名中"浅浅地"三字回忆起十四年前那个拜师仪式?就是因为这句诗——更确切地说,是因为这句诗中的"深"字与书名中那个"浅"字的强烈对比引起了我丰富的联想和想象。由"浅"而及于"深",又因"深"而归于"浅",正是这"深"和"浅"相互转化之间存在着某种启人智慧的哲理吧?

于是我又想起了这句诗的由来。

某年夏天,我与几位朋友到北戴河避暑,他们都爱游泳,几乎天天下海追波逐浪,我是旱鸭子,每逢他们下海,只能一个人在浅滩上踯躅,同时也想拾些贝壳带回去留作纪念;可一连拾了两个半天,只拾到了一些毫不起眼的灰褐色的小贝壳,于是一边抱怨自己"手气"不佳,一边想象着曾在电视里看到过的七彩缤纷的迷人的海底世界,不禁心驰神往,不假思索四句诗便脱口而出:

> 偶来拾贝海之湄,
> 剔石披沙所得稀。
> 寄语辛勤寻宝者:

> 碧波深处有珍奇。

是啊,不潜向"碧波深处",只在浅滩上"剔石披沙",无论怎样"辛勤",都是找不到"珍奇"的。这首诗有明显的自勉之意。在拜师仪式上把它写赠给培东,也是为了勉励他:学无止境,教无止境,只有潜向"碧波深处",才能求得语文教学的真谛。

值得欣慰的是,培东果真不负我赠这句诗的初衷,拜师仪式以后仅仅过了五年(2006年),他就被评为特级教师,那年他才34岁,是浙江省最年轻的特级教师;又过了三年(2009年)晋升为教授级高级教师,大概又是浙江省中学教师中最年轻的"正高"了吧?

但我看重的倒不是他头顶上这些熠熠生辉的光环,而是他的教学的实绩,因为浪得虚名甚至欺世盗名的"专家""教授"现在已经多得泛滥成灾了。我关心的是:培东的"特级""正高"究竟有多少含金量?

现在,《我就想浅浅地教语文》一书的十六个教例摆在我的面前,给出了令人满意的答卷。

如果让我用最简单明了的语言对这十六堂课做出总的评价,我只有一句话:这是名副其实的语文课。

"这是名副其实的语文课",在语文课愈来愈不像语文课的当下,这句本来不能算评价的"评价",已经变成了对语文课的"高度赞扬"。有人说,当前的不少语文课像思想品德课、人文教育课、青少年修养课、政治课、班会课、活动课、生命哲学课、音乐欣赏课、图像展示课……什么都像，就是不像语文课。培东的可贵之处，就在于始终坚守着语文教学这块"一亩三分地"，他上的每一堂语文课，都是不掺杂质的真正的语文课。在形形色色的新思潮、新理论纷纷涌入、"乱花渐欲迷人眼"的时下语文教坛，这种坚守尤其需要勇气和对语文教学的深切理解。

语文课程是一门什么课程？中小学设置语文课程究竟是干什么的？——人们在纷纷引入各种新思潮、新理论的时候，似乎忘记了关于语文课程的这些根本问题。正如一位黎巴嫩诗人说的："我们已经走得太远，以致忘记了当初为何出发。"在这一点上，培东的头脑始终是清醒的，教学的取向始终是明确的。他所有的教学活动，都清晰地指向一个目标：提高学生正确理解和运用祖国语言文字的能力。因此，他的教学中每一个重要的教学环节，几乎都围绕语言教育展开，并巧妙地把思想、情感、情趣的熏陶感染有机地统一在一个生动活泼的语言教育过程之中，真正体现了所谓"工具性和人文性的统一"（这句中加个"所谓"，因为我并不赞同对语文课程特性的这种表述）。这样的例子，在本书的十六个案例中到处都有，甚至可以用"俯拾即是"来形容。

读了这十六个案例，我的一个最突出的印象，是培东对朗读的异乎寻常的重视。语文界早有不少有识之士大声疾呼：把琅琅书声还给语文课！培东做到了，而且做得如此成功，如此出色。在他的课上，朗读不仅仅是教学过程中的一个"环节"，更不是一种可有可无的点缀；如果把他的每一堂课比喻为一幢幢精心设计的建筑物的话，那么朗读就是这些建筑物赖以支撑起来的骨架。他的大多数课都是在师生的琅琅读书声中层层推进，最后进入文本深处的。比如，在《山羊兹拉特》一课中，仅仅表示羊的叫声的一个"咩"字，学生在教师的引导下就读出了不同的声调和语气，生动地表达了人与羊之间那种互相信赖的动人的情景。我当时就在教学现场，听到孩子们动情地读出几个不同声调的"咩"的时候，在为孩子们深情的朗读感动的同时，不禁在心里为培东的教学构思暗暗叫好。

尤其应该指出的是，这样的朗读训练在本书中不是一个孤例、特例。它们内容尽管各不相同，但主导理念是一致的。这些生动的教例，似乎仅仅指向一个浅层的教法问题，其实是关系到语文教学的一个根本问题：中小学究竟为什么要开设语文课？

培东用他的成功的教例回答我们：为了培养学生正确理解和运用祖国语言文字的能力。

怎样培养学生正确理解和运用祖国语言文字的能力？

培东又用他的成功的教例回答我们：只有一个办法，就是老老实实地把学生引领到读、写、听、说的实践中去。

培东的成功的教例同时又告诉我们：在读、写、听、说四项实践中，"读"是基础，因为学生只有在"读"的过程中才能更好地积累语料，形成语感，悟得语言规律，发展语言能力，同时又接受文本语言所蕴含的思想、情感、情趣、情操、价值观的熏陶感染。"读"是语文教学基础的基础，核心的核心，读之功能，可谓大矣！所以叶圣陶先生说："语文教师能引导学生俾善于读书，则其功至伟。"以"其功至伟"四字评价教师引导学生读书之功，可谓振聋发聩！

读，包括朗读和默读，二者各有不同的作用。而朗读对培语感、体会文本的思想情感尤为重要，却长期被我们所忽视。现在的语文课上已很少听到琅琅书声，即使有，也不过是走走过场、应应景而已。培东的语文教学之所以可贵，就在于把朗读放到了它应有的位置上，使其功能得到了酣畅淋漓的发挥。

培东解读文本由于始终紧紧抓住语言这个"基本元素"，披文入情，沿波讨源，因此他的教学总能给人以举重若轻、水到渠成之感。比如他教《皇帝的新装》一课，既没有一般教师通常采用的作者和时代背景的介绍，也没有对故事情节的梳理，更没有课本剧表演之类的热闹场面，而是从引导学生品读文中"夸张"的语言入手，进而思考"是谁导演这一场闹剧"，引发对成人世界复杂内心的探究，最后通过对结尾语言的改写、比较，既联系现实，又进一步挖掘了《皇帝的新装》的深层意蕴。整个教学过程如行云流水，教师教得潇洒，学生"读"得轻松，但对文本的人性内蕴的挖掘入木三分。

在语文教学被各种貌似深刻的"理论"折腾得面目全非的当下，培东的教学看起来似乎是显得"浅"了，但正是这种"浅"，却深入到了语文教学的真髓、真谛、本源。正如我们说"绚烂至极而归于平淡"，这时的"平淡"已不是一般意义上的平淡，而是绚烂之至以后向平淡的回归，是绚烂的高级形态。

我为培东"浅浅地教语文"喝彩！

（2000年）

评王君的"青春语文"

早闻王君之名，但缘悭一面，只知道她是一位近年来在语文教坛崭露头角的年轻女教师，正在践行和倡导一种名为"青春语文"的教学理念，此外便一无所知。

初识王君是2017年四月在江苏省连云港市的一次讲学活动中。那天，我应连云港市新海实验中学原校长李震先生之邀，去该市参加"中华传统文化融入语文课程学术研讨会"，从特邀专家名单中看到了"王君"这个名字，知道她也是应邀讲学的专家之一。但真正见到王君是在讲学当天晚上进餐的时候，当东道主把她介绍给我的一刹那，我不由一惊：想不到王君这样年轻，这样阳光，这样青春！（自然想到了她的青春语文）尤其意想不到的是，她一见我就硬拉着要我收她为"徒弟"，并且不等我"表态"，也不容我犹豫，就当众宣布："钱老师是我的师傅啦！"并拉我一起拍了一张合影，算是"拜师仪式"圆满结束。在整个"拜师"过程中，她的率性、真诚、天真又带点顽皮、任性的个性给我留下了深深的印象。就在这次会后不久，我在微信朋友圈里读到了她的推文《钱老，是我的师傅啦！》说出了她一定要认我为师的理由,原来在她初为人师的1997年参加全国课堂教学大赛,完全模仿我教《愚公移山》的方法执教文言文《狼》,居然凭这堂课一路过关斩将,所向披靡,从校级赛到区级赛,再到市级赛,直至赛到全国,成为参加全国赛课年龄最小的选手之一。因此,她说拜我为师一直是她"认祖归宗"的"夙愿",绝不是一时的心血来潮。真想不到"拜师"还有这样一段"渊源"!她在推文的最后写道:

> 在钱老面前,我像女儿,也像孙女。
> 说出二十多年前的前尘往事,
> 拿出"原始材料"——证明我与钱老的渊源,
> 再撒个娇,发个誓,
> 哈哈,搞定!

典型的王君语言、王君风格!率真,诚挚,带点顽皮和任性。我被深深感染、感动了。我终于知道,青春语文为什么会充满青春活力和生命张力,因为它的践行者、倡导者就是这样一位充满青春活力和生命张力的人。这使我想起王君说过的几句话:教法就是活法。你怎么活,你就怎么教;你怎么教,你就怎么活。"语文行为"和"生命行为"息息相通。"青春语文"的终极目标就在于提升和改变教师和学生的生命状态,让师生双方都永葆青春的激情。

王君对"青春语文"内涵的阐释,正好印证了18世纪法国启蒙主义思想家布封的一句名言:"风格即人。"

如果我的理解无误的话,"青春语文"与其说是一种语文教学法，毋宁说是一种教学理念或教学风格，这一理念或风格落实到具体的教学方法，便是群文教学。顾名思义，"群文教学"就是以一篇文章或一个主题为基点，纵向或横向拓展，从而形成一个"文章群"而进行的教学。群文教学有利于帮助学生获得单文教学所不可能获得的综合、立体的认知体验。

据资料介绍，群文教学是最近两年在我国悄然兴起的一种具有突破性的阅读教学方式，而王君早在21世纪初，就开始思考并进入这个领域，她当时提出了"教材整合"的观点，其实就是群文教学的雏形。从"整合"到"群"，标志着对语文教学认识的一次飞跃，但二者的骨子里都是"联结"。她说，当一位语文教师对"联结"有了渴望，在课堂教学中，就会自然而然地去"瞻前顾后"，去"前后勾连"，就会惊喜地发现：从来就没有孤独的语言符号，更没有孤独的文本，各种各样的语言现象，总是在呼唤，在应答。而有字之书和无字之书，更是在互相印证，互相诠释。群文的追求，体现了道家"一生二，二生三，三生万物"的追求，它走向的是一种九九归一的"和""合"之大境界。

真想不到，王君——这位有点顽皮和任性的年轻女教师会有这样博大的胸怀、开阔的视野和卓越的见识！

当然，对语文教学而言，卓越的教学理念犹如人的灵魂，而教学实践便是它的躯体，倘若徒有灵魂而无躯体，灵魂便成"孤魂野鬼"；倘若徒有躯体而无灵魂，躯体便是"行尸走肉"：这两种情况都是不行的。健壮的灵魂只有依附于健壮的躯体，才能成为一个生龙活虎之人。同理，卓越的教学理念只有依托于生动活泼的教学实践，两者才能相得益彰。

那么，王君的青春语文在这一方面做得如何？青春语文的教学实践是否足以彰显其群文教学的理念？

我们不妨看一看几位老师对王君的群文教学课例的评价——

王君的群文教学，扩大了课堂的教学容量，在师生共同构建的课堂阅读场中，既宏阔了学生的视野，又让课堂有厚度，有宽度，有深度，实现了青春语文从"小我"到"大我"，从"我"到"我们"的精神追求。（周忠玉）

品读王君老师的诗歌整合课，起初感受到的是"山有小口，仿佛若有光"的灵光诱惑，渐读渐进，眼前呈现"豁然开朗"的深广境界。读罢整个课堂实录，不觉掩卷感叹：王君老师的整合教学，大眼光，大智慧，大气魄，创设出语文教学的大美之境。（孙秋备）

王君老师基于个人智慧，切入精准，巧析深探，对五首诗词进行了极具针对性的整合，将互不相连的五首诗词糅成了一个整体，让学生读得有趣，辩得激情，让观者心适意得，击节赞叹。因为有一根主线贯穿，两节课上的师生显得游刃有余，整节课的教学更是给人以浑然天成之感。（陈海波）

……

最后，请允许我回到"拜师"的话题再啰唆两句。王君拜我为师，其实我怎么敢当？因为事实上她正在或已经青出于蓝。这样青出于蓝的徒弟，在我的徒弟中不止王君一位。长江后浪推前浪，世上新人赶旧人，徒弟赶超师傅，正是语文教学不断前进的希望之所在！

（2019年）

《语文教学芹献集》序

周永沛君以近著《语文教学芹献集》书稿见示,并承谬爱,嘱写小序。写序委实不敢当;但想到因此可以成为本书的第一个读者,得以先睹为快,便欣然接受了任务。

记得王蒙曾主张作家走"学者化"道路,语文教育界大概受此影响,也有人提出了"学者型语文教师"的概念,并举出一度当过中学国文教员的朱自清、夏丏尊、叶圣陶、吕叔湘诸前辈做榜样。这意见是不错的,但榜样似乎找错了人。准确地说,朱、夏、叶、吕几位是不折不扣的学者,有的还兼作家,他们毕生的活动和贡献,主要在学术研究和文学创作方面,算不得"学者型语文教师"。树他们为榜样,总使语文教师们在"高山仰止"之余,难免有"望尘莫及"的疏离感。"学者型语文教师"首先必须是语文教师,他们与一般语文教师的区别,仅仅在于他们学问的根柢和研究的志趣,都高出于侪辈而绝无"教书匠"的习气;或者说,他们在气质上接近于学者,但他们确实又不是学者而是语文教师。对绝大多数语文教师来说,他们是一个高而可攀的目标,一种经过不懈努力都可以达到的境界。

《语文教学芹献集》序

不必求诸远，我以为永沛就是这样一位"学者型语文教师"，这是我读了他的这部书稿以后对他的一个新的认识。

我和永沛相识多年，交情也不浅，可由于彼此都忙，虽然每年都有见面的机会，但都聚散匆匆，未获深谈，因此对他了解不深，只是凭他特级教师的头衔和不俗的谈吐，揣想他肯定是一位有水平的语文教师，至于怎样"有水平"，便不得而知了。现在，这部书稿向我具体展示了永沛的真实水平，也加深了我对他的钦佩之情。

全书由"理性思索篇""实践操作篇""编辑报道篇""小语研究篇"四个部分构成大的框架，据我看，其中"理性思索篇"是书中最有分量，也是最有理论深度的一个部分，永沛的学者气质也在这一部分中显示得最充分。它包含以下六个专题："作家研究""板书研究""教材研究""汉语研究""写作研究""复习研究"。从全书的框架构成和这些研究专题看，作者探索的触角几乎伸到了中小学语文教学理论和实践的每一个角落，其研究兴趣之广泛可见一斑。

当然，研究的广度须有研究的深度做支撑。缺乏深度的广度是毫无意义的。蜻蜓点水，浅尝辄止，涉猎虽广，又有何益？永沛可不是那种徒以兴趣广泛自炫的浅薄者。我看书中的每一个专题，凡进入他的理论视野的，往往都能得到不乏创意的阐释。这方面的例子很多，不能尽举，这里仅以"作家研究"中的《陶渊明伟大论》一文为例。

从题目看，永沛以"伟大"论陶渊明，就有点出语惊人。陶渊明虽然是一位对后代影响很大的诗人，但历代对他的评价高低不一。钟嵘的《诗品》把他的诗列为"中品",排名远在列为"上品"的曹植、刘桢诸人之下。刘勰的《文心雕龙》仅在《隐秀》篇中有半句话("彭泽之豪逸")涉及陶渊明,而即使这半句话可能也是后人伪托的,因为它出现在被很多学者认定为伪托的《隐秀》篇的"补文"之中;可见陶渊明的诗根本没有引起刘勰的注意。直到唐代,陶诗才开始受到重视,北宋以还,迄元、明、清三代,仿陶、注陶、评陶的诗文、著作之多,大有与李、杜并驾齐驱之势。但近半个世纪以来,我国文学界在某些理论的影响下,对陶渊明的评价并不很高。鲁迅虽然说过"陶潜正因为并非'浑身是"静穆",所以他伟大'",但那是针对俞平伯"陶潜浑身是'静穆',所以他伟大"而反说的,连词句也移用了俞的原文,这跟直截说"陶渊明伟大"或"伟大的陶渊明"毕竟有些不同。因此,永沛此文专从陶渊明的"伟大"立论,甚至提出"屈陶李杜应该同列"的观点,确实是很需要一点胆识的。当然,他的观点未必会得到普遍认同,但作为一家之言,却也言之成理,持之有故,自有其存在的价值。我是很赞同永沛的观点的,倒不完全是出于个人对陶诗的偏爱。窃以为,屈原、李白、杜甫都是开创一代诗风的伟大诗人,陶渊明则能在屈之瑰丽、李之雄奇、杜之沉郁以外,独辟新的审美领域,以冲淡真淳的风格与屈、李、杜相颉颃,并成为山水田园派诗人之宗,把他与三子并列而为四家,是当之无愧的。

在汉语研究上,永沛也是一位"实力派",例如书中多篇探讨古汉语的文章,不但语言材料收罗颇丰,而且言必有据,论证缜密,显示了很强的研究能力。有时辨析近义词句的差别,凭其敏锐的语感，析微探幽，每能于常人忽略处骋其功力，其结论又往往令人信服。如《史记·淮阴侯列传》中有这样两个判断句：

若此，将军之所长也。
若此者，将军所短也。

一般语文教师遇到这类句子，即使看到两者用词上的小小差别，多半忽略不计，当然也分辨不出两者不同的表意作用。且看永沛怎样辨析的：

这两句话出自《史记·淮阴侯列传》中写到的广武君李左车之口。李左车原是赵国的谋士。韩信打败了赵军，俘获了李左车，以师礼待之，并向他征求继续攻打燕国的意见。李左车向韩信分析了当时的形势，首先肯定韩信接连取得胜利的功绩，说"若此，将军之所长也"。很显然，这句话是要强调韩信的功绩。就是说，谓语是这句话强调的重点，因此，用了"……，……也"式判断句。我们读这句话时，句法重音应该落在这个谓语里强调的主要词语"长"字上。接着，李左车又分析了韩信不能立即攻打燕国的原因。他说"若此者，将军所短也"。作者在"若此"二字之后加一"者"字，是为了强调"此（指代上文说的原因）"字。我们读这句话时，句法重音则应前移到"此"字上。这表明，这里强调的是主语。另外，第二句话的谓语去掉了一个"之"字，读起来，谓语没有第一句的谓语平稳，目的也是为了帮助突出主语。

辨忽微于毫芒，察迹象于疑似，永沛的汉语研究每于此类细微处见精神、显功力。

　　然而,永沛不是一位只在书斋里埋头"做学问"的人,因为他是语文教师而不是学者;他做学问、搞研究,大半是为了教学的需要。他为之倾注更多心血的,始终是他所钟爱的语文教学。我虽然未曾听过他上语文课,今后大概也不大会有听他上课的机会,因为他升任吴县市教科室主任多年,已经不上中学讲台了,但不知为什么,在我的心目中他还是一位并未脱离教学第一线的语文教师,而且凭直觉确信他是优秀的语文教师。记得多年前曾与章熊老师闲谈时议论过一个问题:语文教师优秀的标志是什么?当时谈到了哪些标志,记不得了,但有一个标志两人都认为是最重要的,这就是:判定一名语文教师是否优秀,首先要看他是否具有独立理解和处理教材的能力。我们所说的"独立",不但指理解和处理教材时能够独立思考,无所依傍,而且还能创造性地提出个人独到的见解,乃至形成富于个性的教学风格。不知道如今老熊怎么想,反正我仍然是这个观点。我认为,语文教师最基本的职责,是指导学生理解和掌握教材,使教材所包含的知识内容高效地转化为学生的认知成果和读写听说能力。为此,教师自己必须对教材有深刻的理解,还要能够根据学生的实际进行合理、灵活的处理。这是检验教师实际教学水平的首要标准。那些一旦离开教参就寸步难行,面对课文自己都昏昏然的语文教师,怎么能使学生昭昭然,其教学水平也就可想而知了。优秀教师之所以优秀,当然有很多条件,但首先在这一点上必定是过硬的。现在读了永沛的这部书稿,更加确信我的直觉没有错:他确确实实是一位优秀语文教师。本书中大量有关教学研究的文章,以及"实践操作篇"中的教案、练习设计等,都可以为我的判断做佐证。

一部严肃的书稿得以付梓、问世,必有其自身的价值。本书为语文教师贡献了作者多年从事语文教学研究的成果(作者谦虚地自称为"芹献"),自然有它出版的价值。但我以为,本书还有着另一种隐性的价值——它以作者多方面的研究探索所留下的印迹,告诉读者:一名普通的语文教师要走向优秀,走向成功,应该有怎样的文化素养、怎样的知识结构、怎样的研究志趣、怎样的敬业精神……

我想,这对语文教师,尤其对青年语文教师,是一种最有说服力的现身说法。

(2000年)

陆慰萱老师诗文集序

慰萱先生以耄耋高龄溘然仙去，给所有熟悉他、景仰他、热爱他的朋友们留下了无尽的思念。先生的子女纂次先生历年所撰诗文，汇为一编，署其卷端曰《永远的怀念》，并承谬爱，嘱撰序文。自知才疏笔拙，诚恐有负重托；但我和先生相与二十多年，先生的道德文章，乃至待人接物的态度，一直是我仿效的楷模，先生之于我，虽云亦师亦友，其实"师"的成分远多于"友"的成分，现在借作序的机会，正好得以再一次拜读先生的诗文，重温与先生交往二十多年来所身受的种种教益，当然理应从命。下面这些勉力写成的文字，实在不敢称"序"，就算是呈交于老师灵前的一份作业吧。

我耳闻先生之名，可以远溯到"文革"以前。但当时我不在嘉定县城工作，与先生并无交往，只是听说嘉定县第一中学有位高水平的语文教师，姓陆，讳慰萱，不但语文教得好，而且诗文俱佳，还写得一手好字；我因自己也情钟语文教学，课徒之暇，也爱哼儿句歪诗，偶亦涂涂抹抹，自然早已把先生引为同调，只恨无缘识荆，唯有心仪而已。"文革"期间，又不断从嘉定县城传来消息，说先生备受非人的折磨，处境堪忧，但其时我也正身陷"牛棚"，自顾且不暇，自然不可能给先生以任何的安慰，然而对先生安危的关切以及自身命运未卜的忧虑，却反而拉近了我与先生心灵上的距离。

初识先生是在嘉定东门的陆谷宜先生寓所。谷宜先生是我的父执而兼师长，纯乎是一位性情中人，旧体诗写得极漂亮；当时他和我都任教于嘉定二中，在同一教研组工作，而他和慰萱先生则素有交往。"文革"以后，劫后余生的"老九"们纷纷从"牛棚"走出来，贪婪地呼吸着清新自由的空气，在庆幸大难不死的同时，又特别想与知心的朋友们互诉衷肠。于是就有了谷宜先生寓所的那次小聚。人不多，三五知己而已，但都是嘉定语文教育界的耆宿，而且都能诗。他们是：王元通先生、梅休先生，还有就是被我称为"疁城二陆"的谷宜、慰萱两位先生。我因与谷宜先生相熟，得以叨陪末座，亲承謦欬，自然感到十分荣幸，何况借此机会能够结识心仪已久的慰萱先生呢。几位先生皆爱杯中物，而座中数慰萱先生的兴致最高，酒酣耳热之际，朗朗笑声，响震屋瓦。谷宜先生即席口占七绝一首相赠，有"猜拳我亦称能手，独向君前拜下风"之句，可以想见慰萱先生的酒兴之豪。那时我就想，这哪像是刚从"炼狱"中死里逃生、惊魂未定的人哪！此次小聚，就是我和先生相识、相交的开始。忽忽二十多年过去，谷宜、元通先生早已先后作古，今先生又去，故人云散，思之黯然！只有当时情景，至今犹历历在目，而先生的放达乐观，更在我的心中留下了难以磨灭的印象。

其后与先生的交往便日益频繁。经过十年"文革"有诗必

"黑"的禁忌，一旦解禁，彼此的诗兴格外勃发。我们常为诗而聚，每聚则必有诗。我的散乱的诗稿中还保留着当时与先生互相唱和的诗。而我对先生的认识，也随着交往渐多而日益加深，始则服其诗才，继而敬其为人；先生冲虚淡泊的襟怀、率真达观的性格，都是我暗中仿效却又自叹无法企及的高标。

先生虽然诗写得好，却无意做诗人，对自己的诗作也不甚珍惜，有些诗写了即弃，弃了便忘，我的诗稿中有好几首和先生的诗，先生的诗稿中照理该有原唱，然而竟付阙如。这样散失的诗，恐怕不在少数。诗，在他看来，只是抒怀抱、寄感兴的"载体"，陶冶性情的"工具"，"载体"和"工具"用过，弃之何妨？这似乎有些贬低诗的价值，其实恰恰是对诗这样的价值取向，使先生每有所吟咏，必从肺腑中自然流出，而不同于一般的应酬应景之作，也不同于徒以声律比偶的严谨工整自矜的"技巧之诗"。

看下面这些诗句：

> 为报春光容易老，枝头黄鸟尽情啼。(《春光》)
> 一岸线分天地界，万重山拥虎龙姿。(《赴庐山途中》)
> 浮生难得三同好，垂老方知一晤珍。(《和梅兄忧谷老病不起》)
> 冈峦赴海尽，龙气傍云来。(《二赴烟台》)
> 几回重雾千楼锁，一夕西风万木寒。(《赠梅休》)
> 阅世渐增桃梗感，近檐颇厌市声烦。(同上)
> 耀眼雪毛浮动处，一池春水半池云。(《村行偶得·观

放鸭》）

入夜关河明曙色，迎冬松柏挺霜枝。(《雪》)

一阵山风林际过，槐花似雪洒衣襟。(《鲁游杂咏》)

夜色清于水，天空淡入心。(《夏夜偶成》)

目钝观天惟憎憎，人微接物但恂恂。(《偶成》)

世事繁花开谢里，人情杯酒笑谈中。(《扫墓归偶有感触》)

这些诗句，或境界阔大，或情趣盎然，或冲淡平和，或寄慨良深，从各个方面展现了慰萱先生丰富的内心感受和深刻的人生体悟。读其诗，想其人，对先生旷达的襟抱、高尚的志趣，不能不留下鲜明的印象。就诗论诗，这些诗句也无不可圈可点。"清水芙蕖，不假雕饰""佳句天成，妙手偶得"，是诗的最高境界，以此评先生诗，谁谓不可？

先生的文章，则完全可用"质朴无华"四字概括之，其风格一如先生的为人。古人云："修辞立其诚"，刘熙载（清）在《艺概·文概》中也说："文尚华者日落，尚实者日茂。"可见"诚"与"实"不仅是为人的根本，也是文章所以"立"之基石。先生的文章给我们的启示，就在于这"诚""实"二字。

先生之文，大多篇幅短小，少则几百字，最多者也不过千余字；内容则较杂，尤其是先生退休后所写的文章，多为读书或生活中偶有所感而作，有信手拈来的随意，无刻意为文的造作。读这样的文章，就如和一位道德高尚、平易和蔼的长者聊天，随意、自在、无拘无束而又深受教益。

感谢先生的子女给了我为《永远的怀念》作序的荣幸,使我有机会重读先生的诗文,此刻,我正面对这位亦师亦友的长者,聆听他娓娓而谈,朗朗而笑。窗前一盆杜鹃开得正旺,记得三年前的今天,就与先生坐在这盆盛开的杜鹃花下,品茗,赏花,海阔天空,无所不谈;先生憨厚而灿烂的笑容,至今仍深深地刻印在我记忆的心版上。

慰萱先生的诗文永存,慰萱先生也就永远活在人们中间。

(2000年)

读毛天鸿老师《我的语文世界》

毛天鸿老师的语文世界色调很复杂,但很美。

初读毛老师这部书稿,第一印象是内容和文体的"杂",以致很难按照内容或文体特征把它归类。散文集?随笔集?诗歌集?论文集?学生作文集?……似乎都沾一点儿边,但似乎都不是。

不过有一个命名倒是现成摆在那儿:杂谈集。杂谈者,无拘无束,天马行空,杂七杂八,无所不谈之谓也。

于是,不得不琢磨这样一个问题:这部"杂谈集"的编纂、出版,对语文教学有何意义?对语文教师有何启示?

其实,语文课程本身就是一门内容很杂的课程。这是由语文教材选文的性质和内容决定的。打开语文课本,一篇篇文质兼美的文章跃入眼帘,它们或文(文言)或白(白话),或古或今,或散或骈,或叙或议,或状物或抒情;乃至天文地理、声光化电、花鸟虫鱼、琴棋书画,几乎无所不有……涉及的知识领域之广,对语文教师知识广度要求之高,非其他学科所能比肩。我曾经说过,如果要求中学语文教师成"家"的话,除了应该成为语文教育的专家外，倒不必成为某一专业领域的什么"家"，比如文学家、语言学家、文字学家、训诂学家，等等；语文教师最理想的知识结构不在于"专"而在于"杂"，因此不妨成为"杂家"。人们常用"鼯鼠五技"嘲笑那些杂而不专的学者。但对语文教师而言，"杂"倒未尝不是一件好事。这本"杂谈集"的出版就提供了一个佐证。

于是，我们从作者娓娓道来的文字中看到了江南水乡的简朴而美丽的小河、小桥、古园，读到了金桩浜和外号"财神"柏小坡的神奇传说，结交了梦想像蜻蜓一般飞行的阿宝，见识了乡下土造纸厂里的"三K党"……

这里有对爱情的沉思，有对武当山顶的树的讴歌，有对作家荆歌的虎牙的奇思妙想……

面对书稿，有时候甚至觉得正在面对的是一个对世界充满了好奇心的孩子，他把探求的视线伸展到了生活的每一个角角落落。这就无怪乎他的语文世界是那样丰富，那样美丽。

我没有听过毛老师的语文课，但我相信，他的课肯定生动活泼，旁征博引，左右逢源，游刃有余，深受学生欢迎。他从一名民办小学教师成长为大学教授，肯定不是偶然的。

作为一位执教语文教学论课程的大学教师，毛老师的"成长史"也颇耐人寻味。

从毛老师的阅历看，他不是一位在书斋里成长的专业学者。他来自乡野，来自基层，他的身上带有浓浓的"草根"气息。他先后担任过民办小学教师、初中语文教师、高中语文教师、大学语文教学法副教授、华东师范大学课程与教学研究所访问学者、

"新三维人文艺术培训中心"创办人。这样的人生经历也可用同一个字概括之：杂。我有不少在师范大学执教语文教学论的朋友，交往久了，渐渐发现他们之中教学效果最好、最受学生欢迎的，往往是那些有过中小学语文教师任职经历的老师，无论他们的头衔是教授、副教授还是讲师。为什么？因为他们的教学"接地气"。他们了解中小学语文教学的实际，最清楚师范生——这些未来的中小学教师真正需要的是什么，教学中也最懂得学生的心理。他们不以空谈理论、撰写高头讲章为能事，每有撰述，必来自切身的实践和体验，以解决实际问题为目的。他们的著述跟他们的教学一样：接地气。

毛老师就是一位这样的大学老师。本书收入了他的多篇教学论文，显示了他来自基层、面向基层语文教学的研究兴趣和研究方向，比如《钱梦龙、魏书生提问艺术比较》《情境式提问的特点与类型》《商量教学法浅论》《语文教学语言风格浅说》《开设"特级教师教学艺术研究课"的思考》《中学语文教学法全程式讨论教学的实验与思考》等，都是这样的文章。毫无疑问，这些文章是这部书稿的重点所在，也是最能显示作者的功力并给读者以深刻启迪的篇章。

这些年来，就我看到的有关语文教学理论研究的论著可谓不少，其中有些研究也不能说缺乏深度，但这些研究对实际的语文教学究竟有多少影响呢？恕我直言，恐怕是微乎其微，尤其是那些从概念到概念、从理论到理论的"大块文章"。这不能怪语文教师"不识货"。这些理论研究大多是纯思辨的产物：阐释概念，头头是道；逻辑推理，无懈可击；引用名言，信手拈来。但这些理论除了在圈子里互相欣赏，大多进不得语文教学课堂，见不得学生。语文教学论是一门应用科学，其立论无论多"高"多"深"，如果进不得课堂，见不得学生，必定是空头理论。我赞成波兰教育家奥根的话："教学论不是凭思辨，而是凭先进教师经验的理论概括以及观察和实验，来揭示一系列规律的。"真正的教学理论研究，必然与生动的教学实践血肉相连，呼吸相通。苏霍姆林斯基如果没有在帕夫雷什中学20多年出色的教学实践和实验，就不可能有苏氏"教育百科全书"式的理论体系。同样，赞科夫的实验教学论体系的形成，从1957年开始孕育，直至1975年《教学与发展》这部总结性的理论专著问世，经历了长达18年的大规模实验和探索。毛老师遵循的正是这样一条"实践（实验）—理论概括—实践（实验）"的研究思路。这对语文教师进行教学或从事教学研究都有启迪和示范的作用，比如上面提到的《商量教学法浅论》《语文教学语言风格浅说》等文章，就是对先进教师的成功经验进行理论概括的成果，它们不仅对基层教师的教学有直接的指导作用，也为基层教师从事教学研究提供了一种范式。

　　从毛老师的人生经历看，他又是一个永远不安于现状的探索者、实践者。做稳了大学老师的他又忽发奇想，竟辞去教职，提前"内退"，创办了"新三维人文艺术培训中心"，又回到了中小学课堂，重新面对一群群渴求知识的小男生和小女生。这是创业的"雄心"驱动，还是他的"基层教师情结"使然？我不得而知，也许两种成分都有吧！但从他创业迄今整整十年的历程看，他十年前的选择无疑是正确的，至少是有充分理由的。这只要看一看书稿中附录的103篇学生作文便不难得出结论。这些作文就是新三维人文艺术中心作文班学生的作品,它们大多是在新三维作文课上当堂完成的,为了保持真实的原貌,除了对错别字与病句略做一些修订外,未做其他的改动。正是这些堪称优秀的作文,见证了"天地人三维和谐:德智体全面发展,儒释道诸源汇流,真善美荟萃一身"这一办学理念的成功,更不用说广大家长和学生对"新三维人文艺术培训中心"的信任和好评。毛老师的"不安于现状"揭开了他多彩人生又一新篇章。

我欣赏毛老师的"杂"而多趣的文章,欣赏毛老师田野式语文教学研究所特有的草根芳香,欣赏毛老师的浓浓的教师情怀,更欣赏毛老师永远不安于现状的进取性格。这些,正是一位优秀语文教师所应有的修养和品格,也是这本"杂谈集"给予读者的最大的启迪。

(2019年)

诗性课堂韵味长

——读《教之韵——洪胜生语文教学文集》

我和洪胜生老师曾有过多次共同参与语文教学活动的机会，但大多聚散匆匆，未获深谈，至今引为一憾。可喜的是，近日收到他的文集《教之韵》电子稿，有幸拜读了他关于语文教学实践与思考的文字，从这些倾其毕生精力荟萃而成的教学感悟中，我看到了一位深知文学魅力的语文教师，正在努力营建诗性课堂，引领学生在文学的世界里遨游的教学智慧与良苦用心。感动之余，不由感叹：像洪老师这样具有诗人情怀、尽力把每一堂课都上成一首诗的语文老师，在"以考分高低论成败"的当下，还真像吉光片羽一样珍贵和稀少。

洪老师自称其课堂为"诗性课堂"，他的这本著作也以"教之韵"命名，吾深以为然。显然，其课堂的"诗性"，不仅仅是针对诗歌教学而言的，事实上包含了各种文体的教学实践。在此有必要对其课堂的"诗性"做进一步延伸解读：

其一，诗性课堂，在于师生共同沉浸于浓浓的文学氛围；

其二，诗性课堂，在于呈现语文教学独有的诗的韵味；

其三，诗性课堂，在于引领学生领悟诗的本质特征——生命与智慧。

洪老师有一句很概括也很精彩的话：一堂课也应该是一首诗。这正是洪老师的语文教学独具魅力的奥秘之所在！

洪老师对语文教学的这种近乎"先天的悟性"其实并非天生。

他成长在一个具有深厚文化底蕴的教师世家，父亲是师范学校的国文教师，姐姐也是语文名师，他的妹妹又在多所院校执教。一个人的成长自然离不开家庭文化氛围的熏陶，青年时期的他，就拥有得天独厚的阅读条件，得以在文学领域中广泛涉猎、博采旁搜。他早年毕业于厦门大学中文系，在求学期间，就已经是位优秀的班刊主编，文学于他，犹如一位可以促膝交谈的故人，又如吃饭、睡觉一样融入了其日常生活。而他又是一位极其幸运之人，大学毕业后恰好能把个人爱好做成了毕生事业。这样一位自身长期浸淫于文学世界的教师，其对文学的尊崇、敬畏与感悟，自然有着一种非同寻常的神圣而深具感召的力量，并以此作为其语文教学的支点，从而感染他的学生，让他的学生也能在文学之光的辉映下深深着迷与沉醉。故而他的"诗性"课堂完全脱离了说教式的乏味和机械操练的刻板而益显其活泼与灵动，但其教学境界，却达到了说教式、机械式教学难以企及的高度与深度。他的阅读教学，熔知识传授、能力培养、智力开发、情感陶冶于一炉；他的作文教学，则侧重于引导学生在创意构思中快乐尽兴地放飞自我。这样的"诗性课堂"，自然韵味十足，意蕴深长，学生焉能不被其独有的魅力所深深吸引？

诗歌教学，对洪老师来说，当然更是本色当行，在本书中多有精彩的阐发。他认为读诗、解诗的过程是一个对诗境再创作的过程，他说："诗中的意境是诗人的第一创造，读者心中的诗境是读者的第二创造。"可谓深得读诗三昧！他指出：披文入情，言传意会，充分利用诗中的意象、形境、语言，诱发学生浮想联翩，让想象力驾驭着主体的个人进入诗的本体，这才能在至高无上的诗境中领略诗的美妙，享受读诗、品诗的兴味。而那些古今传诵的优秀诗篇无不超越诗人个人的咏怀而带有更普遍的意义，这种"普遍的共性"往往能唤醒读者的记忆，让他们用自己的生活经历和体验来理解诗篇，充实诗篇，使之产生更丰富的内涵，更贴切的感悟，从而引发共鸣，获得艺术感染，完成阅读的再创造。

职是之故，在洪老师的课堂上，诗歌不仅仅是一种文体，而是以凝练的语言、绮丽的想象为载体的生命与智慧的生动呈现。洪老师凭借其诗性课堂，引领学生体悟诗歌的本质特征，进而开启学生智慧，以浓厚的文学熏陶，让他们进一步领悟文学对于生命的价值。这对学生的一生意义深远：一个真正热爱文学的人，文学将成为其深入骨髓的生命底色，终究会以某种方式滋养其心灵，让其安然面对生命的顺逆悲喜，从而承托起整个人生。在洪老师教过的学生中，不要说他的几位如今早已成为知名作家、记者的得意门生，纵然是那些不专门从事文字与文学工作的学生，这样的"诗性课堂"，也足以使他们终生受用不尽。

要之，洪胜生老师的洋溢着诗情、诗趣的语文教学，酝酿出真正意义的阅读与写作。读与写，如此灵动与贯通，文学的吐纳、智慧的生成，一切都上升到诗的境界。他还曾多次以学者身份赴我国台湾、香港等地区交流其教学理念，从而引发了各地语文教育同行的探讨与共鸣。我们有理由相信，更多从事语文教学的年轻后生，将在如洪老师一样的前辈们开拓的语文教学之路上，走得更顺畅，走出新境界。

（2020年）

古典诗词就应该这样教

——评曹勇军老师《将进酒》的教学

中学高年级古典诗词的教学，我认为应该做好三件事：一、引领学生进入诗人的心灵世界，感受诗人用诗的语言所营造的瑰丽奇妙的意境；二、通过吟诵（或朗诵）体会古典诗词所独有的韵律美；三、讲授必要的古典诗词常识，如诗体、格律等，使每一位高中毕业生对中国古典诗词这一全世界独一无二的文学样式有一个大体的认知。当然，每一篇古典诗词的教学都有侧重点，三个方面不必面面俱到，但至少在整个高中阶段要有通盘的考虑。以此三事来衡量现今一般高级中学的古典诗词教学，未能尽如人意，尤其第二、三件事尚未引起语文教师足够的重视，或因语文教师自身修养所限，如不懂诗词格律、不会吟诵（或朗诵）等而心有余力不足。

曹勇军老师的这堂课，亮点颇多，尤其在引领学生进入诗人的心灵世界这一点上，颇有举重若轻、水到渠成之妙。

巧选切入点

曹老师在导入新课和释题后，首先以PPT展示了明末清初诗人徐增对此诗的评语"太白此歌,最为豪放,才气千古无双",然后抓住评语中的"豪放"二字抛出一个问题:"这首诗里哪些地方你觉得写得特别豪放?哪几句?"这个问题的设计貌似平实,但深中李白诗肯綮,尤其是"豪放"二字的拈出,犹如授予了学生一把进入诗人心灵世界的钥匙,一下子把学生的思维之门打开了,取得了"投石冲开水底天"的效果。

接下来有七位同学起来发言,每个人都分别引用诗句各自阐述了对"豪放"的感受;尤其难能可贵的是,同学们都不是空洞地谈自己的体会,而是紧扣诗中的关键字句进行分析,或结合整篇诗歌脉络的展开来发表自己的见解,这种教学效果的呈现,一方面固然可以看出这个班级的学生平时训练有素,但曹老师在关键处的随机点拨和引导确也发挥了决定性的作用。比如,有位同学就"会须一饮三百杯"这一句畅谈了自己的体会,她认为"三百"这种大数量的虚词(钱按:"三百"不是虚词,曹老师没有指出,疏忽了)让人立刻感觉一种豪放的气势油然而生。她进一步分析:"从前文来看,从'君不见黄河之水天上来'一直到'朝如青丝暮成雪',应该是李白对于人生、对于时间的一种悲叹,情感应该不是特别高昂。但是到了'人生得意须尽欢',应该是李白寻找人生欢乐的一个方式,这一句有一种过渡感,而'天生我材必有用,千金散尽还复来'则体现了李白的自信,这个情感就比前一句的'须尽欢'更高了一层。'烹羊宰牛且为乐,会须一饮三百杯',就有一种放下一切忧虑,痛饮三百杯的感情。我觉得这应该就是达到了豪放的高潮。"

曹老师立即兴奋地指出:"太好了!曹老师听了你的发言,

觉得特别受启发。而且她结合整个诗歌脉络的展开来分析，分析得入情入理。非常好！"这既是对这位学生的赞赏和鼓励，同时也是对"怎样读诗"的一种"示例"性的引导。

再如下面的引导："我特别佩服大家的就是抓住诗句里面关键的字词然后分析，分析得有理有据，话讲得有分寸感！"都起了同样的鼓励与引导的作用。课堂上师生互动的概貌与效果，于此可见一斑。

向诗人心灵深处漫溯

读《将进酒》从"豪放"切入，较易进入诗境，教学选"点"可谓精准，学生一次次精彩的发言即其明证。但教学若仅仅停留于这一解读层面，则又把这首诗教浅了。教者的功力在于怎样进一步引领学生透过"豪放"的表象，真正深入到诗人的内心世界，解开其深邃的心灵密码。在这一点上，曹老师的教学尤其给人以启迪。

在学生对李白的"招牌式的豪放"有了充分的感知以后，曹老师又提出"我们来辨析一下，诗歌是以欢为主还是以愁为主？是以乐为主还是以悲为主？"这个问题的妙处在于以两个选择判断激发学生探索的兴趣，进而引领学生穿过"豪放"的表象向诗人的心灵深处漫溯。学生经过讨论，终于感受到这首诗在豪放的表象下实质上表现了诗人欢乐与悲愁交织、复杂矛盾的感情冲突。最后由教师做出总结："这首诗从悲切入，然后转为喜乐，然后再由悲结尾。最后呢，悲喜交织，这就使得诗歌不是仅仅很轻快地抒发豪迈之情。不是的！这个豪迈之情里就有了一种新的力量感，你感觉到痛苦之情郁结在心中，表达在诗句里，有一种沉重的压抑的东西做底子，有一种力量感、气势感。"这段精彩的话，既是对学生讨论的总结，也是对学生认知的升华，给人以水到渠成之感。

读出诗味，品出诗情

诗词（包括现代诗）的教学必须把诵读（吟诵或朗读）放在重要的位置。曹老师特别重视朗读的指导，是其整个教学过程中的又一个亮点。教学中共有两次诵读全诗，第一次是在上半课时学生初步进入诗境以后，重在体会诗人的豪放；第二次是在经过充分的师生互动，学生对诗人的思想感情有了较深理解的时候，这一次要求进一步体会诗人悲喜交集的力度感和沉郁感。学生在老师的指点、示范下，不仅读出了诗人忽悲忽喜、悲喜交集、大开大合、跌宕起伏的情感波澜，触摸到了诗人痛苦挣扎的灵魂，而且依稀看到了李白这位"高阳酒徒"可爱的醉态，体会到了李白诗所独有的飘逸感。此时，学生对李白这首诗的感受达到了更高的境界。曹老师最后指出：

"我们通过朗读的方式尽可能地去触摸这多元的品质，以及这多元的品质汇聚而成的李白的这首伟大的诗歌。我们运用的这种方法叫作因声求气。"以"因声求气"四字揭示读诗之法，顺势结束本诗的教学，可谓浑然天成。

一点思考

笔者认为教高中学生学习古典诗词，还可以讲授一点诗词常识。如这首《将进酒》属乐府旧题中的"鼓吹曲·铙歌",至少应该让学生知道"乐府旧题"是怎么回事。这首诗多次换韵,最好也顺便讲授一点古典诗词押韵的知识。(《将进酒》是一首古体诗,如果是格律诗,还应让学生懂一点格律常识。)

不过,曹老师这堂课是借班上课,而且只有一个课时,不应求全责备。

(2020年)

周凤林诗集《冰凌花》序

当周凤林校长把厚厚的一叠诗稿放在我面前的时候，我是颇感意外的。一则因为凤林先生肩负校长之责，管理着偌大的一所重点中学，平时校务之繁，压力之重，不是一个"忙"字所能道尽，当过校长的我，深知其中甘苦，而他居然还能有心情写这么多诗，令人难以置信；二则因为凤林先生早年在大学读的是物理专业，是名副其实的"理科男"，却酷爱吟诗作赋，而在人们心目中这应该是文科生的"专利"。别的不说，单凭这两点，就使我十分感动。在"天下熙熙，皆为利来；天下攘攘，皆为利往"的当下，"诗人"这个称号已然成了"无用者"的别名，而身为校长的他却仍然一往情深、义无反顾地在诗的王国里寻寻觅觅，坚守着一份心灵的纯净，向往着美丽的远方……这是怎样的一种情怀和操守！

拜读诗稿，最强烈的感觉，是一股博雅温润的儒者之风扑面而来。显然，凤林先生对中华传统文化，尤其是儒家思想情有独钟，我们几乎可以从每一页诗稿的字里行间读出作者的这种追求。有时直接把儒家思想或孔子言行纳入到诗的形式之中，如：

> 韦编三绝读周易,发愤忘食乐忘忧。
> 世无生而知之者,博学多才须自修。(《韦编三绝》)
> 不耻下问有胸襟,敏而好学博古今。
> 三人而行有师者,学高身正有人亲。(《敏而好学》)

有些对"诗法"过于苛求的人,也许会觉得他的诗太直露,缺乏形象思维,也不太讲究格律,甚至有"口号"之嫌。这其实是出于对诗的一种偏见。

我揣测,凤林先生无意做诗人,写作古典诗词不过是一种业余爱好,是借用诗的语言抒情言志,寄托自己的理想和抱负,辞达足矣,本不为炫耀技巧和卖弄几句文艳之辞。正如他自己说的,"不是在完成什么作品,而是用真情吟唱着心底的歌",是"自娱自乐",是为了"与朋友分享"。如果我们用专业诗词创作的标准去评判他的诗作,只能说明评判者自己的无知。退一步说,即便是"直露",也有高下之分,古往今来不少直抒胸臆的诗词佳作,都能直扣人心,振聋发聩,给人以启迪与力量。古诗中所谓"直露"的句子其实不在少数,如:"捐躯赴国难,视死忽如归。"(曹植《白马篇》)"少壮不努力,老大徒伤悲。"(汉乐府《长歌行》)"黑发不知勤学早,白首方悔读书迟。"(颜真卿《劝学》)"靖康耻,犹未雪;臣子恨,何时灭?驾长车,踏破贺兰山缺!"(岳飞《满江红》)这些诗句的语言都直白干脆,近乎口号,但仍不失为千古传诵的名句。古诗中还有不少直接发表议论的佳作,其例甚多,不必一一列举。有的诗甚至直接用"口号"做标题,如秋瑾有《风雨口号》《春暮口号》等诗题。又据王辟之（宋）《渑水燕谈录·高逸》篇载："文忠公（欧阳修）亲作口号，有'金马玉堂三学士，清风明月两闲人'之句，天下传之。"古人诗中的所谓"口号"，多指随口吟成，不是刻意经营的诗句，当然也难免"直露"；但有时候恰恰是这些脱口而出、率性随意之作，反倒更见真性情，更具震撼力。以此读凤林先生的诗词，才不致在诗词格律、遣词造句等技巧问题上多所纠缠，才能真切感受到作者的心胸和旨趣。

凤林先生虽然无意做诗人，但诗在他的生命中无疑具有非同寻常的分量。在他的字典里，诗不仅是一种话语方式，不仅是分行排列的押韵文字，更是一把打开中华文化、儒家思想宝库的心灵的钥匙。就算是"自娱自乐"，也是一种高雅而有益于身心的"娱"和"乐"。他勤于读书，从书籍中吮吸着中华文化和儒家经典的精髓；他吟咏不辍，在吟咏中积蓄着生命的能量……我从他的诗句感受到的是儒家积极入世的精神，触摸到的是"我欲仁，斯仁至矣"这种注重践履的儒家智慧。

"厚道做人，踏实做事"，是凤林先生自撰的人生箴言，简简单单八个字，质朴无华，却内蕴深厚，深得孔子"忠恕"思想的真谛。整部诗稿，其实就是他的人生箴言的诗化表达。更重要的是，他不但吟之于诗，更付之于行；不但责之于己，更惠及于人——这"八字箴言"现在已成为他任校长的嘉定二中全校师生共同的精神追求和价值取向。"优秀的校长是学校的灵魂""有一位怎样的校长，就会有一所怎样的学校"，证之凤林先生与嘉定二中，谁谓不然？

凤林先生在《守望教育》一诗中写道：

师者传道育德心，授业解惑启后人。

礼义廉耻国根本，孝悌忠信立世魂。

爱国敬业民昌盛，诚信友善家和亲。

守望教育勤勉力，中华屹立世界林。

不妨把这首诗看作他的"夫子自道"，他正是以师者博大的胸怀，守望着、耕耘着他为之呕心沥血的嘉定二中——这一方神圣的教育园地。

凤林先生把他的诗集命名为《冰凌花》，寓意深长。我知道，冰凌花是凤林先生的家乡——东北高寒地区特有的一种金黄色的山间野花，她植根于肥沃的黑土地，每年开春，她便冲开冰雪、钻出冻土，傲然绽放，一簇簇、一片片，黄澄澄、金灿灿，漫山遍野，生机盎然。她没有牡丹的雍容华贵，没有桃花的婀娜艳丽，她只是在冰雪里自信地昂起头，谦逊地挺立着，释放出一种别样的丰采……现在，这样一株美丽的"冰凌花"，就在我的面前，正以她金黄的亮色，展现出独特的诗情画意。而我是她的第一个欣赏者和解读者，为此深感荣幸。

谨为序。

（2019年）

评杨祥明执教《邹忌讽齐王纳谏》

杨祥明老师这堂课，可圈可点之处甚多，举其要者至少有以下两点：

一、对朗读训练的超乎寻常的重视。上课伊始先出示教学目的之一："训练朗读和表达能力"，让学生知道训练朗读能力是这堂课的学习重点之一，紧接着就指导学生以三种不同方式朗读课文：慢读、快读、高声读。教学一开始，学生就这样连读了三遍课文，这在一般的教学设计中是并不多见的。这堂课接近尾声时，又以"有感情地朗读"的要求让学生读第四遍，使整堂课在琅琅书声中开始，又在琅琅书声中结束，令人回味悠长。短短一堂课上，学生先后朗读课文虽达四次之多，但并不给人以重复之感。因为每次朗读都有不同目的与要求，故有层层提升、步步推进之效。

杨老师这样重视朗读的训练，在文言文教学中尤为必要。学生阅读文言文的主要障碍在于：1.文言的词汇量积累太少；2.对文言的表达方式不熟悉；3.缺乏文言语感。而朗读（熟读）正是弥补这三项缺陷的必要措施。当然，我们不必像过去私塾先生那样一味让学生死读硬背,但熟读和背诵对学习文言文的重要作用确实不容忽视。以这堂课而论,学生在后面的教学环节中不时有紧扣课文的精彩解读,显然跟起始阶段的熟读课文有很大关系。

二、重视学生的发散思维、求异思维训练,是这堂课最大的亮点。从学生的发言可以看出,他们对邹忌和齐威王这两个历史人物的评价,既不是一味赞扬,也不是一味批判,而是既有正面的赞许,也有反面的质疑。尤其值得肯定的是,学生无论对人物作何评价,都不是离开了文章的特定语境"为批判而批判",而是始终把批判的视点聚焦于课文,聚焦于课文的语言。

例如对齐威王的评价,有学生指出:齐威王以前是听不进意见,可以从两个地方看出来,一是邹忌要委婉进谏,不敢直言进谏,可见齐威王平时是不喜欢臣下进谏的;二是齐王下令以后,"群臣进谏,门庭若市",可想象没下令之前,很多人敢怒不敢言。这位学生居然能读出文字背后隐含的信息。

又如有学生对邹忌也做出了不同于常理的新的评价,他认为,邹忌在家里被妻子、小妾和客人蒙蔽了,所以认为齐威王也会受到这样的蒙蔽,这是没有必然联系的。邹忌在家里受到了蒙蔽,君王就一定会受到同样的蒙蔽吗?这符合逻辑吗?只能说,齐威王有可能受到类似的蒙蔽,而邹忌却武断地认为:"王之弊甚矣!"假如齐威王是一个贤明、有头脑的君王,他是不会被蒙蔽的。

邹忌的谏言用了类比推理,这位学生可能并不知道什么是类比推理,也未必知道类比推理获得的结论具有或然性,但是他从邹忌的谏言中看出了不合逻辑的武断之处,而且言之成理。

他的发言获得了老师的热情赞许:"你说得太精彩了,我被你征服了!"

据杨祥明老师自述,这堂课教学设计的意图是:"结合文言文教学,重点训练学生发散思维、批判思维能力和有创意地表达的能力。"从这堂课的教学效果看,杨老师无疑达到了预期的目标。

这堂课同时也告诉我们:语文课的思维训练不是抽象、凌空的思维活动,它始终是以语言为依托的。语言是思维的物质外壳,也是思维的工具,任何思维活动都离不开语言这个物质外壳和工具,在以语言学习为核心内容的语文课上尤其如此。否则,所谓"思维训练"只能变成游离于语言文字之外的空洞的"思维游戏"(我们有时候在某些公开课上看到过这样的思维游戏),这就背离了语文科的课程目标。这是杨老师这堂课给我们的又一个重要启示吧。

(2020年)

说说语文课的"面孔"

人都有面孔,有的面孔漂亮,有的面孔丑陋;有的和善,有的严肃;有的青春靓丽,有的年老色衰;有的天然本色,有的浓妆艳抹……慈眉善目的面孔,让人觉得和蔼可亲;刻板严肃的面孔,令人敬而远之……古人说:"人心之不同,如其面焉",我们何尝不可以反过来说:人面之不同,如其心焉。从人的不同的面孔,我们大体可以推知各色人等不同的思想、情感、性格、脾气,基本上不会相差很远。

语文课也有不同的面孔,有严肃的,有快乐的,有一板三眼、循规蹈矩的,有生动活泼、妙趣横生的……

我想着重谈谈一种最常见的语文课面孔——语文展示课(包括参赛课)的面孔。

展示课的面孔一般都是经过刻意打扮、精心修饰过的面孔。这种课开始流行于20世纪80年代,现在已成为教学研讨、教学竞赛、教学评估的重要手段。本人也是始作俑者之一,因此深知这种课跟常态语文课的差异。首先是上课的目的意图不一样,教师上课本来是为了教学生,教师的关注点在于学生的学习,在于学生是否真正学有所得;但上展示课的目的意图就不是这样单纯了,因为展示课是为了向前来听课的教师而开设的,因此执教者往往会不由自主掺杂一点自我展示甚至自我表演的动机,追求语文课的所谓"艺术性""可观赏性",更有甚者把课堂完全变成了教师自炫"深刻"或卖弄才学的舞台,使本是学习主体的学生完全沦为配合教师表演的配角。以致常常会有这样的情形:整整一堂课气氛热烈愉快,教师解读课文深刻独到,语言幽默风趣……一切似乎都完美无疵,但课后若请学生再读一遍课文,却仍然结结巴巴,仿佛从来没有学过,问以课文内容,更是一知半解,不知所云。至于学生究竟从这堂课学到了什么,增长了哪些能力,根本无从谈起。对这样的展示课,听课者在衷心钦佩之余,往往发出这样的感慨:教师教学水平一流,课上得漂亮,但我学不来!

不妨举一个例子对这样的语文课的"面孔"做一点剖视。

小学五年级(上)有一篇课文《珍珠鸟》,该文描写作者饲养的一只珍珠鸟,怎样由害怕到逐渐亲近作者的过程,表现了"信赖,往往创造出美好的境界"的主题。也许是作者偶尔的疏忽使他没有意识到:无论为小鸟造出怎样美丽舒适的鸟笼,对小鸟来说都是一种束缚,正如欧阳修《画眉鸟》一诗中写的"始知锁向金笼听,不及林间自在啼"。执教此文的教师如果在教学中实事求是地指出这一点,同样不失为一种"批判性阅读"。

但有位教师在执教该文时却把作者偶尔的疏忽"拔高"到了一个吓人的高度。这位教师说:"《珍珠鸟》中作者的沾沾自喜与津津乐道,实有'欣赏囚禁'的嫌疑","《珍珠鸟》一文,实是研究中国作家自由缺失的下意识表现的最好案例"。"以小竹笼束缚身体与大房间束缚精神，来推究天生的囚徒对自由的担当。"

请别忘了，这是一篇小学五年级的课文，这位教师面对的是小学五年级的孩子！

"假设鸟儿接下来控制了整个地球，而我们成了珍稀动物，你被关在了笼子里面，你会怎么想？会不会想到课文里那句话——'信赖，往往创造出美好的境界'——如果有一只鸟，它心情很愉快，笔尖流泻下一时的感受。（生笑）笼子里关着的，假设我们是'珍珠人'。（生笑）好，我请同学来谈一谈感受，你在笼子里面。你如何看待信赖？你如何看待美好？你追求怎么样的境界？"

这位教师接着又引用"文学史上几篇非常经典的东西"：一篇是伏契克《绞刑架下的报告》："在庞克拉茨监狱的这段松木地板上，我来回踱过不知多少次了，走过去是七步，走回来也是七步……在人类走向进步的路上已经经历了几千座牢房呢？还要再经历几千座牢房呢？啊，聂鲁达的耶稣圣婴！人类得救的道路茫茫。但是人类已不再沉睡了，不再沉睡了……"

接着又引用了茨威格的小说《象棋的故事》和电影《肖申克的救赎》……

应该实事求是地说，这位教师视野开阔，批判意识也特别强烈。最后，执教者对有"欣赏囚禁"嫌疑的作者冯骥才的为人还是给予了宽容的评价：

"冯骥才他怎么会写这篇文章的？他难道不知道这样做不好吗？他反而觉得这样很好。冯骥才其实是很好的一个作家，做了很多事情：他正在进行民间文化遗产抢救工程，一方面是用传统方式采风和文字记录；另一方面是用视觉人类学的方式，对民间文学进行调查，记录文学、歌谣、谚语，把它们拍成照片，用当地口音记录，这样我们的后代才有可能知道民间文化原本是什么样，预计要花十多年才能完成。"

等等等等……

看了教者的这些旁征博引的材料，我只能说一句话：这是哪儿跟哪儿呀！这跟《珍珠鸟》搭什么界呀！

别忘了，《珍珠鸟》是小学五年级（上）的一篇课文，教师面对的是十一二岁的天真的孩子，可是执教者一股脑儿引入了那么多资料，从这样一篇本来很有情趣的短文提出了那么严肃、宏大的课题，这样上课，除了显示教师自己读书的"广博"和思想的"深刻"以外，真对学生学习这篇课文会有什么帮助吗？且看这节课将近结束之前学生的几句回答：

师：那么，我们再来想，假如这个小鸟我送给了你，"真好，我送你一只小鸟"，你会怎么对待它？

生：我，我会把它养起来。

师：你把它养起来？为什么？

生：因为我比较喜欢小动物！

（众笑）

这个回答宣告了教师整整一节课精彩引导的效果等于零！

其实这个回答才真正符合一个11岁孩子的天真烂漫的思想。

语文课应该有怎样的面孔？这堂课至少告诉我们：最好不要有这样的面孔。

（2020年）

第五辑

导读课例

引言:我这样上语文课

一、课程意识助我定向

在进入教学过程之前,我一般总要问一问自己:我教的是一门什么课?为什么要教这门课?怎样教这门课?这样教对促进学生的发展有什么意义?等等。后来渐渐养成习惯,"课前自问"变成了一种自觉的意识,这大概就是所谓的课程意识。这种课程意识,看似很"虚",其实它关系到整个教学活动的走向,决定着教学的成败。走向不明,必然迷茫;走向错了,一切努力都是无用功。常听到已有多年教学经验的语文教师感慨:语文越教越不会教了!为什么会有此反常现象?究其原因,多半是因为缺少一点课程意识。

《国家中长期教育改革和发展规划纲要(2010—2020年)》指出:中小学教育要"提高学生综合素质,使学生成为德智体美全面发展的社会主义建设者和接班人"。在中小学,这个总目标是由语、数、英、理、化、生、音、体、美等各门具体的课程分别承担和达成的,每一门课程都只能从各自专业的角度分担总目标中一个适合自己学科性质的具体目标,任何一门学科都不可能总揽一切,包打天下。比如广受人们关注的思想、人文教育,各门学科都应该从自己学科的特点出发实施之;语文课程由于其丰富的人文内涵,比之其他学科有其天然的思想优势,但语文学科只能从"语文的"角度寻求思想、人文教育的具体途径,绝不能把思想、人文教育作为语文学科自身的目标。语文课就是语文课,它不是政治课或思品课;失掉了"语文"这个基本立足点,就不是语文课了。

语文,作为一门具体的课程,它自身的目标是什么?简言之,就是对学生进行本民族语的教育;具体些说,就是通过读、写、听、说的训练,培养学生正确理解和运用祖国语言文字的能力。或问:把语文课程的目标定位在民族语教育,是不是把语文课程的"教育功能"狭隘化了?是不是意味着语文课程可以放弃思想、人文教育?

答曰:否!

语文课不仅要进行思想、人文教育,而且必须比别的学科进行得更好、更有效;但更需要强调的是:语文课只能通过"语文的"方式而不是说教、注入以及所谓"德育渗透"这类外加的方式对学生进行思想、人文教育。

所谓"语文的"方式,就是学习语言(言语)的方式,也就是学生运用本民族语进行读、写、听、说实践活动的方式。以阅读为例,它是学生学习民族语的必由之路。在阅读过程中,学生通过对范文语言的诵读、品味、赏析,生成语感,积累语料,学习民族语丰富的表现方式和强大的表现力;在此同时,必然也受到范文语言所蕴含的思想、情感、情操的熏陶感染,因为学生学习的文本，不是抽象的语言符号的堆积，而是典范的、具有丰富的思想感情和人文内涵的言语成品。因此，正是对民族语的学习，充分体现了语文课程熏陶感染、潜移默化、润物无声的教育功能。

人们普遍认为，教育最理想的境界是"润物细无声"。用"语文的"方式来教语文，不但没有削弱语文课的教育功能，恰恰相反，它使这种教育功能得到了更完美的呈现。

我教语文几十年，几十年来目睹形形色色的语文教学新理论、新思想纷纷登台亮相，但我始终坚守一个立场：我教的是语文，它是一门帮助学生学习祖国语言文字的课程，因此，我的所有教学活动都应该有助于学生正确、熟练地理解和运用祖国的语言文字。这是我认定的语文教学之"根"。凡有可能动摇这个"根"的理论、学说，无论是进口的还是国产的，无论其立论如何高深莫测，无论其包装如何精致华丽，我都不予理会。这样，我便有了一股"咬定青山不放松"的"定力"。

语文教学既然本质上就是语言（言语）教育，那么我上课时最关心的问题是：学生是通过怎样的途径进入文本的？是通过浮光掠影的阅读、一知半解的猜测，还是通过对文本中词语、句子的理解、咀嚼和品味？

试以我指导学生读苏轼的七绝《惠崇〈春江晚景〉》的一段课堂实录说明之：

师：这首诗是题画诗。同学们先读一读，看这首诗写的是什么时间，是早春？盛春？还是晚春？

（学生读诗，有的默读，有的诵读，读后又小声议论）

生：写的是早春。

师：从哪里知道？

生：从"春江水暖鸭先知"中的"暖"字知道。

师：为什么"暖"字能说明早春？能不能讲得更清楚一点？

生：春天到了，水温回升。

师：噢，春天到了，水温回升了，是吧！还有补充的吗？

生：还有"竹外桃花三两枝"中的"三两枝"，说明花还没盛开。

师：说得很对。"三两枝"不是盛开。还有吗？

生：还有"蒌蒿满地芦芽短"，"芦芽短"，这里是说芦芽刚刚冒出来一点，还没有十分茂盛。

师：大家同意吗？

生（齐）：同意！

师：……这首诗其中的一句特别有名，你们猜是哪一句？

生："春江水暖鸭先知。"

师：噢，你们是怎样猜得这样准的？为什么说这一句特别有名？

（学生们议论纷纷）

生：这句诗写得很形象。

师：为什么说它写得很形象？

生："鸭先知"用了拟人化的写法。春天来了，冰雪融化了，水温回升了，人们还没有察觉——

师：好！"察觉"这个词用得好！

生（继续）：人们还没有察觉水温的回升，却看见鸭子在河里嬉戏游闹。

师：看到鸭子在嬉戏游闹，这样就可以想象到鸭子知道什么啦？

生：水温回升了。

师：他有两个词用得很好，一个是"察觉"，一个是——

生（齐）：嬉戏游闹。

师：对，嬉戏游闹。看到鸭子在欢快地游动，就推想到鸭子已经感觉到了水温的回升。这里表现了诗人的观察力、想象力，这句诗里面有一个字是这句诗的诗眼，你们能找得出来吗？

生（齐）："先"字。

师：对，就是这个字！同学们真是很会读诗的。

在这个阅读过程中，学生正是通过"春江水暖鸭先知""三两枝""芦芽短"这些具体的词语、句子进入诗人所描绘的"早春"的意境的，因此学生对早春的感受也是具象的、生动的。

学生的思维一旦被激活，课堂上发生议论、争辩是常有的事，尤其是争辩，学生头脑一热，往往"忘记"了文本，变成漫无约束的思维"跑野马"。在这样的时候，我总是坚持要求学生从理解文本语言的角度解决争辩中发生的问题，把学生思维的"野马"拉回到文本所限定的具体语境中来。下面是我执教鲁迅《故乡》的一段教学实录：

生：闰土为什么要把碗碟埋在灰堆里？

师：闰土把碗碟埋在灰堆里，这是谁说的？

生（齐）：杨二嫂！

师：那么，究竟是不是闰土埋的呢？

生：不是的。

师：为什么？说话要有根据。

生：杨二嫂挖出埋在灰堆里的碗碟后，就自以为很有功劳，拿走了"我"家的狗气杀，这就是杨二嫂说谎的目的。

生：可能是"我"埋的，以便暗暗地让闰土得到许多碗碟。

师：哦，原来是这样啊！（众笑）

生：如果说是闰土埋的，杨二嫂怎么会知道呢？

师：这里有个问题，闰土会偷拿东西吗？

生（齐）：不会！

师：为什么？

生："母亲对我说，凡是不必搬走的东西，尽可以送他，可以听他自己去拣择。"这样，闰土尽可以明着拿，根本用不着偷拿。

师：有道理！有说服力！我们解决问题，都应该到书中去找根据。那么，是谁埋的呢？

生（齐）：杨二嫂！

师：为什么？要以文为证。

生：不知道是谁埋的。

师：对，就是不知道。这个是"历史的悬案"。但有一点是可以肯定的，杨二嫂以这个作为理由拿走了狗气杀。这样写是为了说明什么呢？

生：杨二嫂贪小便宜。

师：这个问题大家解决得很好，我特别高兴。我曾经看到杂志上也议论过这个问题，结论是闰土决不会偷埋的，理由呢？跟

我们这位同学所说的完全一样。这位同学如果写了文章,也可以在杂志上发表了嘛!(生大笑)

学生在讨论"碗碟究竟是谁偷埋的"这个"悬案"时,很可能会变成漫无边际、毫无根据的胡猜乱测,因此我一再要求学生"说话要有根据",要"以文为证",让学生从课文中寻找推测的依据,这就把学生"脱缰"的思维拉到对文本语言的解读上,最后求得了圆满的答案。

上语文课只要认定了民族语教育这个方向,实实在在地引导学生在阅读中理解、咀嚼、品味文本的语言,进而实实在在地教会学生读书,那么,不少教师"越教越不会教"的感慨肯定会变成"越教越会教"的成就感了。

二、教学理念助我得法

教学行为总是受教学理念的支配,因此,我在进入具体的教学活动之前总还要问一问自己:我的教学理念是什么?它是先进的、富于生命力的,还是落后的、陈腐的?这种自问,久之成习,同样也变成了一种自觉的意识。

我在20世纪80年代初提出的"三主":学生为主体,教师为主导,训练为主线,一直是指导我的教学实践的教学理念,它支配着我上的每一堂课。"三主"的内在逻辑我曾经这样表述:"学生为主体"是教学的根本立足点和出发点,着眼于学生的"会学";"教师为主导"则是把教师的作用定位于"导"(引导、指导、辅导、因势利导),着眼于教师的"善导";而学生的"会学"和教师的"善导"在教学过程中的互动,必然呈现为一个

"训练"过程:"训",就是教师的引导、指导;"练",就是学生的实践、操作;"训练"是教学过程中师生互动的基本形态。教学过程除非没有师生互动,否则必定是一个训练过程。

这些年来,应试式的"操练"愈演愈烈,对正常的学校教育造成了严重干扰和冲击,以致人们迁怒于"训练",莫名其妙地在"训练"和应试式"操练"之间画上了等号,于是,在一片反对应试教育的声浪中把"训练"也连同脏水一起泼掉了。结果是,应试教育依然如故,正常的训练却蒙受了"不白之冤"!连教育部委托专家研制的语文课程标准也误解、贬低了训练的地位和作用。

其实,教育本身就是训练。学生健全人格的塑造、良好品德和习惯的养成、知识的获得、能力的培养、智力的开发,等等,哪一项离得开训练?语文学科的实践性强,学生要学会阅读、作文、听说,并通过读、写、听、说的实践提高语文素养,更不能须臾离开训练。排斥训练,无异于抽空语文教学的内容,使语文课程蜕变成一个徒有其表的"空壳",跟思品课、政治课、历史课等其他人文学科没有了区别,结果必然是严重降低语文教学的质量。叶圣陶先生生前与语文教师谈语文教学,一直十分强调训练的重要,他说:"学生须能读书,须能作文,故特设语文课以训练之。最终目的为:自能读书,不待老师讲;自能作文,不待老师改。老师之训练必作到此两点,乃为教学之成功。"叶老把训练提到了教学是否成功的关键地位。事实上,忽视语文训练的不良后果现在已经很明显了。学生不爱读书,不会读书,有的学生甚至完全不读书,已成为很普遍的现象,如果允许这种现象继续存在下去,其负面的影响恐怕不仅仅是学生语文素养的降低而已!

这里谈两点：一、怎样训练？二、训练什么？

所谓"怎样训练"，实质上是一个怎样处理好教学过程中师生互动关系的问题。教师在进入教学过程之前，首先必须真心实意地确认学生的"主体"地位，真正把学习的自主权还给学生，尊重每个学生独特的学习体验，而不是越俎代庖，把教师自己认知的结果强加给学生；其次，必须真正把自己的作用定位在"导"，也就是只能因势利导，导而弗牵，使教师的"导"成为强化学生主体地位的必要条件，而不是削弱或取代学生的主体地位。这样的师生互动，必定是生动活泼的有效的"训练"。

根据我的"学生为主体"理念，我十分重视教师"教读"之前学生的"自读"。"自读"不是"预习"，而是一种以培养自读能力为目标的阅读训练方式。我一般要求学生在自读中借助工具书（《现代汉语词典》《古汉语常用字字典》等，现在还可以网络查询）和课文注释，按照阅读文章"由表及里"的思维流程进入文本，揣摩作者思路，理解文章主旨，品味文章语言，以及质疑问难，等等。就是说，教师在教读之前，学生对文本已经有了初步的解读，教师的"教读"是在学生自读的基础上进行，通过师生交流、生生交流，使学生的自读体会浅者深之，误者正之，疑者解之，进而领悟读书之法。教一篇课文的目的不是"教懂文章"，而是"教会阅读"。

例如，我教《论雷峰塔的倒掉》，先让学生自读文本，在自读中发现问题，然后在教读课上提出来，由全班一起讨论解决，整个教学过程就是一个由学生发现问题、提出问题、讨论问题、解决问题的过程，学生始终处于学习主体的地位。教师在这个过程中作用是：组织讨论过程，使讨论有序进行；引导讨论方向，避免旁逸斜出，影响讨论效果；在学生发生疑难或认知有错误时，随机点拨，使学生茅塞顿开，获得新的认知。请看下面这个教学片段：

生：从本文的标题看，是议论文，但跟过去学过的议论文不同，写得有些杂乱，它究竟是什么文体？

师：他说鲁迅的文章有些杂乱，你们说呢？

（学生议论纷纷，有的说"乱"，有的说"不乱"）

师：请起来说。

生：是写得有些乱。先说雷峰塔倒掉，后来却东拉西扯，还写到吃螃蟹，让人理不出线索来。

师（对另一名学生）：我刚才好像听到你说"不杂乱"，也能起来讲讲吗？

生：我……我想鲁迅写文章是不会乱来的。（笑）

师：当然，鲁迅如果乱写的话，那就不是鲁迅，而是一名中学生了。（笑）不能把这个做理由，要用文章本身来说明。

生：文章写的都是雷峰塔倒掉的事。（师插：能说得具体些吗？）写《白蛇传》的故事，写吃螃蟹这些事，都和雷峰塔倒掉的问题有关。

师：两位同学的意见都正确。这篇文章看起来是有些"杂"，但是"杂"而不"乱"。这种文体就叫"杂文"（板书）。杂文里常常要发表议论，但是跟议论文不同。关于这种文体的特点，到我们读完了文章以后再一起讨论。刚才他（指第二位学生）虽然话说得不大漂亮,但道理是对的。……本文的标题是"论雷峰塔的倒掉",这就提示我们,塔的"倒掉"是贯穿全文的一条线索。现在我们就来理一理这条线索。这件事并不难做,只要把文章里有关"倒掉"的句子找出来就行了。例如第一段主要写什么?

生:听说杭州西湖上的雷峰塔倒掉了。(师插:能不能简化到最少的字数?)听说……倒掉。

师:好,就用"听说倒掉"。大家就以此为例,一路找下去,最后就可以把线索理出来。

(学生看书,找线索,教师边听边写,最后完成板书:

听说倒掉—希望倒掉—仍然希望倒掉—居然倒掉—终究要倒掉)

师:你们看,作者就按这条线索,有时叙述,有时议论,一路写下去。如果说这像在画"龙"的话,那么在哪里"点睛"?

生:最后点睛。(师插:为什么说"睛"在最后?)因为"终究要倒掉"是文章的中心所在。

师:你们看,把文章的线索理一下,就可以看出作者的思路一步不乱。这可以说是杂文的一个特点:杂而不乱。

这个教例展示了一个训练的过程,在这个过程中,问题是学生提出的,解决问题也主要依靠学生的努力,但教师在学生讨论问题过程中穿针引线、随机点拨的作用也清晰可见。这里解决的似乎只是作者的思路问题,学生实际上学到了关于"什么是杂文"以及"怎样读杂文"的有关知识和方法。在我的心目中,语文课就是教读课,"教读"就是教学生读书,使之达到"不需要教"的最终目的。

设计问题是教师的一项基本功。问题设计得好，能激活学生的思维，或引起认知冲突，从而提高学习兴趣。例如，我在学生自读课文《食物从何处来》后，为了测试学生是否掌握了"食物"的定义——"食物是一种能够构成躯体和供应能量的物质"，我提出了一个问题：今天早上我吃了两片面包、一个鸡蛋、一杯开水、一个苹果，是不是都是食物？（其中开水不是食物，因为水虽然能参与躯体的组成，但不能供应能量。）这比直问学生"什么是食物"，或要求学生背诵食物的定义，更能引起学生思考的兴趣。我尤其注意避免那些"教学圈套式"的"伪问题"。在某些展示课上常常可以看到教师的提问不是为了启发学生思考，而只是为了从学生嘴里"掏"出一个预期的答案，这个答案其实早已编入了课前制成的ppt课件之中，这种所谓提问只是一个诱使学生"入我彀中"的圈套而已。

我更重视指导学生自己发现问题、提出问题，我的很多课都是建立在学生提问的基础上的。朱熹认为"读书无疑者，须教有疑；有疑者，却要无疑，到这里方是长进"。鼓励学生质疑、提问，就是让学生经历这样一个"无疑—有疑—无疑"的读书"长进"的过程。经常进行这样的训练，学生提问的水平就会逐渐提高，而学生提问水平的提高事实上意味着阅读能力的提高。例如我教鲁迅的《论雷峰塔的倒掉》和《故乡》，布置"自读"的唯一要求就是发现问题、提出问题。学生自读《论雷峰塔的倒掉》后提出了不少的问题，试举几例：

1."听说，杭州西湖上的雷峰塔倒掉了，听说而已，我没有亲见。"这句用了两个"听说",显得啰唆,"没有亲见"和"听说"的意思也是重复的,作者为什么要这样写?

2."雷峰夕照"是西湖十景之一,是西湖胜迹中的一个名目。"胜迹"就是风景优美的古迹,但作者却说它"并不见佳"。"雷峰夕照"究竟美不美?

3.课文第四段"现在,他居然倒掉了",我认为应该把"居然"改为"果然"。因为作者是一直希望雷峰塔倒掉的,现在"果然"倒掉,语气好像顺一点。

从这些问题看,学生已经学会了"咬文嚼字",能够从文本的语言表达发现矛盾,提出问题,标志着阅读能力的提高。经常这样训练,其意义不仅在于提出问题而已。

三、长期践行助我生慧

我从1952年正式成为语文教师,仅有初中学历的我根本不懂语文教学,但终于从自身学习语文的经验中悟出了语文教学必须着眼于培养学生的自学能力这个"诀窍"。因此我的教学从一开始就比较注意鼓励学生自主学习。随着教学经验的逐渐积累,最后形成了"三主"(学生为主体,教师为主导,训练为主线)教学理念。"三主"的核心是"学生为主体",即确认学生是主体,是学习、求知的主动者;既然学生是学习、求知的主动者,那么教学过程中的"学情"就必然会随着学生思维活动的展开而千变万化,迫使我不得不经常面对不断变化着的学情。这种学情的变化是无法预料的。这对教师的教学智慧确实是严峻的挑战。长期以来，这样的挑战不断出现，我这个资质平平的人，居然也渐渐变得聪明了一些，虽然说不上什么教学智慧，但至少在千变万化的学情面前不至于手足无措。

有的老师认为教学机智是某些教师生来就有的"禀赋"，靠的是天生的聪明。其实教学机智也是实践的产物。

首先，是教学理念出智慧。如果教师在教学过程中真正确认并尊重学生的主体地位，就必然会想方设法使自己的一切教学行为都有助于激发学生的主体意识，教学智慧往往由此而生成。比如，我教鲁迅的《故乡》时，当学生提出"鱼怎么会有青蛙似的两只脚"这样幼稚的问题时，我的顺势一引，既保护了学生提问的积极性，又引导学生加深了对少年闰土形象的认识（见《故乡》教学实录）。当时我想：如果轻易否定学生的问题，告诫他"以后不要提这种幼稚的问题！"不仅会打击这位提问的学生思考、质疑的积极性，并可能对其他学生造成一种心理暗示：不要随便提问。这对学生的主体意识是一种有意无意的压抑和伤害。在这样的情势下，逼得我不得不急中生智，终于采取了一种巧妙引导的手法。

其次，是长期践行生智慧。我们不妨从反面设想，如果教师长期习惯于主宰学生，控制课堂，提问也只是为了诱使学生入我彀中，这样的教学实践如果长期不变，日久成习，必然导致教师随机应变的能力萎缩，教学智慧从何而来？！

教学智慧只能是"学生为主体"理念长期践行的产物。

（2015年）

我教《愚公移山》*

师：上一课（注：指正式上课前用20分钟时间让学生自读课文。）同学们自读了《愚公移山》，我检查了一下，同学们学习得很好，老师非常满意！现在我们先一起来把文章朗读一遍，好吗？

（学生齐声朗读全文。读毕，有学生提出"亡"字错读了"wáng"，教师让同学们共同订正。）

师：下面请同学们提提看，在自读中有什么问题。

生："河曲智叟"的"曲"是什么意思？

师：谁会解释这个"曲"字？都不会？那就请大家查字典。

生（读字典）：曲，就是"弯曲的地方"。

师：嗯，这个解释选对了。后面还举了什么词做例子？

生：河曲。

师：对。河曲就是黄河弯曲的地方。你们看，有些问题一请教字典就解决了。还有别的问题吗？

生：第一段里的"本在冀州之南，河阳之北"，为什么这里

---

* 本实录中的楷体字部分系作者自述教学设计的意图。

用个"本"字？

师：嗯，这个问题提得好。谁能帮助这位同学解决这个问题？

生：因为太行、王屋二山后来搬走了，不在这个地方了。

师：说得真好！这个"本"字是跟后文相呼应的。这个问题提得好，解决得更好，说明同学们能够思前顾后地读文章了。

（随机指点读文方法。榜样取自学生，也许比空谈方法效果略胜。）

生："残年余力"是什么意思？

师：噢，残年余力，谁能解释这四个字？

生："残年余力"是说老人力气不多了。

师：好，意思讲对了！这个"残"字，我们来明确一下它的含义，好吗？请查字典。

生（看字典回答）：残，就是"剩余的"。

师："残"跟"余"在这里意思是一样吗？

生（齐声）：一样！

师：一样，对了！愚公快九十岁了，余下的日子不多了，剩下的力气也有限。再请大家说说看，"以残年余力"这个"以"怎么讲？

生：用，因。

师：这样解释，在这里适用吗？你说！

生：这里解释"凭"好。

师：对，解释"凭"好。"以"作"凭"讲，文章里还有别的例子吗？

（要求学生从课文中再找别的例子，促使学生举一反三，把知识学活。下面找"之"字属同一意图。）

生：愚公妻子讲的"以君之力"，这个"以"字用法一样。

师：对！还有没有问题了？

生："出入之迂也"，这个"之"字不会讲。

师：噢，这个"之"的用法可能没有学到过，大概都不知道吧？

生："之"是结构助词。

师：讲得很好！我以为没有人知道了。是结构助词，不过这个结构助词用法有点特别，你们看，如果要翻译这个句子，这个"之"字要不要翻译出来？

生（齐声）：不要！

师：那怎么译法？

生：出出进进都要绕远路。

师：讲得对！你们看前面还有没有同样用法的"之"字？

生："北山之塞"的"之"，用法一样。

师：找对了！同学们还有别的问题吗？（稍顿）没有问题了？很好，说明大家都懂了。你们看，许多问题大家一起来思考，不是都解决了吗？这说明同学们经过自己的努力是能读懂这样的文章的。（趁势给以鼓励，既是总结上面的活动，更是为了进一步活动的需要。）现在，老师来问你们一些问题，看大家真的读懂了没有。这篇寓言共写了几个人？我们先来把它们列出来，大家一起说，我来写，好不好？（从列人物表开始，使学生觉得入门不难。）

（学生们纷纷提出，黑板上最后出现了一个人物表：愚公、其妻、其子孙、遗男、智叟）

师：我们先来熟悉一下这个人物表。大家说说看，这个老愚公有多大年纪了？

（学生纷纷答，有人说"九十岁"，有人说"九十不到"）

师：到底是九十，还是九十不到？

生（齐声）：不到。

师：不到？从哪里知道？

生："年且九十"，有个"且"字。

师：且，对！有的同学看书仔细，有的同学就有些粗心。那么，那个智叟是年轻人吗？

生（齐声）：老头。

师：怎么知道？

生（齐声）："叟"字呀！

师：啊，很好。愚公和智叟都是老头子。那么，那个遗男有几岁了？

生：七八岁。

师：你又是怎么知道的？

生：从"龀"字知道。

师：噢，龀。这个字很难写，你上黑板写写看。（生板书）写得很好。"龀"是什么意思？

生：换牙。

师：对，换牙。你看这是什么偏旁？（生答："齿"旁）孩子七八岁时开始换牙。同学们不但看得很仔细，而且都记住了。

那么，这个年纪小小的孩子跟老愚公一起去移山，他爸爸肯让他去吗？

（"他爸爸肯让他去吗？"此问的本意在于了解学生是否掌握"孀妻""遗男"二词，问在此而意在彼，谓之"曲问"。前面问"愚公有多大年纪？""智叟是年轻人吗？"都是曲问的例子。问题"拐个弯"，容易激发思考的兴趣。）

（生一时不能回答，稍一思索，七嘴八舌地："他没有爸爸！"）

师：你们怎么知道？

生：他是寡妇的儿子。孀妻就是寡妇。

师：对！遗男是什么意思？

生（齐声）：孤儿。

师：对了！这个孩子死了爸爸，只有妈妈。你们看书的确很仔细！再请你们计算一下：这次参加移山的一共有多少人？

生：五个人。

师：你们怎么知道的？

生：一个愚公，一个遗男，还有他的三个子孙。

师：三个什么样的子孙？

生：三个会挑担的，"荷担者三夫。"

师：你们怎么知道愚公自己也参加了呢？

生："遂率子孙荷担者三夫"，是愚公率领了子孙去的。

师：啊，讲得真好！那请你再说说看，"遂率"前面省略了一个什么句子成分？

生：主语。

师：主语应该是什么？

生：愚公。愚公"遂率子孙荷担者三夫"。

师：好！主语补出来，人数很清楚，一共五个人。（计算人数，既是了解文章内容的需要——人少而移山，更见任务之艰巨——也是为了落实古汉语"主语省略"的常识。）人物我们搞清楚了，下面再看看，这个寓言写了一件什么事？（由人而及事。但事在人为，知"事"正是为了识"人"。）

生（齐声）：移山。

师：这件事做起来难吗？从文章里找出句子来说明。

生：很难。文章里有"高万仞""方七百里"两句。"高万仞"就是很高的意思，"方七百里"就是方圆面积七百里。山又高又大，很难移。

师：说得很好。移山的任务越艰巨，就越能显示出人们不同的精神面貌。（认识人们不同的精神面貌，是"轴心"所在，也是整个教学设计的"主心骨"。）接下来让我们根据这张人物表上出现的人物，来看看他们对待移山这件事的不同态度。文章里有两个人讲的话差不多，你们看是谁啊？

生：愚公妻和智叟，他们两人的态度差不多。

师：差不多吧？好，我们就先把他们两个的话一起读一遍吧，比较比较，看看两人的态度究竟是不是一样。（"疑似之迹，不可不察"，教学中此类比较，最易激活学生的思维。）

（学生朗读）

师：想一想，他们的态度一样吗？

生：智叟讲愚公很笨，太不聪明了。愚公妻没有讲。

师：你再说说看，智叟讲的这个句子是怎样组织的？

生：倒装的。

师：那么不倒装该怎么说呢？

生：汝之不惠甚矣。

师：你知道为什么要倒装？

生：强调愚公不聪明。

师：对，把"甚矣"提前，强调愚公不聪明到了极点。这句话愚公的妻子是不讲的。这里有一点不同。（不同之一：对愚公的看法不同。落实"倒装句"知识。）我们再来看一看称谓，愚公妻称愚公什么？

生（齐声）：君。

师：那么智叟称愚公——

生（齐声）：汝。

师：这两个词有区别吗？

生："君"表示尊重，"汝"很不客气。

师：嗯，好！我再把这个"汝"简单地讲一讲。长辈对小辈，地位高的人对地位低的人，一般用"汝"。平辈之间用"汝"，就有些不尊重的意思。智叟叫愚公为什么用"汝"啊？

生：智叟看不起愚公，因为他觉得愚公笨。

师：对，这是又一点不同。（不同之二：对愚公的称谓不同。落实古汉语中称谓的常识。）还有什么不同吗？

生：还有两句讲得不一样。愚公妻说："以君之力，曾不能损魁父之丘，如太行、王屋何？"智叟说："以残年余力，曾不能毁山之一毛，其如土石何？"

师：不一样在什么地方？

生：愚公妻说愚公不能把小山怎么样；智叟说连山上一根毛都不能动，有点讽刺的意思。

师：啊，讲得好。这里的"毛"字是什么意思？

生：小草。

师：请你把这个解释用到句子里去讲讲看。

生：曾不能毁山之一毛，就是不能毁掉山上的一根小草。

师：对，一棵小草也毁不了，这是一种什么语气？

生：轻蔑。

师：对，轻蔑的，这跟愚公的妻子一样吗？

生：不一样。

师：看，这里又有不同。（不同之三：对愚公的态度不同。落实"毛"字含义。）还有"如太行、王屋何"和"其如土石何"，同样是"如……何"的句式，可是智叟的话里多一个"其"字，这里有什么不同？

生：智叟的话语气比较强，用个"其"字，有点强调愚公没有用。

师：讲得好。（不同之四：对愚公说话的语气不同。落实"其"字用法。）最后还有一句不一样，是哪一句啊？

生："且焉置土石？"

师：这句话怎么解释？

生：把土石放到哪里去？

师："焉置"的"焉"字怎样解释？

生：疑问代词，哪里。

师：对，不过这句里的"哪里"放到"置"的前面去了，"焉置"就是"置焉"，放在哪里。愚公妻有这个问题没解决，后来这个问题解决了吗？

生：解决了。

师：怎么解决的？

生：大家说"投诸渤海之尾，隐土之北"。

师：他妻子提出这个问题来说明她对移山是什么态度？

生：关心。

生：担心。

师：关心又担心，两人都讲得对。她关心这个技术问题怎么解决；还对老头子有点担心，快九十的人了，去移那么大的山，能不叫人担心吗？智叟呢？"嘿，你这个笨老头，一根小草也毁不了的人，想去移山，瞧你有多笨！"两人一样吗？不一样。（不同之五：对愚公的心理不同。落实"焉置"的含义。）现在请你们再在文章里找出两个字来，把两人的态度分别用一个字说明一下。先说愚公妻。好，你说！

生："献"……

师：献什么？

生："疑"。

师：对，"献疑"。她对能不能移山只是有疑问。那么智叟呢？

生：笑。

师：对！笑，"笑而止之"。一个笑字带有什么样的感情，大家想想看。

生：讽刺。

师：请在这个"笑"字前面加一个字，把这种感情表达出来。（不仅仅是组词训练。）

生：讥笑。

师：对了。一个是"疑"，一个是"笑"。你们看，本来大家认为他们的态度差不多，但仔细比较、分析一下，就发现差别了。所以你们读书要常把看起来差不多的词句拿来比较比较。这个很重要。不要粗粗一看，哦，一样的，就不看了。要动动脑筋，多想想。（以"疑""笑"总结两人态度，着眼于培养概括能力。）

我们再来看看另外几个人。那个遗男对移山的态度怎样？

生：高兴。

师：怎么知道？

生：跳，"跳往"。

师：对了，跳跳蹦蹦地去移山，很高兴。他虽然年纪小，但是人小——

生：志气大。

（体会"跳"字的感情色彩。）

师：对，他跟愚公一老一小，都有志气。那么愚公子孙的态度怎么样？

生：赞许。

师：赞许，你是从那个"许"字上看出来的吧？再想想，当时大家表示赞许的场面是怎样的？

生：热闹的。

师：怎么知道？

生："杂然"。

师：这两个字什么意思？

生：纷纷地、七嘴八舌的样子。

师：还有当愚公妻提出疑问的时候，子孙们怎样？

生："杂曰……"。

师：什么叫"杂曰"？

生：议论纷纷地说。

师：看，这个"杂"字很准确地写出了子孙们纷纷赞同的场面。（体会"杂然""杂"对描绘气氛的作用。）上面几个人，对移山有坚决拥护的，有疑问的，有反对的。现在时间到了，请大家下课以后想一想："愚公"就是"笨老头"，他究竟笨不笨？

——以上第一教时

师：同学们大概想过了，愚公究竟笨不笨？

（先讨论其他人物对"移山"的态度，故意留下愚公。主角登台，必须安排专场演出。"愚公笨不笨"，有极强的思辨性，教学对象又是初一学生，能否讨论出结果来，全在教师如何引导。）

生：不笨。

生：笨是有点笨，不过有点精神。

师：嗯，大家自由发表意见，这就好。其他同学的意见呢？还有，我们说愚公笨，或者不笨，都要从文章里找根据，不能凭空想。

生：不笨。

师：你说说理由。

生：愚公说："虽我之死，有子存焉；子又生孙，孙又生子；子又生子，子又生孙；子子孙孙无穷匮也，而山不加增，何苦而不平？"从这些话里看出愚公不笨。

师：噢，他有意见。

生：有点笨。

师：理由呢？

生：愚公有不怕困难的精神，但不能运用科学道理。

师：其他同学也发表意见。

生：不能说他不能运用科学道理，因为那时还没有大吊车。

师：你们看，现在我们分成两派了，一个是"笨派"，一个是"不笨派"。（问几个同学）你们是属于哪一派的？

生：不笨派。

师（问另一学生）：你呢？

生：笨派。（笑）

（划分两"派"，为了树立"对立面"，激发思辨的兴趣。）

师：刚才我说过，无论说愚公笨还是不笨，都要根据文章。（"手不离书，言必有据。"既是学习习惯的培养，又是思维、语言训练的要求。）现在让我们把前前后后有关愚公的一些句子分析分析，再下结论，怎么样？先看看引起愚公移山的动机是什么？

生："惩北山之塞，出入之迂也。"

师：请你解释一下。

生：苦于北山交通阻塞，进出要绕远道。

师：说得对。就是说，愚公所以要移山，是因为他"痛感迁、塞之苦"（板书）。（一看移山动机：痛感迁、塞之苦。）那么山移掉了有什么好处呢？愚公想过没有？

生：移了山，那就可以"指通豫南，达于汉阴"。

师：你也解释一下。

生：指通，就是一直通到。可以直通豫州之南，达到汉水南岸。

师：对！从这里我们可以看到愚公清楚地知道移山的好处，用一句来概括，叫作"确知移山之利"（板书）。（二看移山目的：确知移山之利。）这说明他做事目标很明确。还有，刚才有同学提出的他那段回答智叟的话，你们觉得这段话讲得好不好？

生：好！

师：好？好在哪里？你说！

生：这段话有力地驳回了智叟的"笑而止之"。

师：嗯，的确驳得很有力，念起来很有劲的。我们来念一念，体会体会，好吗？

（学生念"北山愚公长息曰……何苦而不平"几句）

师：好，就念到这儿。你们感到这段句子写得怎么样？

（语感的体会比语法分析更重要。）

生：有力。

师：你们找找原因看，为什么会造成有力的感觉？句子组织有什么特点？

生：朗朗上口。

师：嗯，讲得很有道理。为什么朗朗上口呢？

生：前面一句最后一个字和后面一句第一个字相同。

师：哎，他找到了特点。你们看："汝心之固，固不可彻。"后面一个固字顶着前面一个固字，你们知道这样写有什么作用吗？

生：一句顶一句，显得语气加强。

（语感出来了。）

师：对，下面有没有这样的例子？

生：有。"子又生孙，孙又生子；子又有子，子又有孙，子子孙孙无穷匮也。"

师：对，这段话写得特别有趣，一句顶一句来写，显得子子孙孙，绵延不绝。最后总结一句，那一句是——

生："子子孙孙无穷匮也。"

师：什么叫"无穷匮"？

生：没有穷尽。

师：是呀，愚公的志气，愚公移山的决心，愚公移山的行为，父亲传给儿子，儿子传给孙子，代代相传，无穷无尽，就这样一点点地"啃"这两座大山。下面还有一句话，一转显得特别有力，哪一句？

生："而山不加增。"

师：对，这里的"加"字我讲一讲。"加"是"更"的意思，"加增"，就是更增高，不是"增加"的倒装。这一句话一转特别有力，最后自然引出了一个结论，哪一句？

生："何苦而不平？"

师：对，这句是水到渠成，很有说服力，很有道理，智叟能回答吗？

生："亡以应。"

师：如果用一个成语来回答，叫作——

生：哑口无言。

生：无言以对。

师：都对。"无言以对"更符合"亡以应"的意思。为什么智叟"亡以应"？因为愚公讲出了一个很普通的道理，做了一道简单的算术加减法；很普通，但很在理。从这里可以看出，愚公不仅痛感迂、塞之苦，确知移山之利，而且还"深明可移之理"（板书）。（三看移山的可能：深明可移之理。至此，"愚公不愚"的结论已隐含其中。）可见愚公移山不是一次盲目的行动，他是考虑得很周到的。现在我们可以来解决愚公笨不笨的问题了。你们想，一个笨的人能这样考虑问题吗？恐怕不可能。那为什么智叟说他笨呢？我想先给你们讲个事。我们上海有一位公共汽车售票员，对待乘客非常热心，是个学雷锋的标兵，《文汇报》上登过他的照片。很多人都写信表扬他，说他服务好。但也有些小青年说这个服务员"戆头戆脑"，这是我们上海方言，就是傻里傻气。这是什么道理？还有雷锋，有些人不是也叫他——

生（齐声）：傻子！

师：你们看，这是什么道理啊？你说。

生：有的人是从为自己的角度来看的，就说他是傻子；有人是从他为集体做好事来看，感到他是好的。

师：哦，讲得真好！就是说要从什么角度看问题了，用什么样的思想感情来看待这样一件事。这位同学的观点你们同意不同意?

生:同意。

(介绍学雷锋标兵,为了引导学生从更高层次理解"愚公不愚"的道理,不能算生硬联系、空洞说教。)

师:好。那让我们回到本题上来,再来看看老愚公。他做的事看起来好像是很傻的。他要移山,可他已经多大年纪了?

生:就要到九十岁了。

师:这么大年纪了,他自己能看到山移走吗?

生:看不到。

师:这一点愚公自己也知道。你们看,他是怎么说的?

生:"虽我之死。"

师:你解释一下好吗?

生:即使我死了。

师:这里的"虽"为什么不解释为"虽然"?

生:"虽然",说明他已经死了。

师:对,这里要用个假设的意思。可见愚公早就想到在自己手里是移不了山的。他自己能享受到移山之利吗?

生(齐声):享受不到!

师:这看起来似乎有点傻了,对不对?但我们用另一种观点来看,用什么观点呢?(一学生插话:为子孙……)啊,很好,请你讲下去,为子孙什么?

生:为子孙后代造福。

师:哎,讲得真好,同学们都讲得这样好,真叫老师高兴!

我们如果用"为子孙后代造福"的观点去看愚公，他不仅不笨，而且还不是一种小聪明，而是……

生（接话）：大聪明！

师：对了！有句成语就叫"大智大勇"，还有一句成语也许你们还不知道，叫作"大智若愚"（板书）。你们看看，这个成语谁能解释？

生：大聪明的人看起来很像愚蠢的。

师：为什么？知道吗？

生：因为他有远见，深谋远虑。

师：对了，他看得比别人远，想得比别人多，别人说他笨，是因为——

生：不了解他。

（以"小聪明"做引子，学生自然得出"大聪明"的结论，由此引出"大智大勇""大智若愚"一串连锁的词语。"愚公笨不笨"的讨论，最后结穴于"大智若愚"的认识。学生寻求答案的过程，正是对课文的理解逐步深入、一系列文言词句逐一落实的过程。教者的追求是：使思想教育和情感熏陶寓于语文训练。务必引导学生因文解道，因道悟文。）

师：是啊，有些看得比较近的人，不了解他，就说他笨。其实愚公笨不笨？不笨。下面我们再来看看智叟这个"聪明老头"聪明吗？

生：不聪明。

师：那为什么他叫"智叟"？你说。

生：他自作聪明。

师：嗯，自作聪明。这种聪明是大聪明吗？

生：是小聪明。

师：对，小聪明。这种爱耍小聪明的人，喜欢占点小便宜，没有远见，这种人我们上海叫他"小乖人"，智叟就是"乖老头"。接下来我们把文章最后一段读一遍，来继续思考一些问题，好吗？

（学生齐声朗读最后一段文章）

师：里头有个"厝"字是第一次看到。这个字同哪个字相通？

生：措，措施的措。

师：什么意思？

生：放置。

师：对。读了这一段，我有个问题：有人说这个故事到最后还是靠神仙的力量把两座山搬走的，这样看起来，愚公到底是无能的。你们同意这个观点吗？

生：不同意！神仙搬山是因为愚公感动了天帝。

师：噢，有道理。

生：还有，操蛇之神他已经怕愚公了。

师：为什么怕？

生：怕他不停地挖，把山挖平了。

师：对。那么看，愚公挖山不止的精神，使山神害怕，天帝感动，文章这样写，恰恰是写出了愚公挖山的精神感人至深。同学们很会动脑筋，我很高兴。同学们对文章的内容理解得很好。现在我们再把文章从头至尾读一遍，要求大家仔细体会，尤其是智叟和愚公对话的话，要把两个人说话的不同语气读出来。

（学生朗读课文）

师：读得很好。这篇文章经过大家的认真思考、共同探讨，同学们学得很好。现在我们当堂来完成一些作业，希望同学们应用学到的知识，很好地完成作业。下面我们先拿来一段文章请同学们口头来讲讲看，看能不能把文章的意思准确地讲出来。选最精彩的一段来讲好吗？大家看选哪一段？

生："河曲智叟笑而止之"那一段。

师：对，这一段好。谁自告奋勇地来讲一讲？这里也要有一点大智大勇，我们看谁第一个勇敢地举起手来。啊，这位同学要起来讲了，大家听好。

（学生一人起来边读边解释。略有几处小错误，全班共同订正）
（文章关键处，再重锤敲打一下。）

师：好，讲得真好，老师很满意。下面我们再来做一个作业，请同学们解释一个虚词。"有子存焉"，这个"焉"字会解释吗？好，你说。

生：在这里。

师：真好，这位同学讲对了。"在这里""于此"，或者叫"于是""于之"都行。这个"于"是什么词？

生（齐声）：介词。

师："此"呢？

生（齐声）：代词。

师："有子存焉"，就是"有儿子活在这里"。你们找找看，这篇文章里还有这样用法的"焉"字吗？

生："无陇断焉。"

师：请你解释一下好吗？

生：没有山岗高地阻绝在这里。

师：对了，讲得好。你们看，这个词既是介词，又是代词，兼有两种身份（板书"兼"字）。为了便于记忆，我们给它起个名字，叫它什么呢？

生：兼词。

师：为什么叫兼词？

生：兼有两种意思。

师：兼词，这个名字起对了。记住，"焉"字除了做代词、语气词外，还有兼词的用法。这种兼词在这篇文章里，除了"焉"字以外，还有一个，看谁读得细心，能把它找出来。

生："诸"。

师：嗯，找对了。怎么解释？

生：之于。

师：这也是一个很有趣的字。它是"之于"两个字的合音，大家读得快的话：之于——诸。你看，快读就成了"诸"，慢读就成了"之——于"。我们来解释一下，"投诸渤海之尾"，这怎么讲？

生：就是"投之于渤海之尾"。

师："投之"的"之"指的是什么？

生（齐声）：土石。

师：同学们理解得很好。我们在这篇文章里学到了两个新的虚词，就是两个兼词。我们就要记住。最后，我们再来做一个作业。这里有一段文言文，我把油印的资料发下来之后，请大家加上标点。(发资料)我请位同学把这段话抄在黑板上,其他同学在下面加标点,待会儿请同学到黑板上加,画出的一些词句要能解释。(学生板书)

  甲乙二生共读《愚公移山》,生甲掩卷而<u>长息曰</u>:"<u>甚矣,愚公之愚!</u>年且九十而欲移山,山未移而身先死,焉能自享其利乎?"生乙曰:"愚公之移山也,盖为子孙造福,非自谋其私也。<u>故</u>以利己之心观之,必谓愚公为不惠;若以利人之心观之,则愚公实大智大勇之人也。"生甲<u>亡</u>以应。生乙复曰:"今欲变吾贫穷之中国为富强之中国,其事之难甚于移山。若我十亿中国人,人人皆为愚公,则山<u>何苦而不平</u>?国何苦而不富?"生甲动容曰:"<u>善哉,君之所言!</u>愚公不愚,我知之矣。"

  (说明:这段文字在发给学生时没有标点。)

  (这道练习题设计的意图是:把从课文中学到的部分词句编写进去,使学生能在一个新的语言环境中辨认它们,以收知识迁移之效。)

  师:请同学们先在纸上做,等会儿要请两位同学到黑板上加标点。看谁先做好,争取第一个到黑板上点。

  (学生做练习。后来有两个学生上黑板加标点。基本做对了,少数几个点错了,全班讨论订正。在讨论标点的同时,由同学解释画出的句子,讲得都很正确)

  师:同学们点得很对,讲得也很好,说明大家能够应用学到的知识去解决新问题了。现在我们想一想,这一段话里面,你觉得哪一句最重要?

  生:"若我十亿中国人,人人皆为愚公,则山何苦而不平?

国何苦而不富？"

师：你为什么觉得这句话很重要？

生：现在我们建设祖国，就要发扬愚公移山的精神。

师：对了，学习愚公移山的精神，这就是我们读了这篇文章以后应该受到的教育。我们要不要做乖老头？

生（齐声）：不要。

师：对。乖老头自以为聪明，无所作为。我们要学习愚公的精神；或者呢，就学习那个京城氏的孩子，跳往助之，高高兴兴地去为四化建设出力。同学们，我们上了两节课，大家学得这样好，老师教得很愉快。你们呢？

生：很愉快。

（教学过程的设计犹如作文，也要讲一点"凤头""猪肚""豹尾"。本文的教学以"学习京城氏的孩子"结尾，希望使初一的孩子感到更亲切一些，留下更多的余味。）

——以上第二教时

[附录]

《愚公移山》教学漫忆

1981年4月初，杭州大学《语文战线》杂志社举办过一个小型的"西湖笔会"，与会者有刘国正、章熊、顾黄初、欧阳代娜、陈钟樑、范守纲、林伟彤、陆鉴三等语文教育界的名流。东道主是《语文战线》主编张春林君。我也有幸叨陪末座。笔会的主题是探讨语文教学的现状和未来。人数既少，兼以志同道合，笔会的气氛始终是愉快而融洽的。

为新时期的语文教育建言献策——"西湖笔会"现场留影

当时的西子湖畔，正是早春季节，偶或还有春寒料峭的天气，但苏堤上的垂柳已经吐出新芽，碧桃似乎也已小蕾深藏数点红，孕育着无限生机。这多么像80年代初的语文教坛：改革的春风已经微微吹拂，不少改革的先行者正在进行着多方面的尝试和探索。人们似乎已经听到了"语文教学的春天"日渐临近的脚步声。但是眼前，毕竟春意还不太浓，要看到一个百花烂漫的"艳阳春"，还需要等待一些时日。西湖笔会在这样的早春时节，在这样的西子湖畔召开，确实引起了与会者许多联想，也平添了几许谈兴。

随着讨论的进展，大家的兴趣最后集中到语文课堂教学的改革上来。为避免空谈，又觉得应该做一点实实在在的尝试。于是决定从与会者里推出一人，借班上一次"尝试课"。教哪一类课文呢？大家又认为首先要瞄准语文教改的死角开火，于是想到了文言文。多少年一贯的"串讲"模式，在文言文教学中业已根深蒂固，不可动摇，似乎文言文就得这样教，舍此别无他途。大家希望尝试课教出一点新意，一改这种窒息学生心灵的刻板教法。这可是一件不太好干的活儿，由谁来承担呢？与会者中不乏教学的高手，事实上谁干都行，但张春林君提议"这件事就交给钱老师，怎样？"一言既出，大家也不反对，于是事情就这样定下来了。

对文言文教学，我本有自己的主见，对普遍流行的"字字落实，句句对译"的传统教法，素怀"叛逆"之心，并曾为此做过长期的探索。因此，什么客套话都没有说，就欣然表示"愿意一试"了。当时定下的试教课文是《愚公移山》。事后春林对我说，当时定下这篇课文，他是有些担心的，怕我"创新"得太离谱，比如诱导学生去批判愚公"缺乏科学头脑"，称赞智叟是"智力型人才"，或提出"移山不如搬家"之类的见解，因为当时正有一些同志在报刊上鼓吹这类时髦的"新"思想。听课以后他放了心。因为我不仅没有否定愚公精神，没有削弱这篇传统课文固有的教育功能，而且把"文"和"道"交融得那样自然熨帖。他认为，传统课文被教出了新意，决定在《语文战线》发表这两堂课的全部教学实录，把它作为这次"西湖笔会"的实绩之一，也作为一份向全国语文教育界发出的"改革宣言"。

其实《愚公移山》这样教，在我，早已不是第一次了。我教所有的文言文，用的都是这种教法。早在1979年下半年，上海市郊区重点中学校长现场会在我任职的嘉定二中召开，全校教师都向校长们开了课，我教的就是《愚公移山》这一课，用的就是这样的教法。这堂课使我这个名不见经传的普通语文教师开始引起人们的注意，并终于在1980年初被评上了上海市首批特级教师。因此，现在重教这篇课文，自然轻车熟路。不巧的是，我当时正患感冒，嗓音严重嘶哑，到上课的前一天，几乎发不出声。守纲陪我到浙医大附属医院求医，得到一位著名医学教授的亲诊，而这位教授开出的药方，又是一种叫什么"散"的名贵中成药，医院里没有，守纲陪我跑了好几家中药房，才总算在一家已经打烊的药店里买到，时间已是下午6点多了。而第二天一早就要上课，真正可用于备课的时间，只有晚饭以后到入睡之前的那一小段空隙。好在我已不需要备课，否则真不知道第二天的尝试课会上成个什么样呢。

当时我担心的倒不是自己怎样教，而是学生能否适应我这种不串讲的反传统教法。因为《愚公移山》是初二的教材，而其时初二的学生已经学过这篇课文，因此只能借一个初一的班级。为这次教学提供班级的学军中学虽说是重点中学，但毕竟学生是初一的，他们入学以来只读过少量的文言文，他们能适应我的教法吗？

那天上课，为了保持常态的教学环境，听课者除了参加笔会的几位外，只吸收了少量当地和本校的教师。上课之前，因学生尚未看过课文，我稍做指导后先给20分钟时间让学生自读。后来的事实证明，当学生的兴趣被激发后，他们释放的潜在能量，比我们估计的要高得多。

"老愚公多大年纪了?"

"参加移山的总共几个人?"

"愚公妻和智叟讲的话差不多,两人对待移山的态度一样吗?"

"愚公到底笨不笨?"

一个个有趣的话题激起了学生投入的热情。

"那个京城氏的七八岁的孩子也去移山,他的爸爸能让他去吗?"学生一时不能回答,随即恍然大悟地叫起来"那孩子没有爸爸!"的时候,他们简直激动不已:想不到一向认为枯燥的文言文,居然可以学得这样开心!

始终在一旁听课的刘国正先生后来在一篇文章里回忆说:"记得我在杭州听梦龙教《愚公移山》的时候,情不自禁地进入了'角色',同学生一起时而深思,时而朗笑,忘记了自己是听课者。其他听课的老师也有类似的感受。"

这次尝试的结果,虽非完全出乎意料,但毕竟有些喜出望外。因为这是我生平第一次借班上课,也是第一次在一个陌生的班级中验证我的教学观念和教学方法,对我个人来说,也是一次意义不同寻常的尝试。这次双重意义的尝试使我获得了某种新的启示,再看西子湖畔的早春风光,似乎悟出了一些令人鼓舞的东西,却又一时说不清楚——只觉得我正在思考、探索着的某种教学理念,蕴含着一股强大的生命力。什么理念?我不知道。既然说不清、道不明,就只能借诗的语言来表达一点朦胧的感觉:

> 乍醒东风意兴长，
> 飞红点翠写春光。
> 料应难画参差柳，
> 先试新梢几缕黄。

遥看苏堤上的早春杨柳，只是淡黄一抹，尽管参差"难画"，但终究会随着艳阳春的到来而垂下万条绿丝绦的。

西湖笔会以后，黄初以"江南春"的笔名在《语文战线》发表文章，介绍笔会盛况，文章标题就用了我的那句"先试新梢几缕黄"。莫不是我的拙劣的诗句也唤起了黄初同样的感受？

（2000年）

我教《少年中国说》

教法说明： 指导读文的方法，是语文导读法的题中应有之义。一篇文章怎样读，除了阅读"规格"外，还应该有适应文章特点的具体读法。《少年中国说》是一篇语言流畅、感情充沛的浅近文言文，文中运用了大量排比、对比、因果、递进、比喻等句法和修辞方式，体现了梁氏"新文体"汪洋恣肆的风格特点。学生读这样的文章，主要难点不在理解词句，而在体会作者的思想感情。课文后的练习题又要求全文背诵，根据我以往的经验，学生背诵本文有较大的难度，尤其是第二段，句子"缠绕"太多，句与句之间有比较复杂的因果、对比、连锁等关系，学生往往被搅昏了头。教学本文，如按文言文的流行教法，由教师逐字解释，逐句翻译，效果不会很好。再说，这种教法也不符合语文导读法的教学原则。这里就有一个怎样指导学生读这一类文章的问题。下面这个教例，从指导读法的角度展示了一种教读的模式。从语文导读法的实际运用看，这个教例具有一定的代表性。顺便加了少量插语，用以自述教学意图或教学过程。

（一）初读印象大家谈

师：昨天请同学们自读《少年中国说》，这堂课想先听听大家对这篇文章的总的印象。请随意说，有什么印象就说什么。

生1：这篇文章虽然是文言文，但是我觉得并不难懂。有些句子虽然不完全理解，但我感觉到作者的感情很强烈。

生2：文章写得热情奔放，用了很多排比句，读起来很有劲。

生3：作者对中国的前途充满了信心，字里行间有一种自豪感，读了使人振奋。

师：你们能不能具体说说，哪些句子读起来有劲，哪些句子使人振奋？

生4：第二段写老年人和少年人的不同性格，一句写老年、一句写少年很有意思。

师："什么叫"很有意思"？

生4：一句句对比，很新鲜……

师：你的意思大概是说作者用了对比的手法，把老年人和少年人的不同性格写得很充分，很鲜明；而且这种句句对比的写法，给人一种新鲜感，是吗？（生点头）

生5：这一段里还用了大量的排比句。

师：读着感觉怎么样？

生5：觉得有气势。

生6：我觉得结尾处一些句子读起来顺口，而且有鼓舞人心的力量。不过，里面有些句子我还不大懂。

师：既然不大懂，怎么还会受到鼓舞？

生6：好像有一点感觉……有些句子我翻译不出来。

师：哦，这叫作"跟着感觉走"。（笑）你所谓"不懂"，大概是指不会翻译，是吗？（生点头）其实，你感受到了作者的热情，这就是一种理解。不过这种理解靠的不是理性的分析，而是靠直接的感受，这就是我们常说的"语感"。它有时候比理性的分析更重要。读文言文，我倒宁可要你们对文章有一种准确、生动的感觉，而不要为了翻译而忽略这种直接的感受。要知道，有些文言句是很难用现代语对译的。这篇文章最后的一些句子，就很难翻译得不走样，因为它是韵文，跟一般的散文句子不一样。你既然已经从这些句子中感觉到了一种鼓舞人心的力量，说明你已经大体上读"懂"了，也说明你有很好的语感。大家还有意见要发表吗？（学生继续从课文中找出了一些句子，说了自己的感受）

（要求学生读文言文能够句句对译而忽视文言语感的训练，是当前文言文教学的一大误区。有些句子，如本文的最后几句韵文，教师自己都很难准确翻译，以此要求学生，学生只能死记译文，反而忽略了对原文的诵读、体味，岂不误之又误？）

（二）走近梁启超

师：同学们自读了这篇课文，你们不仅跟着感觉"走"了一回，而且走得蛮有水平。（笑）就是说，你们的感觉很准确，你们的确抓到了梁启超文章的主要特点。有人对梁启超的文章有这样的评价："以饱含感情之笔，写流利畅达之文。"你们听懂这句话的意思了吗？（生齐答："听懂了！"）"流利畅达"会写吗？（一学生上前板书）很好，完全正确。我测试一下大家的即时记忆能力：有人怎样评价梁启超的文章？

生6：以饱含感情之笔，写流利畅达之文。

（既检测一下学生的即时记忆力，为下面的教学做铺垫，又帮助学生把握本文的情感基调。）

师：你们看，刚才我们谈初读的印象，跟人们的这个评价一致吗？（生齐答：一致）梁启超的这篇文章确实笔下饱含感情，文字流畅，很有感染力。从这篇文章我们还看到了作者对国家的前途充满了信心。可是，你们知道这样一篇有自信、不自馁的文章是作者在怎样的处境中写的吗？为了回答这个问题，我们有必要复习一下近代史。看谁能告诉我一些关于梁启超的情况。

生7：梁启超是戊戌变法的代表人物之一，当时和他一起主张变法的有他的老师康有为，还有谭嗣同等人。

生8：他们想改良政治来挽救国家，但不久就失败了。

师：历史上把这次变法维新叫作什么？（生8答：百日维新）百日维新失败以后的情况怎样？

生9：支持他们变法的光绪皇帝被慈禧太后囚禁。谭嗣同等六人被杀，康有为、梁启超逃到了日本。

（尽量利用学生的旧知识解决当前的新课题，帮助学生建立新旧知识的联系，多一点因势利导，少一点滔滔讲授，最有利于激发学生的学习兴趣。）

师：你们还能知道这些历史知识，我很高兴。戊戌变法是一次资产阶级的改良主义运动。这次运动虽然失败了，但起了思想启蒙的作用，尤其是因为梁启超文章写得好，还办了报纸宣传维新的思想，对知识界的影响极大。当时不少人还模仿他的文笔写文章，叫作"新文体"（板书）。今天看来，梁启超的思想虽然受到时代和阶级的局限，但作为中国近代向西方资产阶级寻求"真理"的先驱者之一，他关注国家的前途、民族的命运，这种精神是值得称赞的。请同学们再注意一下本文的写作时间。它写于1900年，也就是百日维新失败后的第二年。当时梁启超在哪里？

生（齐）：日本。

师：对，这篇文章是他逃亡日本的时候写的，当时他27岁，正是一位有抱负的"中国少年"。同学们可以想象一下他当时的处境：变法失败，同志被杀，清政府要捉他，他不得不寄身异国，过着流亡的生活。我再补充一点背景材料：当时正值中日甲午海战以后，中国被迫签订了丧权辱国的《马关条约》，至此，中国与英、法、日、俄、美等国签订的不平等条约，多得已经使我们记不清楚了，国家正面临着被列强瓜分的危险。可见梁启超写这篇文章的时候，不仅个人的政治主张遭到严重的挫折，弄得有家难归，流亡异国，而且整个国家都处于危难之中。可是，你们有没有从这篇文章中感觉到一点点灰心丧气的情绪？没有！刚才同学们谈读后的感受，大家都觉得作者对中国的前途充满信心，字里行间洋溢着一股昂扬奋发的朝气，是多么不容易！下面我们来具体地揣测一下作者当时写这篇文章的动机。这从文章的第一段中可以看出。谁先来把这一段读一遍？

（学生一人朗读）

师："老大帝国"是什么意思？跟"老大帝国"意思相反的是什么？

生10："老大帝国"就是"年老的帝国"（师插问："你怎么

知道老大是年老的意思？"生答："过去读到过一首诗'少小离家老大回'"），跟"老大帝国"相反的是"少年中国"。

师：这里的"老大"还有"衰老"的意思，日本人所以这样说我们，因为从当时清政府的腐败无能看，中国似乎是正在一天天走向衰亡。不过，把中国称作"老大帝国"，是不是日本人首创的？

生11：不是的，是西欧人先这样说的。(师插问："你怎么知道的？")文章里说"是语也，盖袭译欧西人之言也"。就是说这句话是从欧洲人那里抄袭来的。

师：那为什么文章一开头要说日本人，而不是说"欧西人之称我中国也，一则曰老大帝国，再则曰老大帝国"？

生11：因为日本人最坏。（笑）

师：当时侵略中国的帝国主义列强，没有一个不是坏东西。你说的恐怕不是理由。

生12：因为作者当时住在日本，他只听到日本人这样说。

师：这样理解比较合理。作者一定是先听到日本人这样说，然后指出这种说法的来源。注意句子里这个"盖"字，有推断原因的作用，可以解释为"原来是"。从这两句可以看出，当时东方人、西方人都这样看中国。关注着国家命运的梁启超听到日本人这样说，当然深有感触，但又不能同意这种说法，于是满怀激情地写下了这篇文章。请注意下面这个句子："呜呼！我中国其果老大矣乎？"谁先来解释一下？

生13：唉，我们中国他果真衰老了吗？

师：基本正确。"呜呼"这个感叹词你们在《捕蛇者说》里遇到过，还记得那个句子吗？

生14："呜呼，孰知赋敛之毒有甚是蛇者乎？"

师：记得很准确。不过我说他（指生13）的解释"基本正确"，因为还有一点小的不正确。他把句子里那个"其"字解释为"他"是不对的。这里的"其"字只表示一种语气。你们再体会一下，这是一个带有什么语气的问句？

（学生各自诵读、体会）

生15：带有反问语气。

师：你的语感不错。现在我们为了加强反问的语气，常常在句子前面用什么词？

生15：难道。

师：对极了！这个"其"就相当于现在说的"难道"。这是一个语气很强的反问句。"唉！咱们中国难道果真衰老了吗？"从这个句子看作者同意中国已经衰老的观点吗？（生齐答："不同意！"）说说理由。

生16：下面他反驳了这种观点。

师：你没有弄清我问题的要求。我要求从这个句子本身看作者对这种观点的态度。你能回答吗？

生16：作者用了个反问句。

师：这就对了。比如，我问你们："难道我老了吗？"其实我并不认为自己已经老了。不过，这里要注意，作者用"呜呼"领起这个反问句，说明他既不能同意这种观点，但又表达了一种深深的感慨，因为从当时中国一次次向帝国主义列强屈辱求和的情况看，确实处处显示出一种衰亡的迹象。作者的感情是复杂的。下面我们看看作者是怎样回答这个问题的。谁来说？

生17：梁启超曰："恶（è）！是何言，是何言！吾心目中有一少年中国在。"

师：他有没有读错字音？

生18：第一个字读wū，他读了è。

师：这个字书上有注解，以后要认真看注解。那么什么情况下念è？

生18："可恶"的时候念è。

生19："可恶"的"恶"读wù，他也读错了。"恶劣"的"恶"才读è。

师：对了。这个字有三个读音，谁来总结一下？好，就你（指生18）来吧！

生18："恶劣"的时候读è，"可恶"的时候读wù，这里读wū，是表示感叹的助词，有反对的意思。

师：现在我们对别人的意见表示强烈的反对，一般用什么表示感叹的助词？

生（众）："哼！""呸！""喝！"……

师：如果要为这个"恶"找一个大体相当的字，找哪个好？

生（齐）："呸！"

师：为什么？

生19：这个"呸"最有力，还有斥责的味道。

师：我猜到你们会找这个"呸"，因为你们的感觉总是很准确的。现在请一位同学把这个句子解释一下，谁来？

生20：梁启超说，呸！这是什么话，这是什么话！我的心目中有一个少年中国存在着。

师：这里，作者针对"老大帝国"的说法，提出了一个"少年中国"。这个"少年"相当于我们现在说的什么年龄？过去在文言文里读到过这个词吗？

生21：初二的时候在《冯婉贞》里学到过这个词，"谢庄少年"，就是谢庄的青年。

（凡有旧知识可以利用决不放过。）

师：你的记忆力很好。古代称青年男子叫"少年"，比我们现在说的"少年"要年龄大些。那么"少年中国"现在该怎么说？

生22：青年的中国。

生23：年轻的中国。

师：两种说法请选择一个，说明选择理由。

生24："年轻的中国"好。"青年的中国"，别人会理解为"青年人的中国"。

师：还有一个问题请思考一下："吾心目中有一少年中国在"，为什么不说"世上有一少年中国在"，而要说"少年中国"存在于我的"心目中"呢？

（从"心目中"三字提出问题，意在引导学生往课文深处开掘。）

生25：因为这个"少年中国"实际上不存在。

师：你说对了，因为当时清政府统治下的中国的确处处显示出衰老的迹象。但如果把认识再推进一步，你们会发现梁启超这样说还有更深一层的意思。

生26：这个"少年中国"是作者心中所追求的一个未来的中国。作者主张变法维新，就是要创造一个未来的中国。

师：说得好极了！但你能从文章里找出根据证明你的观点吗？

（要求学生言必有据，也是一种思维训练。）

生26：下面有一句："制出将来之少年中国者，则中国少年之责任也。"句子里有个"将来"，说明作者说的"少年中国"不是现在这个中国。

师：对！就应该这样思前顾后地读文章。作者认为创造出这个"少年中国"是中国少年的责任，当然也是作者的责任，因为他当时就是一个有抱负的年轻人。可见，作者说"吾心目中有一少年中国在"，不仅针对日本人和欧洲人的言论亮出自己的观点，而且也寄托着作者的抱负和追求。现在让我们回到对本文写作背景的讨论上来。谁能小结一下，作者是在什么背景下，由于什么原因而写这篇文章的？给大家两分钟考虑的时间。

（学生思考）

生27：作者在戊戌变法失败后逃亡日本，听日本人说到中国的时候，都说是"老大帝国"，意思是中国已经衰老，没有希望了，作者强烈地反对这种说法，提出了自己的观点："吾心目中有一少年中国在。"

师：小结得很好。谁还有补充的？

生28：当时正是中日甲午海战以后，中国被迫和日本签订了不平等的《马关条约》。

生29：作者写这篇文章，不仅是为了驳斥日本人和欧洲人，也是为了表明自己的抱负。

师：经过他们二位补充，小结就更完整了。我们读文章，尤其读过去的文章，如果能走近作者，知道作者在特定的背景下写这篇文章的缘由，就可以更好地理解文章的内容和作者的思想感情。

（在以上两个教学环节中，学生十分投入，表现出来的理解能力和语言表达能力，使教师和学生自己都受到了鼓舞，师生双方对完成教学任务充满了信心。）

（三）尝试背读法（上）

师：刚才我们讨论作者和背景的时候，已经读了课文的第一段。现在请同学们不要看书，尽可能用文章里的原句回答我的问题。作者到日本以后，听到日本人是怎么说我们中国的？

生30："日本人之称我中国也，一则曰老大帝国，再则曰老大帝国。"

师：为什么这里用"一则曰……再则曰……"这样的句子？

生31：为了强调。

师：作者强调什么？

生31：强调日本人都这样说。

生32：我认为作者这样写是为了说明日本人对中国只有这一种看法。他们把中国看死了。

师：两位同学说得都有理。我们可以把两人的意见合并起来——作者既强调在日本这种看法的普遍性，也强调了它的唯一性；日本人看中国，除了"老大帝国"，还是"老大帝国"。那么首先说中国是老大帝国的，是日本人吗？

生33:"是语也,盖袭译欧西人之言也。"

师:作者是怎样通过自问自答严厉地驳斥这种谬论的?

生34:"呜呼!我中国其果老大矣乎?梁启超曰:恶!是何言,是何言!"

师:他针锋相对提出了什么观点?

生35:"吾心目中有一少年中国在。"

师:你们看,作者的思路十分清楚。请按这条思路,把作者的话连贯起来说一遍,谁来试一试?

生36:"日本人之称我中国也……吾心目中有一少年中国在。"

(初试背读法,既为学生背诵全文"投石问路",也有助于帮助学生树立信心。)

师:你们看,我没有提出背诵的要求,可是事实上他已经把第一段背出来了。(向生36)你能不能告诉大家,为什么你很容易就把这一段背出来了?

生36:我理清了这一段的思路,再想想作者的原句,把它们连贯起来,就记住了。

师:你觉得这样背诵文章有什么好处?

生36:不仅背出了文章,而且加深了对文章的理解。

("背读法"的要领,来自学生的切身体会,我只是顺势加以点出。下面过渡到文章第二段的背读,学以致用,顺理成章。这些教学环节的安排,设计时颇费心思。)

师:请同学们不要忽视他(指生36)说的这些话,因为这些话里包含着读文言文的一种重要方法:背读法。具体地说,就是

"在初步理解的基础上背诵,在背诵的过程中加深理解"(板书)。下面,我们就用背读法学习第二段。这一段不仅长,而且句子有点"缠绕",特难背。看我们能不能用这个方法把它攻下来。

(学生诵读第二段)

师:这一段主要写什么?

生37:老年人和少年人的不同性格。

师:上一段结尾说"吾心目中有一少年中国在",这一段紧承上段,应该论述"少年中国"的特点,思路才顺。可是作者却不说"国"而要说"人",这是为什么?能从文章里找出句子来说明作者的意图吗?

生38:"欲言国之老少,请先言人之老少。"

师:可为什么说"欲言国之老少",先要"言人之老少"呢?两者有什么关系吗?也请用文章里的句子回答我。

生39:"人固有之,国亦宜然",说明国家的老少和人的老少是一样的。

师:你能把你找出的这句话具体地解释一下吗?(生38:不会)你不可能全句不会解释,要不你怎么会正确地把它找出来呢?我敢肯定,你已经大体读懂了这个句子,只是句子里有个别字眼还不能确切地理解。是这样吗?(生点头)那请你把不会解释的字提出来。

生38:"固",还有"宜"字。

师:我估计你会提出这两个字来,因为它们在文言文里这种用法你们过去没有学到过。现在我讲一讲。"固"是"固然",这里和下面的"亦"字配合使用,相当于我们说的"固然……

也……"。"固然"表示承认某个事实,"也"表示进一步肯定另一个相关的事实,如"你说的固然正确,他说的也没错"。"宜",这里是"应当"的意思。现在你能不能把这个句子的意思连贯起来讲一讲?

生38:人固然有老和少的不同性格,国家也应当这样。

(在学生缺乏信心的时候,既要使学生相信自己的能力,又要给学生切实具体的帮助。教学中这类细节处理的艺术,最能显示"导读"的特点。)

师:对了!可见作者阐述"人之老少",正是为了论证"国之老少"。现在我们就来看看作者是怎样阐述人之老少的。这一段除了开头一句"欲言国之老少,请先言人之老少"领起下文,最后一句"此老年与少年性格不同之大略也……国亦宜然"点明中心外,中间写老年与少年的不同性格,一共有几句?大家数一数。

生(众):七句。

师:同学们大概已经发现,这些句子都用了排比的句法。句子的结构都差不多。因此,如果我们理清了思路,要背下来是不难的。相反,要是思路理不清,就难免被这些句子缠绕得昏了头。我们先来看看,作者是怎样一开头就抓住老年人和少年人的主要特点的。

生39:"老年人常思既往,少年人常思将来。"

师:你们认为作者说的是不是符合实际?

生40:事实是这样,我爷爷就老爱说他们从前怎样怎样。(笑)

师：是啊，老年人常常要怀旧。年轻人会这样吗？你们常说"我从前在妈妈怀里吃奶的时候怎样怎样"吗？（笑）那你们爱说什么呢？

生41：希望以后考取重点高中。（笑）

师：是啊，年轻人总是计划着未来，憧憬着明天。不同年龄的人，经历不同，也就会有不同的心态。我们先来看看作者是怎样写老年人的。请同学们把这个比较长的复句中写老年人的小分句挑出来，连贯起来读一读，看看句子的结构有什么特点。

（分步解决，化难为易。）

生42："老年人常思既往……惟思既往也故生留恋心……惟留恋也故保守……惟保守也故永旧。"

师：请大家从两个方面观察这组句子的特点：1.每个小分句的结构特点；2.小分句与小分句之间的关系。这两个问题有相当难度，看谁能说清楚。（学生思考两分钟）

生43：从第二句开始，每句的结构相同，都用了"惟……故……"这样的句子，（师插问：上半句和下半句之间是什么关系？）是因果关系。

师：对了，"惟"就有因为、由于的意思。"惟思既往也故生留恋心"这句话现在怎么说？

生43：因为思念过去，所以产生留恋心。

师：很好，你圆满地回答了我第一个问题。第二个问题谁能做出同样圆满的回答？

生44：每个句子之间好像也有因果关系。

师：你看出一点头绪了。不过，光说因果关系，还不能完全说明这些小分句之间的确切关系，请进一步做整体的观察：句和句之间在因果关系的构成上有什么特点？

生45：上一句的果，是下一句的因，下一句的果，又是再下一句的因。

师：你准确地抓住句子特点了。这组句子像一根链条，因和果环环相扣，步步推进，最后推出老年人"永远守旧"（"永旧"）的结果。我给这种句子取个名字，叫作"因果连锁句"，你们赞成吗？（生齐答：赞成！）

师：赞成的理由是什么？

生45：这个名字很形象，能够表示这种句子的特点。

师：你能不能看着板书，用自己的话把作者说老年人的一组句子的意思说出来？说的时候，请注意句子间的因果连锁关系。

生45：老年人常常想以往的事，因为常常想以往，所以产生留恋心；因为留恋，所以保守；因为保守，所以永远守旧。

师：说得很好！

（按同样方式分析写少年人的一组"因果连锁句"。教师边引导学生分析，边完成板书：）

老年人常思既往—故生留恋心—故保守—故永旧

少年人常思将来—故生希望心—故进取—故日新

（要求学生通过观察掌握这组句子的特点，对初中学生来说，确有相当的难度，但学生居然也圆满解决了。这使我更加确信一个事实：学生认知的潜能比我们估计的要大得多。教学的艺术就在于营造必要的氛围，让学生的这种潜能充分释放出来。）

师：请你们观察板书，写老年和少年的句子句句相对。现在就请大家看着板书，用作者的原句说一遍。请同座的两人轮流说给对方听。（学生按要求完成）现在我把板书擦掉，请大家凭记忆把这组很复杂的句子说出来。谁来试试？

生46："老年人常思既往……惟进取也故日新。"

师：你是用什么方法说出这个很长的复句的？

生46：先理清思路，再背……

师：在背的过程中又加深了理解，是吗？（生点头）还记得我说过的方法名称吗？

生（齐）：背读法。

——以上第一教时

（四）尝试背读法（下）

师：上一节课我们初步学会了背读法。这堂课先请你们用这个方法把第二段中的其余几个句子背出来。为了帮助记忆，同学们也可以用我上一节课板书的形式，把作者的思路理清楚，把关键词语找出来。仍以两人为一组，轮流背诵，相互检查。

（学生按要求背读，10分钟）

（运用背读法初见成效，学生有成就感。教师在这个过程中的所有努力，就是为学生获得成就感创造一切可能的条件，这比传授知识更重要。缺乏成就感的学生是不可能成为学习的主体的。）

师：据我观察，同学们都背得很顺利，但不知大家是死记硬背呢，还是用的背读法？（生插话：背读法）我要检查一下。这一段里有两个最难记的句子："老年人常多忧虑……惟冒险也故能造世界",你们是用什么办法记的?

生(众):理思路。……都写下来了。

师:好,谁上黑板写写看?请两位同学,一人写老年,一人写少年。要像我上回板书那样,写出对比的关系来。

(学生两人完成板书:)

老年人常多忧虑—故灰心—故怯懦—故苟且—故能灭世界

少年人常好行乐—故盛气—故豪壮—故冒险—故能造世界

(全班学生先看着板书背诵,然后教师擦去板书再让大家背诵)

师:现在我们请课代表推荐一位最怕背书的同学来背诵这个句子。(课代表说出了一名学生的名字)你是有点怕背书吗?(生点头)我过去也怕背书,咱俩可以交流交流经验,(笑)我小时候常常因为背不出书被老师打手心。老师说我是"聪明面孔笨肚肠"。(笑)照理说,年纪老了记忆力要减退,可是现在我倒反而不怕背书了。像这篇课文,我只用了三刻钟左右的时间就把全文背出来了。你知道是什么道理吗?

(学生背不出书,多半是由于紧张。教师坦诚、亲切地谈自己的背书经历,有利于消除师生间的感情距离,从而造成一种轻松的气氛,舒缓学生的紧张心理。)

生47:因为掌握了背书的方法。

师:什么方法?

生47:背读法。

师:什么是背读法?你还记得我们说过的那两句话吗?

生47:在……初步理解……的基础上背诵,在背诵……的过程中……加深理解。

师：你瞧，你记得很好，你的记忆力比我过去强多了。（笑）如果再懂一点背书的方法，肯定会如虎添翼。（笑）现在就请你把这个特难背的长句背出来。

（生47背书，边背边想，中间有一处顿歇较长，很快看了一下书）

师：背得很好！你偷看书了吗？

生47：只偷看了一次。（笑）

师：大家别笑，偷看的能力也是一种很重要的语文能力。（笑）因为偷看时要求眼光迅速从书上扫过，用最少的时间捕捉到自己迫切需要的文字信息，这种能力不是很有用吗？当然，不能用这种能力来对付考试。（笑）这位同学（指生47）不仅掌握了背读法，而且还锻炼了这种快速阅读的能力。（笑）现在你还怕背书吗？

生47：不怕。

师：确实，学习只要得法，什么困难都不可怕。

（完成困难的学习任务的过程，首先是在意志上战胜自己的过程。导读，不仅着眼于"教会阅读"，而且由于阅读的成功要依靠学生自己的努力，所以必然还要致力于培养学生的意志和性格。）

（五）教读第三段

师：这一段明显分为两个部分。第一部分论证中国少年对国家的责任；第二部分是韵文，对少年中国和中国少年进行热烈的赞颂。先看前面一部分。作者认为，要创建少年中国，责任全在中国少年的肩上,而不能靠当时执政的"中国老朽"。理由是什么?

生48:因为他们腐败无能。

师:文章里是怎么说的?

生48:"彼老朽者何足道,彼与此世界作别之日不远矣。"

师:"与此世界作别之日不远"是什么意思?

生48:他们快要死了。(笑)

师:对,有个成语叫"行将就木",就是快要进棺材了。作者叫他们"中国老朽",而不是称"中国老年",知道为什么吗?

生49:因为他们不仅年老,而且腐败无能。

师:这一段第一句:"造成今日之老大中国者,则中国老朽之冤业也。"这句中有两个词我先解释一下,"则"在这里表示判断,相当于"是";"冤业"这里可以解释为"恶果"。我读了这个句子,脑海里立即浮现出一个人的形象,你们猜是谁?

生(齐):慈禧太后!

(在教师讲授的过程中,让学生"猜"一下教师的想法,这类"小手法"很能激活思维,提高兴趣。)

师:猜对了。当然,还有一帮子年迈昏庸的大大小小的官僚。作者认为,中国所以成了"老大帝国",就是这些人造成了恶果。因此,要创造出一个生机勃勃的"少年中国",绝不能靠这些行将就木的"老朽",而只能依靠中国少年。从文章看,作者寄希望于少年的理由是什么呢?

生50:"而我少年乃新来而与世界为缘。"

师:你能解释这句话吗?

生50：我只知道大概意思。

师：你说说看。

生50：作者认为少年人是新生的一代。

师：你把"新来"解释为"新生的一代"很恰当。"与世界为缘"会解释吗？（生摇头）其实这几个字并不难懂。这句话是针对上一句说的，老朽们跟世界怎么样？请把上一句念一下。

生50："彼与此世界作别之日不远矣。"

师：老朽们即将离开这个世界，可少年是新生的一代，他们跟世界怎么样？

生50：改造世界。（笑）

师：大家别笑。（向生50）我支持你。少年人因为是新生的一代，所以跟世界结下了缘分，还要在世界上干番事业，要造出一个"少年中国"来，这不就是改造了世界吗？当然，文章没有这样直接写出来。你比梁启超说得更豪迈。（笑）这句中的"为缘"，就是"结缘"的意思。我们再来看下面几句："使举国之少年而果为少年也……故今日之责任，不在他人，而全在我少年。"这里作者通过两个假设，进一步论证少年为什么对国家的兴亡负有重大的责任；假使全国的少年果真是少年，那么国家就进步；假使全国少年也是"老朽"，那么国家很快就会灭亡。可见少年责任之重大。不过，这两句中有个小小的问题：少年是指处在一定年龄阶段的年轻人，凡是已经达到和没有超过这个年龄的人，就一定是少年。既然如此，那么作者说"使举国之少年而果为少年也"，不是废话吗？下面又说"使举国之少年而亦为老大也"，少年怎么又会是"老大"？不是自相矛盾吗？这个问题很高级，看谁解决得了。给大家两分钟时间考虑。

（"改造世界"的说法，显然不符合原句的意思。对学生不正确的答案，既要纠正，又要注意保护学生的积极性，这是导读过程中经常遇到、最需要认真对待的课题。）

生51：这两句中前面的两个"少年"都指年龄上的少年，后面的一个"少年"和一个"老大"指的是他们的精神状态。

师：说得好极了！这说明每个人都有两种年龄，一个是"自然年龄"，另一个则是精神上的年龄，我们把它叫作"心理年龄"。你们说，人的两种年龄总是一致的吗？

生（众）：不一定。

师：你们能从生活中举出一些例子来证明吗？如果回答时能用课文里的一些词语，就更好了。

生51：有的人年纪不老，可是对生活已经"灰心""厌事"，他们的心理年龄已经是老年了。

师：我也有一个有趣的实例，你们想听吗？

生（众）：想听！

师：有一次，有位同事拿了一本杂志来对我说："杂志上登了一份自测心理年龄的问卷，我来帮你测算一下心理年龄。请你照实回答：你喜欢回忆过去吗？你常常计划未来吗？你很容易为一些小事烦恼吗？……"。他总共提了四五十道诸如此类的问题，我都如实做了回答。最后他根据我回答的"是"与"否"的多少，从问题后的一份自测表上认定了我的心理年龄。我的自然年龄是60多岁，你们猜，我的心理年龄是多少？

生（纷纷猜测）：50岁。40岁。

师：还要小一点。

生（众）：30岁。

师：不，是在18岁到28岁之间。（笑）中国有句老话：人有三岁之翁，也有百岁之童。年轻人可能心理老化，老年人却可能锐意进取。用这个观点看本文的第二段，作者谈少年与老年性格的不同，在当时有什么积极意义，又有什么不足之处？

（自测年龄之事并非虚构，引进课堂，虽然有些不合教学的"规矩"，不过寓教育、教学内容于欢快的笑谈之中，有时是我在教学中的刻意追求。）

生52：作者写出了老年和少年性格的对比，他把希望寄托在年轻有为的少年人身上……

师：你这是说的积极意义。不足之处呢？

生52：作者认为只要是少年就一定是进步的，老年一定是保守的，事实不一定这样，比如你就只有18岁……（笑）

师：是啊，作者在第二段里说的老年和少年的不同性格，似乎是有些绝对化，不过我想这恐怕还是为了行文的需要。事实上作者也并不一定认为凡少年都是进步的。"少年"可能是"少年"，也可能在性格上已经"老大"了。所以第三段里才会出现两个"假设"。这个高难度的问题，同学们能够解决得这样好，我真高兴。

（本文第二段，还有第三段中的部分观点，反映了作者认识上的局限性。但考虑到教学对象是初中学生，似不必求之过深。本教例只从作者思想"绝对化"的角度，指出其不足之处，而且又从文章中找出根据为之开脱。我的想法是：从实际出发，实事求是；多一点语文学习的因素，少一点政治批判的成分。）

师：现在我们再来看下面一个句子："少年智则国智……少年雄于地球，则国雄于地球。"它在表达上有哪些特点？大家仔细琢磨琢磨。

生53：这组句子用了排比的手法。

生54：我认为是一步步推进。

师：请二位各说说理由，然后让我们评判一下，看谁的理由充分。

生53：这组句子里的每个句子都用了"少年……则国……"的句式，结构都一样，是排比。

生54：我觉得这些句子的意思是一步步向前推进的。（师插问：能不能具体地说？）作者先写"智"，"智"了就会"富"，（师插话：笨蛋是富不起来的）"富"了就会"强"，"强"了就可以"独立"，"独立"了才能"自由"，"自由"了才会"进步"，"进步"了才会"胜于欧洲"，"胜于欧洲"了最后就"雄于地球"。意思是步步推进的。

（学生纷纷发表意见，有的说是"排比"，有的说是"步步推进"）

师：大家别争了，争下去永远不会有结果，因为两种意见都是对的。（笑）说是排比的同学，主要是从这组句子的结构着眼；说是步步推进的同学，则主要从句子的内容着眼。角度不同，得到的结论当然就不同。我们学习某种修辞手法，重要的不是识别，而是体会它对表情达意的作用。现在请同学们再把这组句子读一遍，细细体会体会它的表达作用。读的时候，音量要逐步增强，语调要逐步提升。边读边体会作者思路。

（学生齐读）

师：读得很好，把作者的感情读出来了。请大家说说自己的感受。

生55：充满了少年的自豪感。

生56：句子的意思层层推进，不但容易记，而且越读越有劲。

师：你记住了吗？（生点头）那就请你背背看。（生56流畅地背诵全句）

师：这两位同学体会得很好。他（指生56）不仅体会了作者的感情，而且还背了出来。其实，只要理解了内容、理清了思路，背诵确实是很容易的。不妨请每个同学都试一试，我相信大家都已经记住了。

（学生各自背诵）

师：据我观察同学们的表情，大家不仅背得很顺利，而且真的动了情。读文章就该这样，尤其是读这类感情充沛的文章。

（背读法的效果出来了。）

现在我们来看第三段的第二部分，也就是文章结尾部分。请大家先读一遍，体会一下，这组句子有什么特点？

（学生各自低声诵读）

生57：都是四个字一句，而且押韵，读起来朗朗上口。

生58：作者用了许多比喻。感情非常充沛。

师：体会得都很正确。我们先从句子的形式来看，这组句子句式整齐，逢双句押韵。这是一种韵文的体式，古代大多用于碑志类文章（板书：碑志），用来歌功颂德，显得典雅庄重。作者创造性地用于本文的结尾，因为这种诗的语言更有助于抒发作者对少年中国的热烈赞颂和无限向往之情，同时也把文章的感情推向高潮，使读者的心灵受到强大的震撼和鼓舞。这一点，同学们刚才读的时候一定都已经体会到了。接下来再看这组句子运用的修辞手法，刚才他（指生58）说用了比喻，是对的。我好像听到几位同学在下面说还有排比，也对。这跟讨论前面的一组句子一样，也是因为从不同的角度看，得到了不同的结论。我想着重讨论比喻的问题。请你们告诉我，你们在读文章的时候，遇到这种形象化的生动比喻，首先要做的是什么事？你们是怎样读这些比喻句的？

生59：找出本体和喻体。

师：凡是这样读的，都请举手。（全班举手）看来大家都这样读。我倒想向同学们提个建议，看能不能换一种更有兴趣的读法。你们想，本来是十分生动的比喻，我们首先去忙着分析什么是本体，什么是喻体，还有什么味儿？难道除此以外就没有别的读法了吗？

生60：我们可以根据这些生动的比喻展开想象。像这里的一些比喻，就可以想象出一幅画面。

（这既是指导读法，也是鼓励多向思维，要求换一种"更有兴趣的读法"，对学生获得新的认识有导向作用，学生果然"设计"出了更有兴趣的读法。）

师：好极了，我就是这样读文章的。大家同意这样读吗？同意的请举手。（全班举手）我很高兴，大家都采纳了他（指生60）

的意见。其实,只要我们展开了想象,也就理解了比喻的内容,本体、喻体的问题自然就迎刃而解了。现在我先把几个难词解释一下,然后请同学们展开想象,并且用尽可能生动的语言把你想象中的画面描绘出来。注意,我不要求翻译,而是用你们自己的话来描绘。(教师解释了"河""鹰隼""初胎"等词语,然后由学生阅读、想象)

师:现在我们请班上文章写得最漂亮的××同学把她想象中的画面描绘出来。然后请大家对她的描绘进行评论。

(这项训练内容有相当难度,由"文章写得最漂亮"的学生来完成,以起示范作用。一般学生,不必有这样的要求,只要大体理解、能够背诵就可以了。读文的要求应该因人而异。)

生61:一轮红日刚从东方升起,万道金光透过朝霞,射向大地。黄河从地下涌出,一泻万里,滚滚滔滔奔向汪洋大海。潜伏的东方巨龙从深渊中腾空而起,它的鳞爪在云中飞舞;小老虎在山谷里怒吼,成百上千的野兽都吓得胆战心惊,四散奔逃;雄鹰才试试它的翅膀,掀起的狂风吹得尘土飞扬。奇妙的花含苞初放,是那样的鲜艳、辉煌;宝剑刚从磨刀石上磨出来,锋刃闪射出寒光。少年中国像个巨人屹立在东方,头顶着青色的长天,脚踏着黄色的大地。她有几千年的文明历史,有无限广阔的疆域。她的前途像大海那样无边无际,未来的日子很长很长。多么美丽啊,我们的少年中国,她同天一样不会衰老;多么豪壮啊,我们的中国少年,他们同少年中国一样万寿无疆。

师:大家觉得她说得好不好啊?

生(齐):好!

师：的确说得好！真不愧是作文的能手。她不仅把想象中的画面描绘得很美，而且较好地顾及了原句的含义，例如"红日初升"，她的描绘是"一轮红日刚从东方升起"，用了"刚"字，就顾及了原句中的"初升"的"初"。这些都说明她不仅有较强的语言表达能力，而且读书很细心。

生62：她是说得好，不过有一点我不大同意。她把"初胎"说成"含苞初放"，我认为用"含苞欲放"比较好。"初胎"是才含苞，还没有开花。

生61：他（指生62）这样解释"初胎"当然是对的，但后面还有"矞矞皇皇"四个字，课本上注解是"光明盛大的样子"，只有花开才会这样美，"含苞欲放"就不够美。

（学生纷纷议论，两种意见各有支持者）

师：我来说句公道话：两位同学的意见都有充分的理由，这叫"公说公有理，婆说婆有理"，（笑）这种情况在辩论中经常会有，没有什么奇怪。她（指生61）的优点是理解一个词能够顾及全句的意思，不过她说"含苞欲放"不够美，我的意见却不是这样。盛开的花固然是美的，但是将开未开的花，孕育着无限的生机，给人另一种美感。古人有句诗叫作"小蕾深藏数点红"，小小的花蕾中深藏着几点红色，比开放着的红花更有风韵。大家体味一下，是不是这样？总之，我的意思是，他（指生62）的意见是值得考虑的。不过，我不要求有"标准答案"。"初放"也好，"欲放"也好，同学们可以根据自己的理解去发挥想象。同学们还有别的意见吗？

（写文章有"以词害意"的情况，读文章过于死抠字眼，也会妨碍对文章思想感情的领会。"初放""欲放"之争，无关宏旨，不必纠缠不休。事实上我前面的发言已经有了倾向性，只是我不想用统一的答案把学生的想象力束缚住。）

生63：我觉得她（生61）根据"天戴其苍，地履其黄"想象少年中国是一个顶天立地的巨人，是很好的。

生64：她最后说中国少年"万寿无疆"，我认为不妥当。

师：为什么不妥当？

生64："万寿无疆"好像是专门对皇帝说的。

师：关于这个成语我来说两句。在古代，它的确常常用来歌颂帝王，现在仍然不能用于一般的人。不过，这里原句是"与国无疆"，把这里的"万寿无疆"用来祝颂我们的国家，我认为是可以的，正如我们可以说"祝伟大的祖国万寿无疆"。现在我们来小结一下，这一组句子中作者都写到了哪些事物？

生65：红日；（黄）河。潜龙；乳虎；鹰隼。奇花；干将。（教师边听边板书）

师：请你们注意，我这里用的标点是原句的标点。你们知道文章为什么要这样标点吗？

（这似乎只是关于标点的训练，其实更是揣摩作者思路的训练，同时也是一种逻辑思维的训练。）

生66：这些事物可以分成三类，第一类是自然界的景物，第二类是动物，第三类是植物。

生67："干将"不是植物。

师：那么是什么？

生67：静物。

师：好，就用这个词。"静物"既可以包括花，也可以包括剑，而且跟上一类的"动物"相对。还请大家注意每一类内部的安排次序，第一类从天上写到地下，第二类从大的逐步写到小的，第三类从有生命的写到没有生命的。作者的思路真是一步不乱。现在我把黑板上的字擦掉，看你们能不能把这些事物按原来的次序复述出来。（两名学生先后复述）

师：你们看，思路理清了，记住就不困难了。下面要求你们不仅复述几个名词，而且要把原句复述出来，谁来试试？

（学生稍做准备后，由一人复述，基本上背出了原句）

（由于上面步步为营设置台阶，这时要求背诵，难度已大大降低。）

师：现在我们可以研究一下了，作者用了这一连串的比喻，目的是什么？

生68：为了写出少年中国的前途无量。

师：是呀，当我们的眼前呈现出这一幅幅生动的画面时，自然会感觉到少年中国和中国少年是那样地朝气蓬勃，富于青春的活力。他们在地球上的出现，犹如红日东升，黄河奔流，是什么力量也阻挡不住的！现在你们看，这一组比喻的本体、喻体清楚了吗？

生（齐）：清楚了！

师：请具体说。

生68：本体是少年中国，喻体是"红日"等事物。

生69：本体还应该包括中国少年。

师：我同意。下课的时间已经到了，最后我想布置一下课外作业。这篇课文要求全文背诵，我相信同学们已经把这篇课文的大部分都背出来了，到课外只要再加加工，就能全文背诵了。这就是背读法的作用。具体地说，这种方法的要领是什么？还记得那两句话吗？

生70：在初步理解的基础上背诵，在背诵的过程中加深理解。

师：请大家体会一下，这样读文章有什么好处？

生71：不但背出了文章，而且加深了理解。

生72：可以理清文章的思路。

师：还有意见要发表吗？

生73：可以更好地体会作者的感情。

生74：可以提高记忆能力。

师：你们看，这样读文章好处真不少。读得多了，同学们还会有更多的体会。现在布置作业：请大家到课外再读几遍课文，要求把整篇文章连贯地背出来。通过背诵，还要把整篇文章的情感脉络理清楚。

（以总结背读法的作用为整个导读过程画上句号，既收水到渠成之效，对学生今后的学习也有一定的引导作用。）

——以上第二教时

（2000年）

《驿路梨花》教学述评*

评点教学实录,往往教者自教,评者自评,教与评之间是不通声气的。这样评课,固然客观公允,但有时不免如倩人搔背,搔不到痒处。倘由教者自述得失,甘苦自知,按理是可行的,但教者囿于一己的实践和认识,又不免有"身在庐山"的局限,这就很需要有某个"导游"从旁指点。鉴于此,这篇《〈驿路梨花〉教学实录》的评点拟做一点改变,试采用"述评"的形式:由教者自述教学意图,评点者则从旁论其得失;"述"与"评"彼此沟通,冀能相得益彰。评点者为上海师范大学教授何以聪先生,文中简称"何"。

一、字词认读

师:今天我们学习《驿路梨花》(板书)。我已经布置同学们自读了,自读的第一个要求是找词语,现在我们就来交流一下。请大家把词语提出来。

---

* 本实录中的楷体字部分系教学述评。

生：陡峭——形容山势直上直下。

生：迷茫——迷迷糊糊，看不清楚。

师：你说说看，这个词可以用来描写什么？

生：描写山，描写暮色……

师：回答得好。还找了哪些词语？

生：简陋——简单、粗陋。

师：在课文里，这个词是形容什么的？

生：是形容大竹床的，其实也可以描写小茅屋。

（学生又陆续找出了一些词语，接着老师也提出了"篾""撵""挨""菌"等字，检查学生掌握字、词的情况，学生都做了圆满的回答）

师：同学们，你们自读的第一步走得很好。大家找了很多词，这些词本来是老师准备要给你们讲的，现在你们都自己找出来解决了，而且解决得挺好。我相信同学们一定能学好这篇文章。

何：以学生为主体，当然要把词语教学纳入到自读的轨道上来，让学生自己找，自己查，在教师指导下自己求解。既增强了对词语的敏感度，也培养了独立掌握词语、自己猎取知识的信心。

二、初读感知

师：下面，我们怎么来学习这篇课文呢？我想先请几位同学来朗读一下课文，然后请你们回答我，你喜欢这篇课文吗？无论喜欢不喜欢，都要讲出道理来。听清楚了吗？好，就请几位同学来读。

何：这可是个圆圈题，范围大得无边，答案可以五花八门，撒网容易收网难，一开局就来这么个"自由式"。请问您这"设"的是什么"计"？

钱：这正是我教学中自以为还差强人意的一着儿呢。我认为这个问题好就好在答案可以五花八门，但估计学生又不致无从谈起，因为即使程度很差的学生，看了一篇文章多少总会有一点感受的，况且《驿路梨花》又确是一篇很有特色的小说。这样，每一个学生在一开始就可以根据自己的理解水平，按照自己的思考方式去感受作品，并且自由自在、无拘无束地发表意见，那就容易激发学生生动活泼的思想，唤起他们真挚的感情。从对课文的理解来看，先让学生对课文有一个整体的、生动的感受，也是必要的。再说，我是在一个陌生的班级里上课，这种"圆圈题"由于有相当的难度和灵活性，正好用来对学生的阅读水平进行一次"火力侦察"，以便考虑下面的教学难度是否有必要做适当的调整。

师：（在学生朗读课文以后）现在请大家回答我的问题：你喜欢这篇课文吗？为什么？大家可以随便谈，我是没有什么标准答案的。（何："没有标准答案"，并非闲话。）

生：我喜欢这篇文章，这篇文章能引人入胜。

师："引人入胜"——好！大家听，他的语言挺丰富的（指生）。你能不能具体说一说，为什么这篇小说引人入胜呢？

生：这篇小说先写了"我"和老余投宿，无意中发现了小茅屋，又在无意中遇到了瑶族老人。从瑶族老人那里知道了茅屋的主人是梨花姑娘，在第二天早晨，无意中又把梨花姑娘的妹妹——哈尼姑娘——当作梨花姑娘……

师：等一等，你们知不知道哈尼姑娘的名字叫什么？

生：……

师：是不是叫"哈尼"？

生：哈尼是个民族的名称。

师：对了，哈尼不是小姑娘的名字。我看见有的同学在自读时编写的提纲中，写成"小姑娘哈尼"，这样的写法对不对？

生（齐）：不对。

师：好，你接着讲。

生：后来才知道这小茅屋是十年前过路的解放军造的。我在读的时候就一直想往下看，这小茅屋究竟是谁造的，所以我说这篇文章很引人入胜。（何：鉴赏力出来了，概括力出来了。效果A）

师："引人入胜"，讲得很好，这四个字用得非常恰当。还有谁发表意见？

生：我也喜欢这篇小说。这篇小说自始至终都是围绕"梨花"来写的，中心非常突出。

师：讲得很好！还有人要说吗？好，你也想说……

生：我认为这篇小说很有特色……

师：好哇，他的语言也挺有特色的（笑）……（何：机锋，谐趣。）

生：这篇小说很有特色，主人公梨花姑娘并没有出场，我读完文章后，梨花姑娘的形象就像在我的面前一样。

师（笑着连连点头）：你看到了这位小姑娘了？

（生点头，笑）（何：想象力出来了。效果B）

师：喔，看到了！想象力很丰富。我们读文章就是要这样，读到写景的，眼前就要出现相应的景象；看到写人的，我们就好像看到这个人，听到他的声音，这就叫作想象力。有时要闭眼想一想。你们闭过眼吗？（众笑）我们读文章，这个很重要。还有谁说？

生：我也喜欢这篇小说。它含意很深，表面上写"驿路梨花处处开"，实际上是写雷锋精神之花处处开放。（何：把握住比拟特点，理解向纵深发展。效果C）

何：从上面取得的效果A、B、C看，您的这一道"囫囵题"达到了预期的目的。这是一次成功的"火力侦察"，证明学生的智力是无可怀疑的。可是，我们别忘了这样的事实：您这次借班上课的打浦中学是一所非重点中学，学生水平相比也较普通，可经您一教就活起来了，难道这里果真有什么"诀窍"吗？

钱：不不，事实完全不是如此！经我从多方面了解，原来学生的基础是极差的，但由于原任课老师重视能力的培养，训练有方，因此学生有着良好的学习习惯。这正是我今天上课的一个有利条件。我必须郑重地指出这种有利条件，以免读者产生这样的错觉：学生本来如何不行，可是由于我的启发，"一下子"变得聪明起来了。我绝无这种点铁成金的"仙术"！况且，我们上课的目的，不是个人"演技"的"巡回展示"，而是为了用实践来证明一条客观规律：正确的训练会使学生学得灵活一点，坚持这样做下去，学生就会渐渐变得聪明起来。如果说这个班级的学生正在变得聪明起来，那正是他们进入中学以来受到正确训练的结果。

何：我欣赏您这种态度。不过，聪明的学生只有在受到充分信任的、无拘无束的学习情境中，他们的聪明才会迸射出智慧的火花；我们也不能否认您在创设学习情境这一点上所取得的成功。回顾前文，我特别欣赏您"我没有什么标准答案"这道安民告示，而且确乎是不折不扣地兑现了。这个回合似乎是在启示着我：不要老是对学生的答案抱不满的态度，非逗着他就你的范不可，致使学生不敢越雷池一步，老是揣摩老师锦囊里的现成法宝，不敢相信自己的思维能力，求异思维出不来，创造力也就不见了。导与牵，启发式与牵牛式，恐怕这就是一条分水岭吧？

师：这位同学讲得好，讲得好极了！——文章含意确实很深。有没有不喜欢的？（环顾一下）没有？告诉大家，老师也很喜欢这篇小说。刚才这位同学说"引人入胜"，讲出了大家共同的想法。的确引人入胜。看了前面的文字就想看后面的：这小屋究竟是谁造的？故事一环扣一环，最后才知道这小茅屋原来是路过的解放军造的。梨花有没有出场？始终没有出场。但我们眼前就好像活动着这位热心为大家服务的、天真可爱的哈尼族小姑娘。（何：简要小结，及时巩固A、B效果；C比拟特点是通向把握中心思想的主渠道，所以留待下文具体复述分析后再作结：布局精细，层次井然。）

师：小说确实写得很好。不知道你们有没有这样的习惯：看到了一篇好文章，总希望把它介绍给别人，让别人也爱上这篇文章。比如这篇小说，就很值得介绍，你们知道为什么吗？

生：让大家都来学习这位哈尼族的小姑娘，发扬雷锋精神。

师：说得很对。如果我们把这篇小说的故事讲给别人听，让大家也爱上这篇小说，从中受到教育，为之感动，那我们做了一件什么工作呢？

生：宣传了雷锋精神。

师：对，这就不仅感动了我们自己，而且感动了别人。你们看，一篇文章的作用就大了。不过要介绍得好，还得有点能力。今天，我们就来培养这种能力。

何：从"讲得好极了"到"总希望把它介绍给别人"到"今天我们就来培养这种能力"，几个环节衔接过渡自然，把学生的求知欲提到宣扬雷锋精神的高度，既激发复述兴趣，又交了训练的底，接着再指导复述方法，一切都是为了使学生的主体作用得到充分发挥。

三、直奔中心

师：要介绍一个故事，首先要了解这个故事的"灵魂"。你们看，这个故事的灵魂可以用小说中的哪一句话来概括？（大部分同学举了手）喔，同学们都找到了，是哪一句？

生：驿路梨花处处开。（何：抓住教眼，直捣黄龙，是建立在了解学生基础上的大手笔。）

师（板书：在课题"驿路梨花"后加上"处处开"三个字）：我们看看"梨花"在这篇小说里包含哪些意思？开头说的"梨花"是指什么？中间出现的"梨花"是指什么？课文最后说的"梨花"又指什么？

生：开头写的梨花，是指自然界的一种花。

师：你看到过"梨花"吗？是什么颜色的？（何："颜色"

一问看似闲笔，待见下文，便知闲笔不闲。）

生：看到过，是白色的。

师：白色的梨花，给我们一种怎样的感觉？

生：洁白。

师：对，洁白、纯净、美丽……（有同学打断老师的话举手表示有话补充）噢，你说。

生：洁白无瑕。

师：好，洁白无瑕！同学们掌握的词汇很丰富。那么中间的"梨花"是指的什么呢？

生：是指哈尼族的小姑娘。

师：对，是指老猎人介绍的那位哈尼族小姑娘梨花。最后"驿路梨花处处开"，这个"梨花"是指什么？

生：象征雷锋精神。

师：理解得很好。（亲切地）坐下，坐下。那么为什么说"处处开"呢？从文章里找根据。（何：层层推进，教学思路一丝不乱。）

生：因为解放军造这座小茅屋是为了照顾过路的人。后来解放军走了，梨花姑娘就来照料这座小茅屋。她出嫁以后，她妹妹继续照看。还有过路的瑶族老人，"我"和老余都学习雷锋，为小茅屋做了不少加草修葺的好事，所以说驿路梨花是"处处开"的。

师：对，说明大家都在学习梨花、学习解放军、学习雷锋精神。那么这句话可以说成"雷锋精神大发扬"，是吗？

生：是可以的。

师：那我们就把最后一句"驿路梨花处处开"改成"雷锋精神大发扬"，好不好？为什么？（何：问题提得好。但要真正领略这个问题的妙处，还要读到下文方见分晓。）

生：当然是书上的这一句好。"驿路梨花处处开"比"雷锋精神大发扬"这句话意思更深。

师：为什么更"深"呢？讲讲道理看。

（生支吾，说不清楚）

生：这两句话看来意思差不多，但"驿路梨花处处开"富有诗意，可以让读文章的人进一步去想。

师：嗯，有道理，因为深，我们就去思考了。请说下去！

生：这篇文章题目是"驿路梨花"，以花喻人，以人比花，用"驿路梨花处处开"富有诗意，比直说"雷锋精神大发扬"更好。

师（赞赏地）：很好，很好！你说的中间有四个字，我非常欣赏，你再说一遍给大家听听。

生：以花喻人。

师：你看，讲得多好啊，"以花喻人"（板书），我们看到了花，就想到了梨花姑娘，就如看到了眼前怎样的梨花啊？

生（齐）：洁白无瑕的梨花。

师：梨花美不美啊？

生（齐）：美！

师：梨花姑娘呢？

生（齐）：更美！

师：更美！你们比我想得好！我想的是"也美"，你们想的是"更美",你们比老师强!(众笑)梨花姑娘更美,是她长得漂亮吗?

生:不是。

师:那是什么呢?

生(齐):心灵美!

师:好极了!写了梨花姑娘的心灵美。"驿路梨花处处开",这一句诗使我们想得深,想得多,想到了一片洁白无瑕的梨花,想到了梨花姑娘,想到了人们的心灵美。同学们对这篇文章的"灵魂"理解得多好啊,比老师预料的要好得多。这就是对中心思想的理解。

何:"以花喻人""更美""长得漂亮吗""心灵美",这一串即兴式的问答讨论,似行云流水,似信手拈来,学生的主动作用、教师的主导作用都得到充分的发挥,使人神往。但我又很为您捏一把汗:万一不能取得默契,万一"卡壳了"怎么办?

钱:在这一点上我倒并不怎么担心。因为在正常情况下,学生在阅读、钻研课文时,知识、智力、能力、思想感情的活动,呈现一种网络交叉状态,发展和接通的渠道是多方面的:东边不通西边通,高层不通低层通。"以花喻人""更美"这种智慧火花的迸射,看似意料之外,实在情理之中。重要的一点是要为学生创设有利于激发他们智慧的情境:引导他们驰骋想象力,解决难题。教师的主要任务则是在必要处提供"接通点",同时热情鼓励,多予肯定,扶植他们的自信心。在这个过程中,正可以探索、揭示学生智力发展、能力形成的奥秘哩。

师:下面我们来讨论一下怎样把这个故事讲给别人听。这篇小说一个故事引出一个故事，故事中又有故事，我们用什么方法来帮助自己记住呢？

生：分段。

生：列提纲。

师：我讲故事有一个习惯，那就是抓住故事发展中的几个要点来列出提纲。现在时间到了，下一堂课再请大家发表意见。

——以上第一教时

四、编列提纲

师：要列出情节提纲，就要准确地抓住故事发展中的一些要点，我相信这一堂课一定能上得更好。先看故事开头，我们可以抓哪一点？

生：深山发现茅屋。

生：发现茅屋，准备投宿。

生：急于投宿，发现茅屋。

师：你的表达更准确。现在把大家说的编一编，编成了这样七个字"深山投宿见茅屋"（板书：深山投宿见茅屋）。如果分段的话，该分到哪里？

生：我认为该分到"这是谁的房子呢？"

师：下面讲的什么？

生："我"和老余进去了。

师：那第二个要点该怎样编？

生：走进茅屋，看见陈设。

师：老用"看见"吗？编提纲要讲究用词。

钱：这一部分是故事的重点，"走进茅屋，看见陈设"这样肤浅的概括，说明学生的认识还停留在表面，但这一部分内容要概括得恰当，又确有相当难度。是由老师庖代呢，还是引导学生在领会文章的基础上自己概括？遇到这样的情况，我习惯用后一种办法，因为我认为……

何：您认为教师的主导作用就在于保证使学生成为认识主体，而不是代替学生去认识，是吗？

钱：正是这样。尤其在文章的节骨眼上，让学生多受一点训练是十分必要的，学生的认识能力正是在反复比较、克服困难的过程中逐步提高的。

师：想一想，要讲好这个故事，这一部分要不要讲得详细点儿，讲得好一点儿？

生：要。

师：为什么？

生：……

师（进一步启发）：是谁叫"我"和老余进去的？

生：小屋门上写的字——请进。

师：这字是谁写的？

生：是梨花姑娘写的。（何："请进"与"为过路人想得周到"之间的联系，似应点得更充分些。）

师：他们进去了又怎么样呢？（有两位同学举手）这两位同学思维很敏捷。（又有几位同学举手）啊，你们都很聪明。好，就你说。

生：小茅屋里安排得井井有条……

师："井井有条"这个词用得十分确切，再说下去。

生：梨花姑娘为过路人想得挺周到的，所以要说得详细一点，说得好一点。

师：说得对！这一部分正可以表现出这位哈尼族小姑娘的一种高贵品质，她为过路人想得多周到啊。我们讲这个故事的时候对有些词要特别注意，大家说说看这一段里哪些词最能写出这位哈尼族小姑娘处处为过路人着想？（何：学生的认识正在逐步深入，但要学生体会"隐藏在文字背后的意义"，看来还要做一番引导。此等关键处不妨把文章做足。）

生：屋里有干柴，有米，有盐巴，有辣子。

师：你看，想得多周到啊！柴是"干"的，有米，有盐巴，连辣子也准备好了，辣子可以下饭啊。还有没有？

生：有厚厚的草，"厚厚"这个词重要。

生：还有水是满的，"满"字重要。

师：对，草是"厚厚"的，水是"满"的，这满字说明了梨花姑娘经常来添水。

生：这水还是"清凉可口"的。

师："清凉可口"，对对。还有没有？

生："温暖"的火，"喷香"的米饭，"滚热"的洗脚水。

师：对，对！你看，走路走得累极了，能享受到这些东西，那种幸福是别说了。

生：还有"软软"的干草铺。

师：噢！"软软的"，补充得好。你们看，我们在讲故事的时候要不要突出这些词语？这些词最能体现出梨花姑娘的一片心啊。现在我们再来概括一下，这故事的第二个要点该怎样编？我们能不能把这些内容概括在一句话里？

生：……

师（点拨）：饭是怎样的？水是怎样的？……

生（纷纷地）：饭香……水热……暖人心！

师：啊，说得真好！"饭香水热暖人心"——这些安排，可以看出梨花姑娘对过路人的一片心——又是热心，又是细心。

钱：学生对这一部分的概括，从"走进茅屋，看见陈设"到"饭香水热暖人心"，表现了认识的一个质的飞跃。当时学生的表情告诉我，他们正体验着一种豁然贯通的快感。这是多么令人鼓舞的反馈信息。

何：这对听课者来说，何尝不是一种很好的享受呢！学生认识的这种飞跃，是由于暂时神经联系的突然接通，这中间教师"导"的艺术真是表现得淋漓尽致。我想，经常这样训练学生，不仅学生会学得聪明起来，连教师自己也会教得聪明起来的。

师：现在，我们再看看第二个要点在课文里该划分到哪里？

生：到"可能是一位守山护林的老人"为止。

师：对了，请坐。下面我们来抓第三个要点，先看课文写了什么内容。

生：遇见了老人……

生：应是"巧遇老人"。

师：好，说下去。

生（插嘴）：巧遇老人知实情。

师：说得好！（板书：巧遇老人知实情）这情实不实？

生：不实。

师（笑）：不实，怎么办？（何：难题，棋中险着。）

生（齐）："实"字上加引号。（何：化险为夷。）

师：同学们概括得很好——巧遇老人知"实"情，这"实"字要加引号，很有道理。你们看，你们解决问题的能力是挺强的。我早知道你们聪明嘛！（众笑）好，这一个要点划分到哪儿为止？

生：到"还看见一个……哈尼小姑娘在梨花丛中歌唱……"

师：嗯，对的。接下来该抓什么要点？

生：见到了梨花的妹妹。

师：这很重要。这故事里有几次误会啊？

生：有两次。

师：对，有两次。一再出现误会，就使故事增添了波澜，有吸引力，使人有兴趣看下去。这是第二次误会，我们是不是抓住这次误会来编写这个要点？

生：欲见梨花……

师：这四个字开头开得好，我马上采纳（板书：欲见梨花）要有自信心！你再说下去。

生（接说）：见梨妹……

师：见"梨妹"，什么叫"梨妹"呢？恐怕人家不懂吧。（笑）

生：见妹妹。

师：这样，暂时写作"欲见梨花见妹妹"吧。反正列一个提纲，帮助我们记住这一段故事情节就行了。（板书：见妹妹）

何：这个提纲拟得并不好，"见妹妹"三字，教者知其未妥而采纳，因为它是学生独立思考的结果；但又说明是"暂时写作"，既尊重学生的意见，又留给大家继续思考的余地，处理得灵活自然。

师：这是第四个要点，该划分到哪里呢？

生：到"常来照管这小茅屋"。

师：最后一段，请大家也用七个字来概括。

生（齐）：驿路梨花处处开。

师（板书：驿路梨花处处开）：好！我们讲故事的时候就抓这五个要点来说。

五、复述故事

师：这个故事大家都很喜欢。现在我们请几位同学复述，看他们能不能讲得让别人也都喜欢它。请同学们听好他讲得好不好，有没有重要的内容遗漏了。什么叫"重要"知道吗？

生：能表现中心思想的内容。

师：对，能表现中心思想的内容。一些关键性的情节如果漏掉了，那我们就要给他提出来。注意，不要背书，要讲故事，大家稍准备一下。

（学生稍做准备，开始复述）

生：第一部分：深山投宿见茅屋。（以下复述内容略）

师：他讲得挺好。有没有需要补充的？有哪些地方说得好的，请大家说说自己的意见。

生："梨花的白色花瓣轻轻飘落在我们身上"，这句话重要，他给遗漏了。

师：为什么这句话重要？请你说说看。

生：两个人赶路，前不着村，后不挨寨，这时这两个人自然心里焦急。后来看到梨花，知道附近一定有房子，心里就轻松了，这句话有轻松的味道。

师：这一点补充得很好，要突出他们前是焦急，后是轻松的心情。文章里还有哪些地方可以看出他们轻松的心情？

生："一弯新月升起了……"

师：喔，心情轻松了，欣赏起一弯新月来了。还有风……

生：风微微的。

生：吹在人脸上凉凉的。

师：对！同学们在复述的时候要注意，要把人物的心情通过各种手段表达出来。

生：还有一句话漏掉了——"这是什么人的房子呢？"

师：嗯，这句话很重要，你能说出理由吗？

生：这句话是整篇文章所要解决的中心问题，故事就这样发展下去，追根究底，一个个故事就引出来了。

师：说得好！

何：看您的教学实录，这类地方很容易忽略。看起来只是让学生随便地补充几点意见，教得"漫不经心"，其实是您刻意追求的一种教学风格——把思想教育、知识教学、能力培养、智力开发有机地统一在一个灵活自由的训练过程之中，比如关于环境描写的作用的知识，您不是单独作为一项教学内容来讲解，而是让学生在复述的训练中自己提出来，自己体会其作用，这就显得巧而自然，不着痕迹。不过，令人不解的是，为什么学生总能这样地跟您"配合默契"呢？

钱：啊，这没有什么奇怪，因为我首先考虑的不是学生将会怎样"配合"我的教（这不符合"学生为主体"的观点），而是自己的教怎样去配合学生的学。因此，仔细体察学生认识活动的思路和规律是我备课的一个重要内容。例如这一段复述中，学生可能会忽略环境描写，是我早就意料到的；当然，学生自己能够很快发现问题、解决问题，比我预料的情况要好得多。

何：您这样备课，就叫作"目中有人"！您的"配合论"是有科学根据的，细细揣摩，确是高论。"配合老师上好课"——人们总是这样对学生提出要求，习以为常，不知其非。其实这种提法是大可商榷的。这里我体会到，您的"三主"思想渗透在一切教学细节之中，如水银流注，无处不在啊！

师：根据第二个要点，我们也请一位同学来讲一讲。

（生讲第二部分"饭香水热暖人心"，略）

师：讲得很好，同学们有补充吗？

生：当讲到"躺在软软的干草铺上"时漏掉了一句很重要的话，"对小茅屋的主人有说不尽的感激"。这句话正是说明"暖人心"的一个"暖"字。（何：听得细，补得好，拈出"暖"字，尤其可贵。）

生：还有他说"梁上有米，有盐巴，有辣子"，梁上怎么会有这些东西呢？应该说"梁上的竹筒里有米，有盐巴，有辣子"。（何：促进语言表达的准确性。综合训练的效果随处可见。）

师：他听得多仔细啊！对的，应该是"梁上的竹筒里有米，有盐巴，有辣子"。还有别的意见吗？这位同学把主要内容都讲清楚了。刚才两位同学补充得很好,尤其是那一句"对小茅屋的主人有说不尽的感激",这正是从侧面说明梨花姑娘助人为乐的精神感人之深。下面我们来讲"巧遇老人知'实'情"。

(生复述,略)

师:同学们有什么补充的?

生:"老人把用过的柴米送回来",这一点不能漏。

师:这一点特别重要,为什么?

生:因为这句话能体现出文章的中心"驿路梨花处处开",老人也发扬了雷锋精神。

师:对了,这关系到哪三个字啊?

生(齐):处——处——开!(何:顺水推舟,引向深入。学生听得仔细,教师导之有方。)

师:你看,他听得多仔细!"梨花精神"也感动了过路的人,"我"和"老余"受不受影响?

生:受到感染的。

师:从哪里可以看出来?

生:他们给小茅屋修葺一下,房前屋后……

生(打断前一生的发言,举手插嘴):老师,你说的是下一层的情节了,不是这一层的。

师:喔,我搞错了(笑),让你给抓住了(大笑)。他能听出老师讲错了,这是老师特别高兴的。我搞到下面一层意思去了,那我们就来说说下一层的情节好不好?(何:听到学生批评,不是恼火,而是高兴,是酿制轻松活泼民主讨论气氛的酵素。)

生:我对这第四个提纲有意见。"欲见梨花见妹妹",这句话意思不明确。这个"妹妹",可以是梨花的妹妹,也可以是"我"的或者是老余的妹妹。(全场点头赞许)我以为应改为"欲见梨花见其妹",这样才明确这是梨花的妹妹。(全场惊喜)(何:早就说过,这个提纲是"暂时"的,前面播种,此时收获,怎不可喜!教课如行文,时见前呼后应之妙。)

师:好!(大笑)我们班上有不少同学比我行,这个"其"字改得好,接受你的意见改过来(把一个"妹"字擦掉,改为"其"字)。现在我们来讲这一段。

(生复述,略)

生(刚复述完,立即举手要求发言):他讲得很好,许多重要的词都用进去了。但"做梦"一段他没有讲。

生:"做梦"应该是上面一层的。

生:不对,"做梦"一段正说明一个"欲"字,想见,连做梦也想见……应该是这一层。

师:有道理。两位同学在划分上有了不同意见,一位同学说,因为是"欲见梨花",做梦就是"欲见",因此应该分在第四层。另一位同学说,因为这是发生在第一天夜里的事,所以应该是第二层的,我觉得都有道理。他们是从不同的角度提出问题的,一个从"欲"字上考虑;一个从时间上来划分。我刚才讲过,我们不是划分段落,而是列几个要点帮助自己记忆来讲好故事。你觉得怎样方便,怎样容易记住,就怎样讲,只要你不把主要情节遗漏就行了。(何:对不同的意见,从各自不同角度去肯定它,并因势利导地往更高的理解、鉴赏层次上引,也是教师主导与学生主体取得统一的重要途径。)前面一个同学改了一个

"其"字；现在这位同学抓住了一个"欲"字——你们很会咬文嚼字，我都佩服了。（众笑）最后一节，比较简单，谁来讲呢？

（生复述，略）

生：这一段文字，尽管很短，但有些词语还是不能省去的。"洁白"这个词不能漏……

师：为什么？你说说理由看。

生："洁白"更突出梨花的精神是非常纯洁、非常美丽的。

生：因为这洁白的梨花正好和梨花姑娘相衬托。

师："相衬托"，你看，讲得多好，洁白的梨花更衬托出了梨花姑娘的心灵美。请同学们注意，当作者想到这句诗的时候，他的眼睛看着什么。

生：望着这一群哈尼族的小姑娘。

师：嗯，作者的眼睛望着这一群哈尼族的小姑娘，这，又有什么意义呢？想想看。（何：把学生容易忽略的地方点出来，"教读"最要在这些地方下功夫。）

生：说明这些小姑娘人小志气高。

生：有志不在年高。

师（笑）：喔！"有志不在年高。"好！我再补充一点，小姑娘是我们的什么啊！

生：是祖国的花朵。

生：是接班人。

师：对了！是我们的下一代，说明雷锋精神怎么样？

生（齐）：代代相传。

师：说得好！望着这一群哈尼族小姑娘，就想到上一代人的好传统已被我们的下一代接过去了,这就很自然地想起了大诗人陆游的诗——"驿路梨花处处开"了。正如我们望着在座的红领巾,不禁也会想:你们将怎样呢?(何:因势利导,得来全不费工夫。)

生(齐):我们也要做梨花丛中的一朵小梨花。

生:一朵洁白无瑕的小梨花。

师:是啊,我们也做一朵洁白无瑕的小梨花。也许你们还会在今天晚上做一个梦呢,梦见自己真的变成那梨花丛中一朵洁白无瑕的小梨花了。(众笑)(何:梦,就地取材。春雨润物,潜移默化,训练过程中渗透着思想教育和感情熏陶,使学生在思想品德提高方面也能发挥主动性。)这个故事确实引人入胜,你们把故事的妙处讲出来了,说明你们领会得很好。

六、把握特点

师:下面我们再来看一看,这篇小说总共写了多长的一段时间呢?

生:十年……

生:两天!

师:从什么时候到什么时候?

生:从第一天傍晚到第二天早晨。

师:那么解放军造小茅屋的事发生在什么时候?

生:十年前。

师:十多年前的事,通过什么手法把它引出来的呢?

生:用插叙的方法。

师：对。请大家再想一想，如果故事直接从十多年前解放军造小茅屋那会儿说起，一直说到现在，行不行？

生（齐）：行！

师：好，就请刘瑛同学来说，要求大家一面听，一面思考这两种说法哪一种好。（何：仍用复述法，但要求不同，难度加大，训练安排有合理的坡度。）

（生按时间顺序口述故事，略）

师：我们不说别的意见，只考虑一个问题，她在时间顺序上有没有搞错的地方？有没有？

生：没有。

师：是的。她讲得很顺。特别是后面，一点也没有搞错，我很高兴。现在请大家回答：两种叙事的顺序哪一种好？

生：按作者说的那样好，这样一环扣一环，引人深思。

师：好，引人深思，说得有道理。（指一生）胡伟，你发表一下你的意见看。（何：钱老师在这堂课里已经能叫许多同学的名字，学生感到格外亲切。）

生：我想如果从十年前开始写，那小茅屋的"主人"就直接告诉了读者，我们也就不必往下看了，就是看下去也没味道了。像作者这样写，就会出现两次误会。

师：你们听，说得多好，"两次误会"！

生（接说）：通过两次误会，可以让读者去想，这小茅屋的主人究竟是谁呢？这样就使读者越读越想读，最后才说出茅屋的主人原来是十多年前过路的解放军……因此，我认为像作者那样写好。

生：我补充一点，作者的写法一环扣一环，起伏很大，刘瑛说的就显得平淡了。

何：孩子们说得多好！要是对文章没有深切的感受，能说出这样的话吗？要是不让学生自己阅读、思考、理解、表达，学生会有这样深切的感受吗？以教师讲授为主的教法，也可以把这些结论告诉学生，甚至可以讲得更细致深入一些，但是却永远代替不了学生自己的感受、自己的认识。"自己的衬衣穿着最贴身"——这就是以"学生为主体，教师为主导，训练为主线"组织教学过程效果卓著的原因。

师：喔，起伏很大！这叫什么？这叫作"波澜迭起"（板书）。古人有句话，叫作"文似看山不喜平"（板书）。写文章就像看山一般，要有高有低，主体部分犹如奇峰突起才好。这样写文章，给读者的印象特别深。还有，像作者这样写，梨花有没有出场？

生：没有出场，可以让读者去想象那位美丽的哈尼族小姑娘……

生：在梨花丛中的梨花姑娘。

师：是啊！让读者去想象梨花丛中的这位哈尼族小姑娘，作者这样写，确实比直接描写梨花姑娘怎样美丽高明得多，这对我们写文章启发很大。就要下课了，现在布置一个作业：请你们用顺叙法把《驿路梨花》改写成一篇五百字左右的短文，然后同课文比较一下哪一种写法好，归纳出几点来。能不能？

生：能。

师：上课前，我跟同学们说过，上课谁做主角？

生：我们。

师（指一生）：你做了主角没有？

生：做了！

师（又指一生）：你呢？

生（摇头）：我没有发言。

师：没有发言不要紧，脑筋动了没有？

生：动了，我懂的。

师：这样说，你做了半个主角（笑）。胡伟、刘瑛呢？

生（二生齐答）：我做了。

师：你们两个确实做了主角了。今天我们好多同学都做了学习的主人，非常主动，老师特别高兴。可能因为听课的人多，有些同学只做了半个主角，希望大家今后努力！（何：哪怕是"半个主角"，也要热情鼓励，予以肯定，千方百计让学生意识到自己是学习的主人；只有当学生有了这种强烈的自我意识，才能真正学得主动，而不是徒求课堂上的表面热闹。）

——以上第二教时

何：您这两堂课，初看起来似乎是随意挥洒，涉笔成趣，细细品味，却都有谨严的章法，请您亮亮设计的"底"。

钱：哪里谈得上谨严的章法。我只是根据课文特点和所了解到的学生实际，安排了三个高潮：请学生说说喜欢和不喜欢的理由（整体感受）—复述（逐层训练）—厘清课文篇章结构和表现手法（整体理解）。这三个部分，从总到分，再从分到总，务求环环相扣，波澜迭起；跟它无关的环节，就一律从删。我的主观意图是：使教学节奏显得简洁明快，突出主干，疏密相间，时有高峰，以求能符合学生认识发展和情感发展的规律，使他们的聪明才智得到最大限度的发挥。

何：综观全局，我的体会是：您这个教学设计，在目的上包括了知识、智力、能力、思想感情的全面发展，在内容上实现了上述诸方面的统筹协调，在过程和方法上贯彻了以"训练为主线"的原则，从而既保证了重点突出，又实现了教师主导和学生主体的高度统一，取得了活而实的教学效果。这样的理解不知对不对头？

钱：我的信条是：认定一个目标，执着地去追求它，力图使每一过程、每一环节都体现出自己对语文教学的理解。这样，保持理论与实践的一致性，便于检验自己的教学思想是否正确，也有利于增强自己教学实践的自觉性。《驿路梨花》的教学，就是本着我的"三主"指导思想设计的，是否保持了理论与实践的一致性，是否有什么严重谬误，都有待于同行们的检验。在此，我倒想提一个建议：许多语文教师都积累了自己的实践经验，当前重要的，是使经验上升为理论，进行深入的探讨，这对开创语文教学新局面该是会大有好处的。

（2000年）

我教《论雷峰塔的倒掉》

在上课之前,同学们已自读了这篇文章,并提出了不少疑问。

化难为易:从故事入手

师:今天和同学们一起学习鲁迅的文章《论雷峰塔的倒掉》,先请一位同学把课题写在黑板上。

(学生板书时把"雷峰塔"的"峰"误写成"锋")

师:这位同学字写得很好,不过有一个小小的错误,(许多同学举手)啊,看来大家都发现了。好,你来说。

生:他把"山"旁的"峰"写成了"金"旁。

师:想想看,这个错误怎么造成的?

生:受了雷锋同志名字的影响。

生:太粗心,没有仔细观察。

师:他们两人讲得都对,但是还有一个重要的原因没有讲出来。大家再想想。

生:他没有弄清楚这座塔为什么叫雷峰塔。

师:那就请你告诉他,行吗?

生：注解里有说明的，这座塔建造在叫"雷峰"的小山上，所以叫雷峰塔。它跟雷锋同志没有关系的。那是山名，所以"峰"字是山旁。

师：你读书很细心，还用上了形声字的知识。他（指写错的学生）大概没有好好看这条注解。有一位同学还提出了一个"傻"问题：雷锋同志是全国人民学习的榜样，鲁迅干吗要希望纪念雷锋同志的塔倒掉？（笑）我想，如果他好好看了注解，就不会这么犯傻了。（笑）其实这位同学文章也没有看懂。你们说，鲁迅希望雷峰塔倒掉跟一个什么故事有关系？

生：跟《白蛇传》的故事有关系。因为白蛇娘娘就被法海和尚压在雷峰塔底下，所以作者希望它倒掉。

师：这就对啦！希望雷峰塔倒掉的，不仅是鲁迅；当时凡是知道白蛇娘娘故事的人，没有一个不希望它倒掉的。你们知道为什么吗？

生：因为人们同情白蛇娘娘。

生1：白蛇娘娘是蛇妖，法海除妖，我认为没有什么不好。

师：好！你敢于和大文豪鲁迅唱对台戏，（笑）我钦佩你的勇气。请大家一起发表意见。

生：我不同意他的意见。白蛇娘娘是个好的妖怪。（笑）

师：你怎么知道的。

生：文章里说的，白蛇的故事出于《义妖传》，"义妖"当然是好的。

师：有说服力！文章第二段里就有这个句子，你注意到了，说明你很细心。既然说到了第二段，我们就先来看看这一段。你

们能不能从这一段里找出根据,证明白蛇娘娘是个好妖怪,是义妖?(学生默读第二段)

生:白蛇嫁给许仙是为了报恩。

师:你说的是对的,但最好不要这样笼统地说。这一段一共写了几件事,要一件一件地说,最后证明白蛇娘娘到底是好是坏,是值得同情的还是应该镇压的。如果你能用一些四字句把主要的情节概括地表达出来,简洁明了,那就更好了。你试试看。

生:许仙救蛇……白蛇报恩……法海藏……夫(笑)……白蛇寻夫……水满金山……白蛇中计……造塔镇压。

师:嗯,概括得很好。刚才大家为什么笑?

生:他说法海藏"夫",人家会误以为是法海的丈夫。(笑)最好改成法海藏"人"。

师:"人"又好像太笼统。(学生七嘴八舌:藏"许")好,就用法海藏"许"。现在大家看看,这样的故事情节说明了什么?不要用一句话回答,最好能做一点分析。

生:白蛇嫁给许仙是为了报答他的救命之恩,结婚以后过着幸福的生活……

师:你怎么知道的?

生:电视里看到的。(笑)可是法海总想破坏,最后终于把白蛇娘娘收到一个钵盂里,压在雷峰塔底下。白蛇娘娘一心要报恩,当然是"义妖"。她有情有义……(笑)

师:说得好!既然白蛇娘娘有"义",那么法海就是有"义"的反面,是怎么样的人呢?

生：不义之人。

师：你们同情白蛇娘娘，还是法海？

生（齐）：白蛇娘娘！

师：同情法海的请举手。（无人举手，对生1）怎么，你也不举手？你是赞成法海除妖的。（笑）

生1：我只是提个问题请大家讨论，其实我心里也同情白蛇娘娘。（笑）

师：噢，原来如此！你对活跃我们的思维做出了贡献！（笑）的确，凡知道这个故事的人，几乎没有不同情白蛇娘娘的。从课文里看，只有一种人是不同情白蛇娘娘的，不知道你们看懂了这句话没有。是谁啊？

生2：脑髓里有点贵恙的人。（师插：能解释一下吗？）就是头脑里有毛病的人。

师：是精神有问题吗？

生2：是指有封建思想的人。作者这样说，是为了嘲笑这种人。

师：我很高兴，刚才大家都表示同情白蛇娘娘，证明全班同学的脑髓都是正常的。（笑）大家别笑，这种爱憎分明的态度对体会文章的思想感情是很重要的。不过，这篇文章比较难学，要真正读懂，还有很多难题要解决。同学们在自读中提出了不少问题，我看了大家做的问题卡片，发现你们很会提问，有不少问题很有思考的价值。接下来我们就来讨论大家提的问题。由于问题多，时间有限，我只能挑选一部分，给卡片编了号，请拿到有编号的问题卡的同学，按序号提出问题。现在开始。

揣摩写作意图

生（读1号卡片）：鲁迅在雷峰塔倒掉以后写这篇文章，仅仅是为了表示对白蛇娘娘的同情吗？

师：这个问题提得好。读文章必须了解作者写作的意图。他能提出这样的问题，说明他很懂得怎样读文章。大家想想，要回答这个问题，必须联系什么来考虑。（生齐：时代背景）不错，时代背景，尤其是读鲁迅的文章。因为他的文章大多针砭时弊（板书"针砭时弊"，并稍做解释），如果不了解当时社会上发生了什么事，就不知道他写作的意图。现在我就来简单地介绍一下当时的情况。刚才大家都表示同情白蛇娘娘，希望镇压白蛇娘娘的雷峰塔倒掉。有趣的是，这座塔在1924年9月果真倒掉了。当然，不是像故事里说的被"白状元祭塔"祭倒的，也不是"小青姑娘"修炼成仙后用法术把它击倒的，而是因为当地的人迷信，以为拿一块塔上的砖放在家里可以消灾避难，于是你拿我拿，塔的根基被挖空，塔就倒塌了。一座古塔倒掉，当然有些可惜。但从整个社会生活的角度看，是不是一件了不起的大事？（生齐：不是）但鲁迅却为此事写了两篇文章：《论雷峰塔的倒掉》和《再论雷峰塔的倒掉》，这究竟是为什么呢？原来当时有一些满脑袋封建思想的文人，也就是鲁迅文章里说的什么样的人？（生齐：脑髓里有点贵恙的）借雷峰塔的倒掉，大唱哀歌，散布很多维护封建礼教、封建统治的言论，总之，他们希望恢复人压迫人的封建旧秩序。这种借一件事做题目，来表示自己真正的意思的手法，叫什么？有个成语，知道吗？

生：借题发挥。

师：对！这就使鲁迅不能沉默了。于是，他针锋相对，也来一个借题发挥，写下了这篇文章。请大家联系课文想一想：鲁迅借的什么题？发挥了什么意思？

生2：他也是借雷峰塔倒掉这个题，抨击了那些希望恢复封建社会的文人。

师：说得好极了！他还用了一个很高级的动词，（笑）听出了没有？（生齐：抨击）你会写吗？

生2：提手旁一个"平"。

师：这个字很容易读成"píng"。他不仅会写，而且没读错，真不容易。不错，鲁迅的这篇文章抨击了那些妄图恢复人压迫人的封建统治的人。鲁迅针锋相对地指出，人压迫人的封建统治是不可能恢复的，封建势力的垮台是历史发展的必然，是谁也阻挡不了的。课文里有一个句子非常深刻地表达了这个思想，看谁能把它找出来。这可是个"高级难题"，读书傻乎乎的人肯定是找不到的。（笑）

（学生看书后不少人举手）

师：啊，看来大家都不傻。（笑）好，你说。

生3："莫非他造塔的时候，竟没有想到塔是终究要倒的么？"

师：好极了！完全正确。但是我还不满足，你能不能再说一说为什么找了这句。

生3："塔是终究要倒的"说明封建势力是终究要垮台的。

师：这句话里有一个关键词，如果你能找出来，我算佩服你了。

生3:"终究"。(师插:为什么是关键?)说明塔的倒掉是"必然"的。

师:啊,佩服,佩服!(笑)他找出的这个句子是文章的中心句,我们叫它"文眼"。读这样含意深刻的文章,只要找到了文眼,就是抓到了中心思想,也就基本上读懂了文章。同学们很会读文章。同你们讨论问题,我感到很愉快。现在讨论2号卡片。

理清文章思路

生(读2号卡片):从本文的标题看,是议论文,但跟过去学过的议论文不同,写得有些杂乱,究竟是什么文体?

师:他说鲁迅的文章有些杂乱,你们说呢?

(学生议论纷纷,有的说"乱",有的说"不乱")

师:请起来说。

生:是写得有些乱。先说雷峰塔倒掉,后来却东拉西扯,还写到吃螃蟹,让人理不出线索来。

师(对另一名学生):我刚才好像听到你说"不杂乱",也能起来讲讲吗?

生4:我……我想鲁迅写文章是不会乱来的。(笑)

师:当然,鲁迅如果乱写的话,那就不是鲁迅,而是一名中学生了。(笑)不能把这个作为理由。也要用文章本身来说明。

生4:文章写的都是雷峰塔倒掉的事。(师插:能说得具体些吗?)写《白蛇传》的故事,写吃螃蟹这些事,都和雷峰塔倒掉的问题有关。

师:两位同学的意见都正确。这篇文章看起来是有些"杂",

但是"杂"而不"乱"。这种文体就叫"杂文"(板书)。杂文里常常要发表议论,但是跟议论文不同。关于这种文体的特点,到我们读完了文章以后再一起讨论。刚才他(指生4)虽然话说得不太漂亮,但道理是对的。文章看起来似乎东拉西扯,可是都跟雷峰塔的倒掉有关。本文的标题是"论雷峰塔的倒掉",这就提示我们,塔的"倒掉"是贯穿全文的一条线索。现在我们就来理一理这条线索。这件事并不难做,只要把文章里有关"倒掉"的词句找出来就行了。例如第一段主要写什么?

生:听说杭州西湖上的雷峰塔倒掉了。(师插:能不能简化到最少的字数?)听说……倒掉。

师:好,就用"听说倒掉"。大家就以此为例,一路找下去,最后就可以把线索理出来。

(学生看书,找线索,教师边听边写,最后完成板书:

听说倒掉—希望倒掉—仍然希望倒掉—居然倒掉—终究要倒掉)

师:你们看,作者就按这条线索,有时叙述,有时议论,一路写下去。如果说这像在画"龙"的话,那么在哪里"点睛"?

生:最后点睛。(师插:为什么说"睛"在最后?)因为"终究要倒掉"是文章的中心所在。

师:你们看,把文章的线索理一下,就可以看出作者的思路一步不乱。这可以说是杂文的一个特点:杂而不乱。下面讨论第三个问题。

体会"憎塔"(上)

生(读3号卡片):"听说,杭州西湖上的雷峰塔倒掉了,听说而已,我没有亲见。"这句用了两个"听说",显得啰唆,"没有亲见"和"听说"的意思也是重复的,作者为什么要这样写?

师:大家想想,这个问题该怎么解决?

生5:为了强调"听说"。

师:有点道理。但为什么要强调"听说",而不是一听说,立即坐火车到杭州去看个究竟?你再往深处想想,揣摩一下作者对雷峰塔的态度。

生5:作者对雷峰塔没有好感,因为塔下压着白蛇娘娘。"听说而已",就是说知道有这回事就算了,是一种无所谓的态度。

生6:作者写这篇文章的时候已经知道塔下没有白蛇娘娘,他对塔没有好感是因为雷峰塔是封建势力的象征。

师:你们两人都说得很好,你(指生6)的纠正尤其好。不过,说作者的态度是"无所谓",恐怕还不够,我给大家一个字,请组成一个词,这个字是"冷"字。

生:冷漠。

生:冷淡。

师:请从两个词中选一个,并说明选择的理由。

生:用"冷漠"好,因为它不但是冷淡,还有一点漠不关心的意思,表明作者对雷峰塔倒不倒抱着无所谓的态度,当然更没有兴趣到杭州去看。

师:这个问题挺难,想不到会解决得这样好。现在讨论下一题。

生(读4号卡片):"雷峰夕照"是西湖十景之一,是西湖胜迹中的一个名目。"胜迹"就是风景优美的古迹,但作者却说它

"并不见佳"。"雷峰夕照"究竟美不美？

师：上一个问题解决了，我估计这个问题是容易解决的。谁来说？

生：我想"雷峰夕照"的景色大概还是比较好，可是作者对它没有好感，所以要说它不美。

师：大家同意吗？（生齐：同意）我早知道这个问题对你们太容易了。不过我觉得讨论这个问题，重要的不是得到这个结论，而是要细细体会作者的语言表达。请大家把第一段朗读一遍，说说作者在对雷峰塔的具体描写中是怎样流露出自己的感情的。

（学生各自朗读课文）

生：用"破破烂烂"描写雷峰塔，给人一种破落的感觉；"落山的太阳照着这些四近的地方"，使人感到很荒凉。

师：你的感觉很准确。这些词语的确带有荒凉、破落的色彩，表现了作者对雷峰塔的厌恶感情。这里用词很有讲究。雷峰塔是一座古塔，如果你带着欣赏的态度，也许会说它"古色古香""古朴苍劲"。但作者却说它"破破烂烂"，给人的感觉就完全不一样了。再如"落山的太阳"，如果改为"夕阳的余晖"，感情色彩也截然不同。这对我们怎样选用恰当的词语来表达感情是很有启发的。好，下一题。

生（读5号卡片）："并不见佳，我以为"是不是就是"我以为并不见佳"？作者为什么要这样倒过来说？

师：这个问题也有点难度。（有学生举手）请等一下，暂时不忙发表意见，先把这个句子再朗读几遍，细细体会，哪些字要

读得重一些，强调一些，然后再说作者为什么要用这种倒装的句式。（学生各自朗读，体会）

生7：把"并不见佳"移到前面，起了强调的作用，读的时候，要把这四个字读得重一些。

师：还有意见要发表吗？

生8：我觉得"我以为"三字要重读。（师插：为什么？）这是作者在表明自己和别人的态度不一样。

师：你说的"别人"指哪些人？

生8：头脑里有点贵恙的人。

师：为什么作者要强调表明自己和他们的态度不一样呢？

生8：针锋相对呀。

师：你的体会好极了，我完全赞同。不过，他（指生7）的意见也是值得考虑的。一般说，把句子的某一个成分移到前面，总是为了突出这个移前的成分，读得要重些。这个句子显然突出了作者对"雷峰夕照"的评价：并不见佳。还有，"我以为"三字不必全部重读，只要强调一个字就可以了。（生插："我"）对！这样，这个句子既突出了"并不见佳"，又强调了这是"我"的态度，跟那些为雷峰塔大唱哀歌的文人针锋相对。语气肯定，旗帜鲜明，毫不含糊。顺便还告诉大家一件有趣的事：鲁迅这篇文章发表以后，人们除了为鲁迅深刻的思想所折服外，对这个句子新颖的形式也发生了兴趣，纷纷仿效，说话、写文章都要来一个"并不见佳，我以为"，一时成为流行的句式。从这里也可以看出鲁迅锤炼语言的功夫。最后，请大家把第一段完整读一遍，再好好体会一下作者的感情，尤其是最后一个倒序句，两处重音都要读出来。

（学生朗读）

——以上第一教时

体会"憎塔"（下）

师：上一课我们讨论了关于"憎塔"方面的三个问题。现在我们继续讨论这方面的问题。

生（读6号卡片）：作者小时候以为雷峰塔底下压着白蛇娘娘，所以希望它倒掉，是可以理解的。可是后来看看书，知道塔下并没有白蛇娘娘，为什么"心里仍然不舒服，仍然希望他倒掉"？

师：我知道，这个问题对你们来说，也是并不太难的。你们想，作者小时候希望塔倒掉，是出于一种什么心理？

生：小孩子的同情心。

师：那么长大以后呢？又是出于一种什么心理？

生：希望封建势力垮台。

师：是呀。你们想，这时候的雷峰塔在作者的心目中，仅仅是一座普通的塔吗？是不是还有一些别的含义？

生：雷峰塔是封建势力的象征。

师：为什么雷峰塔能够象征封建势力呢？所有的塔都会有这种象征意义吗？

生：雷峰塔本来是一座"镇压的塔"，而封建势力就是压迫人民的，所以能够象征。

生：老师，我认为你的问题提得不够确切，鲁迅用雷峰塔象征封建势力，也不过是借题发挥，因此没有必要问别的塔有没有这种象征意义。

师（惊喜）：太好了！太好了！谢谢你的指正，我提这个问题是有些多余，现在我声明取消。（笑）的确，作者用雷峰塔象征封建势力，是借题发挥，未必是作者真的跟一座塔有什么过不去。再进一步说，雷峰塔的象征意义还可以扩大到一切压迫人的反动势力，这样理解，文章的意义就更深广了。这个问题讨论得好极了，从同学们的发言中，我也受了启发。下面讨论7号卡片。

生（读7号卡片）：课文第四段"现在，他居然倒掉了"，我认为应该把"居然"改为"果然"。因为作者是一直希望雷峰塔倒掉的，现在"果然"倒掉，语气好像顺一点。

师：你"居然"敢于为鲁迅改文章，真是勇气过人。（笑）这问题也是挺"高级"的，请大家发表意见。

生：我同意改为"果然"。"果然"表示塔倒是在意料之中，因为塔是终究要倒的嘛！作者是早就料定它要倒的。"居然"表示出乎意料，用在这里是有些不合适。

师：好啊，又有一位主张为鲁迅改文章的勇敢者！（笑）到底要不要改？我想再引用一下前一堂课上一位同学的话："鲁迅写文章是不会乱来的。"（笑）他这里用"居然"，总有他用"居然"的道理，大家是不是也站在鲁迅方面替他想想。

生1：我认为用"居然"比"果然"好。

师：好，你为鲁迅辩护，如果先生还在，我想他会高兴的。（笑）不过你要讲出理由来。

生1："塔是终究要倒的"，这是必然的，作者又希望它倒掉，但是塔毕竟是不大会倒的,现在雷峰塔这么快就倒掉了,是出乎意料的,当然要用"居然"。

师:言之成理!我再做一点补充。大家看,紧接着"居然"这一句,下面是什么句子?

生(齐读):"……则普天之下的人民,其欣喜为何如?"

师:"居然"表示雷峰塔倒掉这件事出乎意料地发生了,普天下的人民则为之无比欣喜,有一个成语恰好能够表达人民这种出乎意料的欣喜的感情,你能说出这个成语吗?

生1:喜出望外。

师:你真行!我现在宣布:你为鲁迅辩护成功!(笑)现在请大家再把第三、四两段连起来朗读一遍,体会一下"我"从"希望倒掉"直到"居然倒掉"以后那种喜出望外的感情。(学生朗读)

师:你们是不是感到用"居然"引出下面的"欣喜",给人一种加倍欣喜的感觉?(生接:是的)这里我顺便问一下:作者为什么不写自己欣喜,而要写人民的欣喜?"人民"之前为什么还有加上"普天之下"这个定语?

生2:这说明希望雷峰塔倒掉的,不仅仅是作者一个人。"人民"之前加上"普天之下",说明全世界人民都这样。(笑)

师:你们为什么笑?

生:他说"全世界人民"范围太大了,外国人不会知道雷峰塔下压着白蛇娘娘。(笑)应该说是"广大人民"。

师:纠正得很好。不过他(指生2)说的道理是对的,作者所以要写到"普天之下的人民",表明他厌恶雷峰塔,强烈地希望塔倒掉，绝不是出于个人的好恶，而是跟广大人民的感情是一致的。这个问题解决得很好。下面谁提问？

生3（读8号卡片）："这是有事实可证的"这句中的"这"指代什么？"事实"指哪些事？

师：这个问题虽然不一定有多少深度，但是他这种咬文嚼字读文章的认真态度我十分赞赏。谁来回答他的问题？（学生纷纷举手）大家暂时把手放下，我想请提问的同学自己先说说看，看能不能自己提出疑问，自己解决疑问。

生3："这"指普天之下的人民为雷峰塔倒掉而欣喜这件事。"事实"就是下面田夫野老、蚕妇村氓都为白娘娘抱不平，怪法海多事。

师：看来，你解决问题的能力很强。不过，我想问你一下，你在提出问题的时候，是不是想过答案？

生3：想过，但是我不大有把握。

师：现在有把握吗？（生接：有）为什么现在有了呢？

生3：刚才你说我能力很强，我知道自己答对了。（笑）

师：看来你还需要更多一点的自信。其实，你是有能力的，你完全有理由相信自己。这个问题就讨论到这里。上面我们讨论的几个问题，都是作者对雷峰塔的态度方面的问题。下面我们看看作者对这座镇压之塔的制造者——法海和尚是怎样的态度。请提出问题。

感知"讽僧"

生（读9号卡片）：法海对许仙和白娘娘的结合为什么要嫉

妒？"大约是怀着嫉妒罢，——那简直是一定的。"这里"大约"和"一定"是不是前后矛盾？中间的破折号有什么作用？

师：他一连提了三个问题，都是"高精尖"的，我真感到有点不大好解决。不知道我们能不能讨论出结果来。（生接：能！）大家有信心，我很高兴。那就先好好想想，再发表意见。

（学生思考，约2分钟）

师：为了回答三个高难度问题，先从文章里看看法海去破坏白娘娘和许仙的美满婚姻有没有道理？

生4：法海是毫无道理的，文章里说："白蛇自迷许仙，许仙自娶妖怪。和别人有什么相干呢？他偏要放下经卷，横来招是搬非……"

师：你找的句子里有几个副词很重要，从它们可以看出法海毫无道理，请你把它们找出来。

生4：前面两个"自"，还有一个"偏"和一个"横"。

师：两个"自"说明了什么？"偏"和"横"又分别说明了什么？能说说吗？

生4：两个"自"说明许仙和白娘娘是自由恋爱，（笑）完全是自己愿意的，法海干涉是没有道理的。"偏"字说明——（语顿）

师：他本来不该去惹是生非，可他"偏偏"要这样做，想想看，这个"偏"说明了法海怎样？

生4：顽固。（有同学插话：固执）

师：说"顽固"也行。"顽固"的人必定"固执"。好，你再说说那个"横"字。

生4：说明法海蛮不讲理。

师：你理解得很好。这些句子表明了白娘娘和许仙的婚姻完全两厢情愿，而且他们生活幸福，既不招谁，也不惹谁，法海横加干涉，实在是毫无道理可言。所以作者只能做一个推测：大约是怀着嫉妒吧。现在就可以讨论这个问题了：法海为什么要嫉妒？

（暂时无人举手。有几名学生在掩口而笑）

师：有什么事让你们这么开心？能说给大家听吗？你笑得最厉害，就你说。

生：和尚不能娶老婆。（大笑）

师：别笑！别笑！这绝对不是笑话。这里对法海是有一点调侃（板书）的味道。"调侃"，用言语戏弄，也就是用开玩笑的语言来讽刺。鲁迅的杂文"嬉笑怒骂，皆成文章"（板书），这就是一个例子。当然，文章这样写，是为了调侃，但假如我们对法海的本质要有个认识，那就要想得深一点了。大家想想，法海代表了一种什么社会势力？

生（齐）：封建势力。

师：对，他是封建势力的代表人物，这种人忠实地维护着封建旧礼教、旧秩序。人民把他们叫作"封建卫道士"（板书）。他们看到青年男女婚姻自由，看到人民美满幸福的生活，是绝对不甘心的，总要想方设法加以破坏。这种封建卫道士，除了法海之外，大家还能举一些出来吗？

生："牛郎织女"故事里的王母娘娘。

生：《天仙配》里的王母娘娘。

师：哦，看来王母娘娘尽干这类坏事。（笑）

生：还有《孟姜女》里的秦始皇。

师：秦始皇可是个暴君的形象，不过说他是封建卫道士也不能算错，因为他是封建卫道士的总头目。这个人物比较复杂，他跟王母娘娘不一样，以后有机会再讨论。总之，这类例子很多，咱们就不举了。现在考虑一下两个问题："大约"和"一定"前后矛盾吗？中间的破折号有什么作用？

生5："大约"有点推测的语气，因为上面说法海干涉许仙白娘娘的婚姻是毫无道理的——（语顿）

师：你大概是想说，既然毫无道理，为什么还偏要横加干涉呢？所以作者只能做出这样的推测，是吗？（生接：是）好，你说下去。

生5：推测之后有个破折号，我觉得好像是表示对上面的推测有个思考的过程，思考的结果是："那简直是一定的"，肯定了法海的嫉妒。

生：我认为这个破折号表示意思递进，从推测到肯定，意思进了一步。

师：两人的意见我都同意，因为你们事实上没有什么分歧。总之，这一小段对法海卑鄙的嫉妒心理，既有无情的揭露，也有近于调侃的冷嘲热讽。最后从推测到肯定，细细辨味，也带有调侃的色彩。看来，这样高难度的问题也难不倒你们。好，继续提问。

生（读10号卡片）：玉皇大帝是天上的最高统治者，可是作者对他很满意，为什么？作者为什么要让玉皇大帝来惩罚法海？作者对玉皇大帝究竟是什么态度？

师：这里有个问题我要解释一下：他问为什么作者要让玉皇

大帝来惩罚法海，这个问题的提法不对，作者绝对不可能打电话通知玉皇大帝惩罚法海。（笑）玉皇大帝惩罚法海是民间传说里本来就有的情节，所以这一段用"听说"开头。这位同学读文章的时候可能没有注意。但是他提的另两个问题很好，请大家发表意见。

生6：作者对玉皇大帝并不完全肯定，也有否定。

师：说得很好，请继续往前想：肯定的多还是否定的多？肯定了什么？否定了什么？为什么肯定？文章里是怎样写的？想问题要步步深入地追问，这里既有阅读方法，也有思维方法。

生6：作者对玉皇大帝总的来说是否定的，"腹诽的非常多"，就是说对玉皇大帝的不满意不是一两件事，而是"非常多"；"独于这一件却很满意"，一个"独"字，说明满意的只有这一件。

师：好，文章就要这样读。再思考一个问题，玉皇大帝为什么非要拿办法海不可？文章是怎样写的？

生6：因为法海多事，荼毒生灵。

师：你知道"荼毒生灵"是指哪件事吗？（生接：不知道）有谁知道？（稍顿）其实这段文章里已经写明白了，大家找找看。

生7：大概是指"水满金山"一案。

师："水满金山"怎么会"荼毒生灵"？为什么这事要由法海负责？

生7：水满金山大概淹死了不少人。法海如果不把许仙藏起来，就不会有水满金山的事，当然应该由法海负责。

师：对了。可见玉皇大帝要拿办法海，实在是因为法海荼毒生灵，不拿办不足以平民愤，才不得不这样做的。但不管怎说，他要拿办法海总是符合大众的愿望的，所以作者对这件事还是满意的。但用了"独"字，表示对玉皇大帝的肯定是极其有限的。读这一段，还要注意一个字的写法和读音，你们猜我要说的是哪个字？

生（齐）："荼"。

师：为什么猜是这个字？

生：因为容易跟"茶"字搞错。

师：你们真聪明。现在讨论下一个问题。

生8（读11号卡片）：第8自然段写吃螃蟹和怎样找到蟹和尚，是不是闲笔？如果不是，那么这一段的作用是什么？

师：你用了一个绝对高级的名词，（笑）大家听出来了没有？

生（齐）："闲笔"。

师：什么叫闲笔，知道吗？（稍顿）看来都不知道。（向生8）你大概知道，你说吧。

生8：闲笔就是文章里多余的笔墨。

师：你说对了一半，这已经不错了。准确地说，应该是"看似多余，其实重要"，所以叫作"闲笔不闲"。总之，闲笔是一种写作的技巧，说来话长，现在不可能展开讨论。你这个问题是不是可以改为这样的提法：作者写这一段有什么必要？它有没有离开中心？你看这样是不是容易回答一些？同意吗？

生8：我同意。

师：好，那我们就这样讨论。谁来说？

生：我认为这一段不是多余的，它说明封建势力的代表人物必定要有这样的下场。

生：这一段对法海还有讽刺、嘲笑的作用。

师：从哪里看出讽刺嘲笑？

生：文章前面说法海是个得道的禅师，肯定是神气活现的，可是现在成了让小孩子拿着玩的"蟹和尚"，让人觉得可笑。

生：这一段证明了镇压人民的人不会有好下场。

师：同学们的意见我都同意。但这些意见只能说明这一段应该写，还不能说明这一段为什么要把吃螃蟹和找蟹和尚的经过写得这样详细，我们不妨先看看作者是怎样写的，然后想想为什么要这样写。谁先来说怎样写？注意动词。

生：先把蟹煮熟，再揭开背壳，再把里边的黄、膏等东西吃掉，就露出一个圆锥形的薄膜，接着就写一连串的动作，切下、取出、翻转，最后就可以看到一个罗汉模样的东西，就是法海。

师：有道理。作者写得多具体，简直像一篇小小说明文，题目可以用"这样吃螃蟹"，（笑）这样写究竟有什么必要呢？

生：我认为是为了增加文章的趣味。

师：有道理。但还不完全是为了增加情趣。

生9：为了证实法海的的确确藏在螃蟹里。

师：说得好。我读了这一段，似乎听到作者在说：法海确确实实逃到了螃蟹里，如果你不信的话……（向生）你能不能把我这句没有说完的话说下去？

生9：……那就去买个螃蟹来吃一下试试。（笑）

师：接得好！所以这一段具体描写增强了法海受惩罚这件事的可信性和真实感。（板书：可信性、真实感）关于这一段的作用，我们谈了不少，谁能小结一下？

生10：讽刺法海的可笑下场，证明镇压人民的人不会有好下场。增加文章的趣味性，还有增强了可信性和真实感。

师：总结得很好。最后一句有点残缺：增强了什么事的可信性和真实感？

生10：法海逃在蟹壳里这件事。

师：这样说也对。这个问题就讨论到这儿……（被一学生举手打断）

生：老师，我还有一个问题，法海荼毒生灵，死了不少人，玉皇大帝要拿办，法海逃进了蟹壳，玉皇大帝为什么就算了？

师：那你说该怎么办？

生：把他揪出来。

师：揪出来干吗？枪毙？杀头？（笑）其实，法海躲在螃蟹里的日子也是不好受的，大家看文章里怎么写？

生："独自静坐"，"非到螃蟹断种的那一天为止出不来"。

师：法海什么时候能出来？

生：永远出不来。

师：为什么？

生：螃蟹不会断种。

师：就是说，法海被判了什么刑？

（生七嘴八舌：无期徒刑，终身监禁）

师：你们看，这日子恐怕不会比枪毙更好受。这个问题就讨论到这里了。顺便说一句，鲁迅这篇文章完全是根据民间传说写的，传说中法海就躲在蟹壳里。现在讨论最后一个问题。

生（读12号卡片）："活该"是什么意思？为什么单独列一

段，把它并入上一段好不好？

师：先理解"活该"是什么意思。谁说？

生：罪有应得。

师：作者为什么不用书面化的"罪有应得"，而要用这种口头语呢？

生：为了讽刺。

师：对，这个"活该"就有点嘲弄的口气。还有别的意见吗？

生11：我认为"活该"后面应该用个感叹号，读起来才有力。

师：这个问题提得很好！你怎么没制卡片呢？（生11：现在才想到的）不过这对讨论12号卡片很有帮助，我就把它插进来一起研究。到底用句号好还是用感叹号好，这关系到对作者感情的体会。现在就通过朗读来比较一下，究竟用句号还是用感叹号读起来够味儿。这要靠敏锐的感觉，仔细辨别，用心体会，我想看看大家的感觉怎么样。就读最后两小段。你（指生11）主张用感叹号，请你先按感叹号的语气读。（生11朗读，接着又一名学生按原文的标点朗读）

师：他们两人都读得很好，读出了感情。他（生11）读得语气很强烈，他（另一生）呢，语调比较低沉，故意把"活"的声音拖长些，给人的感觉冷冷的。两种读法表达出两种不同的情感。大家说说，哪一种读法更接近作者的本意？

生：我觉得用感叹号语气太强烈了，好像在大声斥责法海，听起来虽然有力，但是不符合作者的本意。

师：那你认为作者的本意是什么呢？

生：从上文看，法海造了雷峰塔镇压白娘娘，但最后白娘娘从塔里出来，法海自己却落得一个躲进螃蟹的下场，变成了一个罗汉模样的东西，使人觉得很可笑。因此，我认为这"活该"是在笑他自作自受，好像还有点幸灾乐祸。

师：大家同意吗？（生齐：同意！）有不同意见的举手。

（稍顿，无人举手）

师（向生11）：看来你是少数派了。（笑）不过你的问题提得好，帮助大家更好地体会了作者的感情，你也是有贡献的。（笑）他（指另一生）的发言很有水平，不过他用了个"幸灾乐祸"，这个成语习惯上带有贬义，其实他的意思也许是说，作者对法海可耻的下场既感到可笑，又为之庆幸，所以"活该"两字带有一种"冷嘲"的色彩。这样体会，我觉得是符合作者本意的。现在讨论最后一个小问题："活该"为什么要单独列一段？跟上一段合并好不好？

生：为了强调"活该"。

生：使读者印象更深刻，觉得法海的下场的确是自作自受，罪有应得。

生：让读者有一种新鲜的感觉。

师：还有别的意见吗？（稍顿）大家体会得很好。我再补充一点：这种形式叫"独词段"，它一般都用在文章的关键处，有突出、强调的作用。因为一段只有一个词，所以特别容易引起读者的注意和思考。本文用"活该"收束全文，确实是精彩的一笔，使我们看到了鲁迅的杂文既尖锐泼辣又幽默风趣（板书）的特点。同学们还记得吗？上一堂课我们遗留了一个问题，准备在读完全文以后讨论的。（生插：关于杂文的特点）现在下课的时间马上到了,看来不能讨论了,不过,经过两堂课的共同学习,我感到你们不仅学得主动,而且思维能力很强,我相信你们对杂文的特点已经有所认识。这个问题就请你们到课外去自己研究,同学之间还可以互相交流交流。尤其别忘了请教老师。我觉得你们的老师真好,把你们教得这样聪明,我要向他学习。

(2000年)

我教《死海不死》

师：今天要和同学们一起阅读的是一篇说明文。先请同学们打开课本，看一下目录的第一页，这一页共列出两个说明文单元，今天我们要阅读的说明文就在这两个单元里，同学们还不知道是哪一篇，现在给你们一个条件：这篇文章的标题很能引起人们阅读的兴趣，你们猜是哪一篇，看谁猜得快猜得准。

（学生看书后纷纷举手）

师：看来同学们都知道是哪一篇了，你们真聪明！好，你来说。

生1：《死海不死》。

师：完全正确！但你能说明一下为什么你猜是这一篇呢？

生1：这个题目叫"死海不死"，既然是"死海"，可又为什么说它"不死"，这就在读者心里造成悬念，引起了阅读的兴趣。

师：刚才好多同学都举手了，你们猜的也是这一篇吗？有猜别的课文的吗？

生（众）：也是这一篇。

师（指一学生）：那你同意刚才那位同学的意见吗？

借班执教《死海不死》

生2：同意。我认为这个标题本身包含着一对矛盾："死海"和"不死"，使读者产生疑问，急于想去读文章，弄明白究竟是怎么回事。所以这个题目对读者有吸引力。

师：有不同意见的同学请举手。（无人举手）有补充意见的同学请举手。（无人举手）哦，"英雄所见略同"，看来你们一个个都是小英雄！（笑）不过，我还有个问题想考考各位英雄：标题上有两个"死"字，它们的意思是一样的吗？

生3：前一个"死"字指没有生命，第二个指淹死、死掉。

师：完全正确。你课前有没有看过这篇课文？（生摇头）那你怎么能回答得这样正确？

生3：我在地理课上学到过。

师：啊，真好！地理课上学到的知识，用到了语文课上，这叫知识的"迁移"(板书"迁移")。学习中经常注意"迁移",知识就学得活了。现在请同学把书合拢,暂时不要看课文,大家回忆一下地理课上学到的关于死海的知识,比一比谁的记忆力好。(指一在偷偷看课文的学生)哈,你违规了,不许偷看!

(学生思考、回忆,片刻后陆续举手)

师:为了使回忆有条理,请按照以下几点逐一来说(板书):

1. 地理位置;

2. 得名原因;

3. 海水趣事。

生1:死海的位置在约旦和巴基斯坦(众插话:巴勒斯坦)——巴勒斯坦中间。

师:巴勒斯坦在亚洲西部,巴基斯坦在亚洲南部,和我们中国接壤。这两个国家的中文译名只差一个字,而且都是亚洲国家,很容易记错,建议这位同学课外去找世界地图或亚洲地图查一查,以后就不会再搞错了。谁来说"得名原因"?

生2:死海的海水含盐量特别高,水里各种动植物都不能生存,所以叫"死海"。

师:哦,死海的海水含盐量高,这是它的特点,由于有这个特点,就出现了一些有趣的现象,谁能说说是什么现象?

生(七嘴八舌):人不会淹死。

师:为什么会出现这种现象?

(无人举手)

师:我估计同学们都知道,只是暂时还没有找到合适的语言来表达,是吗?(指定一学生)这位同学戴着眼镜,看起来挺有学问，你来给大家说说看。

生3：人在死海里不会下沉，即使不会游泳的人也淹不死，因为……因为海水含盐量高，所以人不会下沉。

师：为什么海水含盐量高，人就不会下沉？你总得讲出点道理来。

生3：海水含盐量高，它的质量就大。

师（追问）：那如果扔进海水里的是一块铁呢？它会下沉吗？

生3：我想会下沉的。

师：那么人为什么不下沉？光说海水的质量大，恐怕还不够吧？我知道你心里明白，问题是怎样把心里明白的道理准确地表达出来。

生3（思考片刻）：海水的质量比人体的质量大。

师：说对了。但表达上还有一点点不足，想一想，在数学里如果一个数比另一个数大，是怎样表达的？你这句话如果能用数学的语言来表达，那就更好了。

生3：海水的质量大于人体的质量。

师：那么铁块为什么会下沉？

生3：因为海水的质量小于铁块的质量。

师：好！"大于""小于"的"于"怎么解释？"大于""小于"一般用在什么情况下？

生3："于"是"比"的意思，一般在两个数做比较的时候用。

师：说得真好！我说你有学问嘛，果然没看错人！（众笑）

师：关于死海的知识，同学们都已了解；这篇课文属于说明文，关于说明文的知识，估计同学们也已经知道了不少。你们已经知道的东西,如果还要老师重复地教,你们觉得有劲吗?(众:没劲!)是呀,我也觉得没劲。因此,我想我们在决定这篇课文里哪些知识需要老师教之前,先请同学们讨论一下"什么知识可以不教"。现在请同学们打开课本,把这篇《死海不死》看一遍,然后根据课文后面练习题的要求想一想:练习题要求我们掌握的知识哪些可以不教?前后左右的同学可以小声议论议论,互相交流。

(学生看课文,小声议论后纷纷举手)

生1:我认为课文里用到的列数字的说明方法可以不用教。

师:说说理由。

生1:课文里为了使说明更加具体准确,用了一些数字来说明海水含盐量高,如"135.46亿吨氯化钠、63.7亿吨氯化钙、各种盐占死海全部海水的23%—25%"等,这种说明方法一看就知道,完全可以不教。

生2:我同意他的意见,但还有点补充。课文在说明海水含盐量高的时候用了很多数据,使用这些数据的作用是使读者对死海海水的含盐量究竟高到什么程度更加明确了。这些道理也很简单,不教也懂。

师:是啊!你们看,"135.46亿吨""63.7亿吨",这简直都是一些天文数字!我在读到这些数字的时候,对死海海水的含盐量的印象就特别强烈。这两位同学说得都有道理,课文里的这些数字说明和它的作用,的确一看就明白。不过如果不教的话,有关的一些知识是不是能够掌握,我还是有些不放心。例如,课后练习中还要我们区别"确数"和"约数",并且要求知道什么情况下用确数，什么情况下用约数。这些知识不教行吗？

生1：我认为行。

师：哦，你挺自信，好样的！认为可以不教的同学请举手（绝大多数同学举手）。看来，还有一小部分同学似乎还缺少一点自信。（指一不举手的学生）你是认为还要教的，是吗？

生3：我想教一教不会有坏处，再说我也不大有把握。

师：确数和约数你能区别吗？（生点头）那你说说看，刚才那位同学从课文里找出的那些数据是确数还是约数？（生答：确数）你能找一个约数的例子吗？

生2："传说大约两千年前""最深的地方大约有400米"，都是约数。

师：找得很对嘛！约数在表达上都有一些明显的标志，你知道吗？

生2：一般都用"大约""左右""上下"这类词。

师：如果不用这些词，能表示约数吗？

生2：我想也行。

师：请举个例子，最好能造个句子。

生2（思考片刻）："这条鱼有七八斤重。"

师：好极了！你关于约数的知识掌握得很好嘛，你应该有充分的自信，是吗？

生2：是的。

师：刚才有同学说用"确数"可以使说明更加准确，那么用约数是不是说得不准确了呢？

生3：约数和确数相比，当然不够准确。

生4：我认为不能这样说，主要看在什么情况下用，有的时候用确数反而不准确。

师：怎么会用确数反而不准确？能举个例子来说吗？

生4（思索片刻）：比如要我现在说出您的年龄，我只能说大约六七十岁，（笑）因为我不知道您的实际年龄；如果我肯定地说您65岁，而您实际上不是65岁，那不是反而不准确了吗？

师：言之有理！啊，这位同学举手，有什么意见要发表吗？

生5：我认为课文里有个地方运用确数和约数有点自相矛盾。46页上有这样两句："海水平均深度146米，最深的地方大约有400米。"既然平均深度是个确数，那么最深的地方也应该是确数，否则怎么算得出平均深度呢？如果最深的地方用约数，那么平均深度也只能是约数。因为平均深度是根据从最浅到最深不同的深度计算出来的，根据约数怎么可能计算出确数来？（其余学生表情兴奋）

师：说得真好！我同意。同学们这样会动脑筋，真让我高兴。我看关于列数据说明的方法，同学们掌握的知识比我预料的还要多，完全可以不必教了。大家再看看，还有哪些知识可以不教？

生：后面练习题中要求区别课文中三个"死"字的含义，我认为这也很简单，不教也懂。

师：对，标题"死海不死"中两个"死"字，刚才同学们都已说过，不必再重复了。那"死海真的要死了"这句中的后一个"死"字的含义呢？

生：是"干涸（hé）"的意思。

师：完全正确。这个"涸"字很容易念错，可你念对了，很了不起。你是怎么念对的？

生：下边的注解上有注音。（笑）

师：大家别笑，他读书注意看注解，这种好习惯不是每个同学都有的。我再提示一下，看看下面这些词语是不是也可以不教？（板书：游弋、谕告、执迷不悟）

生1：我认为可以不教。

师：我欣赏你的自信。但你要说出可以不教的理由，因为其中有的词估计同学们语文课里没学到过，比如"游弋""谕告"。

生1："游弋"虽然没学到过，但书上有注解；"谕告"也没学到过，但回去查一查词典就知道了。

师：说得好说得好，语文课上没有学过的，完全可以查词典自学嘛！同学们课外有没有查词典的习惯？（众：有！）这是个好习惯，一定要坚持下去，让词典成为你们的一位终身老师。那么这些新词我们就不讨论了，再说这篇课文新词也很少，有些词结合上下文也都不难理解，比如"执迷不悟"。

下面是不是让我们换个角度思考一下：你们认为要学好这篇课文，哪些知识还是需要老师教的？大家前后左右可以议论议论。

（学生看书，小声议论）

师：谁先来说说？

（无人举手）

师（继续启发）：你们知道这篇文章是什么文体？

生1：是说明文。

师：说明文是个大类，包括各种产品说明书、书籍的出版说明和内容提要、词典的释文、影剧内容介绍、除语文以外的各科教科书及讲义、知识小品，等等。凡是以说明事物或事理为主要表达方式的文本都是说明文。（指一学生）你说说看，这篇课文是说明文中的哪一种？

生1：是知识小品。

师（问全班）：他说得对不对？同意的请举手。（多数学生举手）你说对了。但什么是知识小品，你知道吗？

生1：不知道。

师：知识小品有什么特点，知道吗？

生1：不知道。

师：你都不知道？（生点头）那你怎么知道这篇课文是知识小品呢？

生1：我是瞎蒙的。（笑）

师：不，你肯定不是瞎蒙的，你心里肯定有一个关于知识小品应有的"样子"，而这篇课文正好符合你心里的这个"样子"。是这样吗？

生1：我心里没有样子。（笑）

师：那你为什么不说它是产品说明书或别的什么说明性文体，而偏偏要说它是知识小品呢？你在说的时候心里肯定有过一些选择的，是不是？

生1：是的。

师：好好想想，你在各种文体中选定知识小品，当时是怎样想的？

生1：因为它是介绍关于死海的知识的，文章很短小……所以是知识小品。

师：说得对呀！知识小品就是介绍科学知识的；文章篇幅又很短小，所以叫"小品"。你看你说出了知识小品的一些重要的特点，你明明知道，怎么说不知道呢？

生1：这是我看了课文后临时想出来的。

师：这更了不起，说明你的思维很敏捷，很有判断力。我早说过你不是瞎蒙的嘛！（笑）下面请大家再来看看知识小品除了篇幅短小、具有知识性以外（板书：知识性），还有些什么特点？

生2：知识小品写得比较生动有趣，能吸引读者。

师：说得很好。刚才那位同学（指生1）的意见如果可以用"知识性"三个字概括的话，你能不能把你的意见也用个什么性来概括？

生2：趣味性，生动性。

师：他说了两个"性"，但我们只要一个"性"就够了，请同学们两个中选一个，要说出选择的理由。主张选"趣味性"的同学请举手。（绝大多数学生举手）看来大多数同学都主张用"趣味性"，谁来说说理由？

生3："生动性"一般指语言描写方面，趣味性好像指文章内容方面的。比如这篇《死海不死》，在介绍死海海水的特点和死海形成原因时，插进了一些历史传说和民间故事，内容很有趣。

师：说得真好！同意的请举手。（全班举手。教师板书：趣味性）知识小品除了具有知识性、趣味性以外，还有一点十分重要，就是它介绍的知识必须是正确的、符合科学原理的，请大家也用一个"性"来概括。

生（七嘴八舌）：科学性！

师：完全正确！（师板书：科学性）现在请一位同学给三个"性"排个次序。

生4：知识性、科学性、趣味性。（师插话：这样排列的理由呢？）因为知识小品首先是介绍科学知识的，其次，它介绍的知识必须是符合科学原理的，趣味性没有前两个"性"重要，所以排在最后。

生5：我也同意这样的次序，但他说趣味性不重要，我不同意。

生4：我是说没有前两个重要，没有说不重要。

生5：我仍然不同意你的意见。因为，一篇知识小品如果科学性、知识性都很强，但一点趣味性都没有，大家不愿看，科学性、知识性再强也没用。可见趣味性是最重要的。

（学生纷纷议论，莫衷一是）

师：请大家静一静！看来同学们的意见分歧很大，想听听我的意见吗？（众：想！）我认为，对知识小品来说，知识性和科学性是它的本质属性（板书：本质属性），因为作者写作知识小品的根本目的就是向读者介绍科学知识，如果没有知识性和科学性，知识小品也就不存在了；趣味性则是它的重要属性（板书：重要属性），我基本上同意他（指生5）的意见，知识小品是一种以传播、普及科学知识为目的的文艺性说明文，它是写给一般读者看的，当然要写得读者爱看，因此特别讲究趣味性，使读者在轻松愉快的阅读中获得一定的科学知识。同学们还有别的意见吗？（稍顿）看来大家同意了。现在我们请一位同学把刚才讨论的内容总结一下。谁来？

生1：知识小品是说明文的一种，是一种文艺性的说明文，它具有知识性、科学性、趣味性。知识小品的作用是向读者普及科学知识。

师：谁还有补充的？

生2：知识性、科学性是知识小品的本质属性，趣味性是知识小品的重要属性。

师（指生1）：他说得比较完整；（指生2）他补充得也很好。看来同学们的悟性都很高，知识也掌握得很好，学习这篇课文原本要求重点学习的"列数据"的说明方法、确数与约数的区别和作用等，都可以不教；关于知识小品的文体特点，同学们也自己从课文中悟出来了，也不用我再喋喋不休地介绍了。就是说，同学们在有些方面已经达到了不需要老师教的地步，我真为同学们高兴！不过，关于知识小品的特点，尤其是知识性、科学性、趣味性问题，同学们大概是第一次遇到，因此建议同学们接下来再花点时间深入讨论一下。限于时间，我想从"三性"中选择一个来讨论，就作为这堂课学习的重点。同意吗？

生（众）：同意！

师：三性中选择哪一个？

生1：趣味性。

师：为什么选趣味性？

生1：因为我们自己写作文要能够吸引读者，也应该有点趣味性。看看作者是怎样引起读者兴趣的，也许对我们自己作文有启发。

师：大家同意吗？

生（众）：同意！

师：既然大家同意，那就请把课文再好好看一遍，边看边想：课文的哪些地方引起了你的兴趣？作者用了什么手法引起你的兴趣的？现在请大家看书。

（学生看书，偶有小声议论）

师：都看好了吗？现在请发表意见。要求每人至少准备一条意见。

生1：课文的标题，"死"和"不死"互相矛盾，使读者产生悬念，引起阅读的兴趣。

生2：还有课文最后一个"死"字，死海要干涸了，课文里却不说"干涸"，而说真的要"死"了，这个"死"字用得很巧妙，能引起读者兴趣。

生3：课文为了说明死海海水含盐量大的特点，写了个罗马统帅狄杜处死奴隶的故事；后面又讲了个关于死海形成的民间传说，这都增强了文章的趣味性。

师：这几位同学说得都很好，但他们说的都是比较明显的趣味性的表现。有些趣味性要用心体会才能发现，这就要用点心思了。谁再来说？（教师继续提示）建议大家从材料的组织和语言表达两个方面好好琢磨琢磨。邻座的同学可以议论一下。

（学生看书、思考，小声议论）

生4：我想从语言表达方面来说。作者用了一些设问句，如"那么，死海海水的浮力为什么这样大呢？""死海是怎样形成的呢？"引起了读者的思考；还注意前后呼应，如前面说"真是

'死海不死'",文章结尾却说"那时,死海真的要死了"。前后两个"死"字互相呼应,可是意思却不一样。这些都会使读者觉得很有趣味。

师:嗯,说得不错。看谁还能从语言表达方面做些补充?

生5:文章的第一、二段写得好,我在第一遍读的时候就被它吸引住了。

师:你再朗读一遍,体会体会,它给你一种怎样的感觉?

(生5朗读第一、二自然段)

生5:它给我的感觉是有点出乎意料,甚至有点惊讶。

师:好!体会得很准。大家再一起体会一下:作者是用了哪些词语产生这样的效果的?请把这些词语圈出来。注意了,这对我们运用语言是很有帮助的。谁来说?

生6:作者连续用了一些表示转折的词,还用了表示出乎意料和惊讶的词,比如,第一段里"但是,谁能想到……竟……甚至……连……",第二段里"然而,令人惊叹的是……竟……即使……也……"。

师:瞧,这两位同学(指生5、生6)对语言的感觉多敏锐!现在再请两位同学分别把这两小段各读一遍(指定两位学生),注意,第一位同学把她(指生6)刚才找出的一些词语略去不读;第二位同学把这些略去的词语读得强调些,把那种出乎意料的惊讶语气读出来。然后大家一起比较一下两种语言表达的效果有什么不同。

(学生二人分别朗读)

师:两人读得不错。大家体会一下,两种表达效果有什么不同？

生7：第一种表达显得平平淡淡，第二种表达引起读者的惊讶和好奇，所以，所以就……（语塞）

师：所以就增强了……

生7：趣味性和吸引力。

师：这样比较一下，我们发现，同样的意思，可以表达得平平淡淡，很一般，也可以表达得很有趣，很有吸引力。可见选择怎样的语言来表达就会有怎样的效果。这正是语言的王国总是充满魅力的原因所在！

除了语言表达，材料的组织也很有关系，哪些先写，哪些后写，也往往会影响阅读的兴趣。课文里有个很典型的例子，谁能找出来说一下？

（学生翻书、寻找）

生8：课文第三小段写罗马统帅处死奴隶的故事，如果放到第四小段后面来写，读起来就没有趣味了。

师：为什么？

生8：先写奴隶在死海里屡淹不死，这样就在读者心里产生了疑问，难道真的有神灵保佑吗？急于想从文章里去寻找答案，文章就有了吸引力。如果先写死海为什么淹不死人，再写奴隶屡淹不死，就不会有这种效果了。

师：说得好！我打个比方：你请别人猜谜，如果先把谜底告诉了对方，他还会有猜谜的兴趣吗？这里的道理是一样的。会写文章的人，常常能设置一些悬念，引起读者的疑问，这样的文章就比那些平铺直叙的文章有吸引力。这对我们也是很有启发的。

同学们，这堂课我们着重学习了知识小品的文体特点。在学习过程中，同学们的聪明和自信给我留下了很深的印象。最后还有一点时间，我还想出个难题考考大家，这可是个"高精尖"的大难题，你们如果这个问题也能解决了，我就真正佩服你们了；如果你们怕难，那我们来读几遍课文就算了。

生（七嘴八舌）：我们不怕难……

师：好，那现在我就宣布这道难题了？

生（七嘴八舌）：宣布好了……

师：宣布之前，请同学们先把课文最后一段一起朗读一遍。

（学生齐声朗读课文）

师：课文最后这一段说死海数百年后可能干涸，我先问你们，作者推断的根据是什么？

生1：近十年来死海每年水面下降40到50厘米……按照这样的速度下降，死海数百年后自然会干掉。

师：那么，死海水面下降的原因是什么？

生1：因为这里炎热干燥。（师插问：你怎么知道？）地理课上学到过，课文里也说"艳阳高照"。因此死海海水的蒸发量大于约旦河输入的水量。蒸发多，输入少，所以海水每年下降。

师：说得很对。现在请大家听好了，我出的难题是：按照作者这样推算的思路和方法，死海真的会干涸吗？

生2：我认为死海数百年后不可能干涸，因为到那时科学比现在更加发达，人类肯定有办法救活死海。

生3：我认为他把老师的问题理解错了。我理解老师的意思是……（师插话：我知道你理解我的意思，不要急，慢慢说）老师是问按照课文作者的办法推算,是不是一定会推算出死海会干涸的结果。

师:对,我就是这个意思,感谢这位同学把我的意思解释得十分准确。(对生3)那你能回答这个问题吗?(生3不语)看来有点为难你了。这样吧,我把问题再具体化一些:死海海水的蒸发量大于约旦河输入的水量,是作者认为死海将会干涸的原因,你认为死海的蒸发量是不是一个不变的常量?

生3:不是。(师插问:为什么?)在雨水多的年份蒸发量就会减少。

师:请注意,天气变化或地壳的变动等这类偶然的因素不在我们的考虑范围以内,何况死海盆地的气候干旱少雨,全年的降水量加在一起不过50—60厘米。刚才你把我出的难题解释得很好,怎么自己倒忘了?请你从作者计算的思路这个角度去思考,即使按照作者的计算,死海的蒸发量会不会变化?

师:啊,好多同学都举手了,看来都找到答案了。请大家把手放下,让他(指生3)再想想,他很聪明,我相信他很快就会想出来的。

生3:蒸发量也就会变小。

师:为什么?

生3:死海的海水每年下降,死海的面积也会逐渐缩小。

师(向全班):大家说说,海水的蒸发量和海面面积是什么关系?

生(众):正比关系。

师:既然死海海水的蒸发量随着死海海面的逐渐缩小而减

少，那么结果会怎样呢？

生3：当蒸发量小于约旦河水输入量的时候，死海就死不了了。

师：不一定要等到"小于"的那一天，再想想。

生3：等于。

师：对啦！当死海海水的蒸发量等于约旦河水的输入量的时候，死海就死不了了。当然啰，那时的死海也不会像现在这样无边无际，波涛起伏，而是死也死不了，活也活得不像样，这是一种什么状况？

生（齐）：半死不活！（笑）

师：对！就是半死不活！同学们果真智商很高，这个难题也没有难住你们。不过，死海究竟会不会死，恐怕不是一个计算的问题，而是一个现实问题。事实上，造成死海海水连年下降的原因，不全因为海水的蒸发量大，更主要的是人为的原因：以色列和约旦大量截流约旦河水用于灌溉和城市用水，致使约旦河输入死海的水量越来越少。这一严峻的事实已引起不少科学家、环境保护主义者的忧虑，一项名为"让死海继续活下去"的活动已经开始。死海处于地球陆地的最低点，人称"地球的肚脐"，不仅有独特的旅游景观，而且它蕴藏着极其丰富的矿物资源，尤其是氯化钾和溴。同学们虽然没有去过死海，但我相信大家都关心地球的命运，为此我建议大家用我们的智慧参与到"让死海继续活下去"的活动中去。请回去做两件事：一、上网搜索关于死海的资料；二、参考、运用网上资料，以《救救死海》或《死海不能死》为题写一篇文章，为拯救死海进行呼吁，或提出拯救死海的办法、建议。当然啦，我们的文章救不了死海，但至少可以表明我们关心地球命运的立场。我希望每一位同学长大后都能够成为一名自觉的环境保护主义者。

（下课）

（2016年）

后　记

商务印书馆李节编辑约我编一本"自选集",并承惠寄于漪和宁鸿彬二位老师的自选集为范例,拜读之后大体知道该书的体例和选编范围。我这个人平素慵懒,也缺乏严谨的态度,对发表过的文章(尤其是发表在报章杂志上的文章)随意乱丢,因此大多已不知所终,虽然知道它们也许仍在自己书房的某一个角落或某一个乱书堆里,应该"只在此山中",奈何"云深不知处"!但若放弃此次出书的机会,又于心不甘:有这样一家知名的出版社愿意出版我的自选集,对我这个一辈子与文字打交道的人来说,毕竟有很大的吸引力。

于是,只能从已出版的若干本专集中爬罗剔抉,东遴西选,尽可能挑出一些自己较为满意的文字和教例,汇为一集,或可美其名曰"精选"。为了避免发生版权问题,从每本专集中又不能选择太多,只能挑了又删,删了又挑,精之又精;而为了保证这本选集有足够的篇幅,因此又增写与改写了若干文字。虽然作为一本自选集分量尚嫌单薄,但只能用"宁可少些,但要好些"这句现成的话来聊以解嘲了,尚祈读者诸君见谅。

本书中的大部分文章曾收入本人的以下著作：《导读的艺术》（人民教育出版社）、《和青年教师谈语文教学》（上海教育出版社）、《钱梦龙与导读艺术》（北京师范大学出版社）、《钱梦龙经典课例品读》（华东师范大学出版社）、《教师的价值》（华东师范大学出版社）。专此说明，并向以上出版社表示感谢！

　　最后，请允许我诚挚地感谢策划本书选题的李节编辑！诚挚地感谢愿意出版这本小书的商务印书馆！